Karin Seeber

Hinter den Gärten die Welt

Die Reisen der Marie Luise Gothein

Schöffling & Co.

Erste Auflage 2024

Covergestaltung: Favoritbüro, München
Satz: Fotosatz Amann, Memmingen
Druck & Bindung: Pustet, Regensburg
ISBN 978-3-89561-141-4
www.schoeffling.de

Die verborgene Gartenpforte

Einfahrt in Hongkong vom Schiff aus, 19.9.26

Hongkong, 1926

Die Takelage des Schiffs rahmt eine chinesische Dschunke. Die baumdicken Masten verwurzeln sich vertikal zum Bildrand, dagegen ist die Uferlinie leicht nach links gekippt. Der Horizont kommt ins Wanken. Zwei Bergketten teilen das Meer vom Himmel. »Einfahrt in Hongkong vom Schiff aus 19.9.26«, wird sie später unter das Foto ins Album schreiben.

Land in Sicht! Endlich! Erleichtert und glücklich über die Aussicht, bald chinesischen Boden zu betreten, steigt Marie Luise Gothein auf das Deck des Schiffes. Sie hält den Moment mit ihrer Handkamera fest – auf schwankendem Boden. Es fällt ihr nicht schwer, das Gleichgewicht zu halten. Ihre leichte Gestalt benötigt nicht viel Kraft für die Balance. In der Begeisterung über die Ankunft leuchten ihre Züge auf, sie wirkt viel jünger als die 63 Jahre, die sie zählt, frisch und neugierig.

Für den Bruchteil einer Sekunde schießt ihr der Gedanke durch den Kopf, dass sie ihm die dunkle Bergkette hinter dem Hafen Hongkongs in einem Brief beschreiben muss. Im fast gleichen Augenblick breitet sich der Schauer der Erkenntnis auf ihrer Haut aus, dass er nicht mehr da ist.

Marie Luise Gothein, geborene Schröter, war so oft alleine gereist und angekommen. Sie hatte die Sprachen der Länder gelernt, die sie bereiste, sie hatte Zug- und Schiffsverbindungen über Ländergrenzen und Kontinente hinweg geplant, war von italienischen Männern in Zügen angestarrt worden, weil sie ohne Begleitung war. Kinder waren ihr in kleinen griechischen Dörfern neugierig hinterhergelaufen, auf ihre hellen Haare zeigend. Sie war mit Maultieren auf die Peloponnes geritten, mit Vorortzügen in die Tristesse des Pariser Umlands gereist, hatte in Hotels logiert, sich zum Dinner umgezogen, in Rom, in London, wenn sie bei Adeligen oder Industriellen zu Gast war, hatte in Schweizer Berghütten genächtigt und lange vor dem Morgengrauen Berggipfel bestiegen. Sie hatte sich die Säume ihrer Kleider bei der Suche nach alten Mauern und Pforten an den Dornen überwucherter und verfallener Gärten zerrissen ... Dies ist ihre letzte Reise.

Wer war diese Frau, die sich im für damalige Verhältnisse hohen Alter so weit von der Heimat auf Entdeckungsfahrt begab? Sie war Forschungsreisende, aber keine Akademikerin. Dennoch veröffentlichte sie in ihrem Leben über dreißig Aufsätze und Bücher. Heute würde man sie als Pionierin der Kulturgeschichte bezeichnen. Zu ihrer Zeit war ihr noch kein beruflicher Weg gebahnt. Als sie junge Kinder hatte, setzte sie sich für Frauenbildung ein, ihr selbst blieb der Zugang zum Abitur verwehrt. Erst einige Monate vor ihrem Tod, im Jahr 1931, verlieh ihr die Universität Heidelberg die Ehrendoktorwürde. Bekannt ist sie für ein grundlegendes Buch, das die *Geschichte der Gartenkunst* erzählt – angefangen von den Gärten der alten Ägypter über die Gartenkunst der Griechen und Römer mit den Höhepunkten der Kunst in Italien und Frankreich bis hin zu den Reformgärten um 1900. Auch Japan und China sind in ihrer großen Erzählung eingeschlossen.

»Heute habe ich in Hongkong zuerst chinesischen Boden betreten«, schrieb sie am Abend in ihr Tagebuch. Noch wenige Jahre zuvor hätte sie diesen Satz, diesen Triumph in einen Brief an ihren Mann Eberhard Gothein, Heidelberger Professor für Nationalökonomie und Kulturgeschichte, geschrieben. Er wäre irgendwann von ihm gelesen worden und hätte ihm ein zufriedenes Lächeln entlockt. Nach langen Tagen des Reisens zu Wasser und Land wäre der Satz in seine Hände gelangt. So oft hatten sie zusammen geplant, dass ihr Fuß auf dieses weite alte Land trifft. Jetzt hatte sie es geschafft, sie war angekommen!

Jeden ihrer weiteren Briefe hätte er erwartet, mit Sorgfalt durchgelesen, hätte jeden ihrer Gedanken und ihre Beobachtungen beantwortet und seine eigene Sicht auf das, was sie sah, mitgeteilt, in sein Weltbild integriert, mit seinem Wissen abgeglichen und angereichert. Dann hätte er, wie immer, die Briefe verwahrt, sortiert nach Datum und Jahren. Und nach ihrer Rückkehr hätte sie sie lesen, ihre eigene Reise nachvollziehen können, den Moment noch einmal durchleben, in dem sie zum ersten Mal in Hongkong das große alte Land betreten hatte.

Es war die Zeit nach dem Ersten Weltkrieg. Deutschland als Kriegsverlierer hatte, geregelt durch den Versailler Vertrag, alle Kolonien abtreten müssen. Es war eine Schmach, die den Bürgerinnen und Bürgern des Landes in den Knochen steckte, und Marie Luise war keine Ausnahme, als sie in den schwierigen Jahren nach dem Weltkrieg als Deutsche durch die Welt reiste. »Voll Neid und Bewunderung« ließ sie sich in ihrem Tagebuch über die strategische Klugheit der englischen Besatzer aus, die ihre Kronkolonie in Hongkong errichtet hatten, und prophezeite: »noch lange kann sich China daran seine Zähne ausbeißen«.

Bestimmt hätte ihr Briefpartner einige kluge Reflexionen zu erwidern gewusst, hätte von geschichtlicher Höhe aus die Frage von Herrschaft und Besatzung abwägen können. Das Tagebuch war nur ein Teil des postalischen Dialogs, den sie zeit seines Lebens mit ihm geführt hatte, wenn sie getrennt waren. Über vierzig Jahre hinweg, in Tausenden von Briefbögen hatte dieser Dialog ihr gemeinsames Schicksal, ihre Entwicklungen, Ideen, Vorstellungen, ihren Alltag und die Höhe- und Tiefpunkte ihres gemeinsamen Lebens aufbewahrt. Es waren die Briefe, die ihr halfen, Gedanken zu sortieren, Themen zu verknüpfen und eine Verankerung im Leben und in einer gemeinsamen geistigen Gedankenwelt zu fühlen. Er fehlte ihr.

In ihrem Tagebuch nahm sie Zuflucht zur Landschaft, in der sie Vertrautes suchte: »Es ist die letzte, dem Lande am nächsten gelegene und wohl auch am höchsten sich erhebende Insel jener Gruppe die sich meilenweit von hier ins Meer hinaus erstreckt. Die landschaftliche Schönheit, wenn man auf dem Peak steht, ist ganz unbeschreiblich; man blickt wahrlich wie von einem erhabenen Königsthron auf das blaue Meer ringsum mit seinen zahllosen kleinen malerischen Inseln über den Hafen hin auf das Festland.«

Fast ein Jahr zuvor, im Dezember 1925 hatte sie ihre Reise von Italien aus begonnen. Nach dem plötzlichen Tod von Eberhard im November 1923 hatte sie Heidelberg verlassen, war nach Italien geflüchtet. Von dort begann sie ihre Reise nach Asien. Sie hatte sie zunächst nach Südostasien geführt, nach Java, wo ihr Sohn Wolfgang als Tropenarzt arbeitete und mit seiner Familie und den jungen Enkelkindern lebte. Sie hatte sich aufgemacht mit der Neugier auf fremde Kulturen, die sie immer begleitete, doch es war auch der Wunsch einer Großmutter, ihre Enkel kennenzulernen.

Auf dem Berg in Hongkong erinnerte sie sich plötzlich zurück: »Und doch, mitten in all der Herrlichkeit, die mich umgab, wurde mir plötzlich klar, dass ich nicht mehr in den Tropen bin – und mit einem Male wusste ich, dass ich immer Heimweh nach den Tropen, nach Java haben werde, nach den Palmen und dem unendlichen Meer von Grün, den Stränden und den Vulkanen. Ich musste mir ordentlich einen Ruck geben – mir kam alle Vegetation plötzlich so nordisch, fast fremd vor. Ich kam ganz gerne auf das stille Schiff zurück, das war mir noch wie ein Stück Java, das nun schon so lange hinter mir liegt.«

Sie hatte in der feuchten Hitze der Tropen den Dschungel durchstreift, verfallene, überwucherte Tempel skizziert, sie hatte die Geheimnisse des javanischen Schattenspiels ergründet mit ihren feingliedrigen, an Stäben geführten Puppen und sie hatte sich vom wuchernden Grün der Tropennatur überwältigen lassen. Diese war grenzenlos, ungebändigt, übermächtig, ganz anders als alte europäische Gärten mit ihren schnurgeraden Alleen und verschnörkelten Schmuckbeeten.

Schon von Kindesbeinen an waren es die Landschaften, die sie berührt und geprägt hatten. Und doch sind es die Gärten, denen Marie Luise Gothein ihren Nachruhm verdankt.

Sie war eine außergewöhnliche Frau, die ihre Chancen, die das lange 19. Jahrhundert ihr bot, ergriff und nutzte. Sie war ganz Kind ihrer Zeit und fiel doch völlig aus dem Rahmen, eine Frau voller Ecken und Kanten. Ohne jeglichen formalen Universitätsabschluss leistete sie auf dem Gebiet der Gartengeschichte bahnbrechende Pionierarbeit. Für ihr grundlegendes Werk forschte sie zehn Jahre lang und bereiste halb Europa, immer auf der Suche nach den kunstvollsten, den bedeutendsten Gärten, von denen viele zu ihrer Zeit dem Verfall preisgegeben waren. Sie rettete sie vor dem Verschwinden und Vergessen, indem sie sie beschrieb und dokumentierte. Zugleich begründete sie damit einen neuen Zweig der Kunstgeschichte.

1914 wurde ihre zweibändige *Geschichte der Gartenkunst* veröffentlicht, im Winter des Jahres, dessen Sommer den Ersten Weltkrieg brachte. Es ist ein Kompendium, ein Nachschlagewerk, in dem die Gärten der Welt von ihren Ursprüngen bis in die Zeit seiner Veröffentlichung versammelt und beschrieben sind. Eng verknüpft mit deren Geschichte sind die Geschichten ihrer Besitzer. In ihrem Vorwort schrieb die Verfasserin: »Alle großen geistigen Strömungen haben auch irgendwie an das Schicksal des Gartens gerührt, und die bedeutendsten Gestalten der Weltgeschichte erscheinen als seine Pfleger und Förderer oft in ganz neuer Beleuchtung.«

Übersetzungen und zahlreiche Nachdrucke bis heute belegen den Wert dieses Werks. Der spätere Bundespräsident Theodor Heuss, der als junger Mann Journalist war, schrieb in seiner Rezension: »Der Weg durch die Geschichte des Gartens wird zu einer Wanderung durch den Garten der Geschichte.« Noch 2006 wurde ihre Weltgeschichte der Gärten unverändert ins Italienische übersetzt, als »un omaggio a questa, ancora oggi, fondamentale opera« – eine Hommage an dieses – auch heute noch – fundamentale Werk. Da hatte die Geschichtswissenschaft schon zahlreiche Paradigmenwechsel durchlaufen.

Die Gewissheiten über den Lauf der Weltgeschichte, die Marie Luise als Fundament nutzte, bestehen schon lange nicht mehr. Aber es ist immer noch bestrickend, ihrer Erzählung zu lauschen, Hunderte von Bildern und Fotos alter Gärten zu durchstöbern und mit ihr die großen Verbindungen zwischen der Geschichte, den Mächtigen und ihren Gärten nachzuvollziehen. Ihr Buch ist selbst zu einer wichtigen Quelle geworden für den Zustand historischer Gärten um 1900. Es war das Ergebnis akribischer Quellenforschung und ausgedehnter Reisen, bei denen sie die ursprüngliche Anlage der historischen Gärten zu rekonstruieren versuchte. Sie setzte die einzelnen Kunstwerke in eine lange Reihe der Entwicklung von den Wandgemälden fruchtender Gärten in ägyptischen Grabmälern bis hin zu den Gartenbauausstellungen ihrer Zeit. Ihr eigenes Leben verband sich für viele Jahre auf das Engste mit den Gärten und den Personen, die sie gestaltet hatten.

Dass sie ihr Leben für ein Jahrzehnt mit den historischen Gärten verknüpfte, ihre Disziplin beim Durchforsten von Archiven in ganz Europa, wie sie in völlig verwilderten Parks unermüdlich nach Zeichen, Mauerresten, Säulenstümpfen, von deren Grundanlage suchte – ihre Leidenschaft für diese Arbeit –, all das fasziniert bis heute.

1909 schrieb sie einem Freund: »Jetzt reise ich zu den französischen Gärten und wundervoll fügt sich das Bild dieses Schauplatzes mit den glänzenden Menschen und Festen der grossen französischen Zeit, ich habe mich so ganz mit ihrem Schicksal verflochten, dass ich durch diese Gärten immer mit einem großen Gefolge schreite und erst jetzt durch innere und äussere Anschauung verstehe wie sich das Zeitalter Ludwigs XIV. aus der Renaissance entwickelt hat.«

Es sind die Menschen, die Gärten als Kunstwerke schaffen. Vielleicht ist dies der Schlüssel zum Erfolg der *Geschichte der Gartenkunst*. Marie Luise Gotheins Gärten bestehen nicht bloß aus Hecken und Skulpturen und Wegeverbindungen, aus Elementen, die man beliebig austauschen und kombinieren kann, um einen bestimmten Stil zu schaffen. Sie erkannte darin vielmehr den Willen der Herrscher und Mächtigen, ein Stück Land so zu unterwerfen und zu gestalten, dass nicht nur Mauer und Paläste von ihrem Anspruch künden, sondern auch die Natur – sei sie in Form geschnitten oder als Vorstellung ihrer wahren Essenz in geschlängelten Wegen und locker verteilten Baumgruppen gebannt.

Gleichzeitig schärfte sie den Blick dafür, dass Gärten vergängliche, bedrohte Kunstwerke sind, weil sie den Naturkräften unterliegen – viel mehr als jede andere Kunst. Mit ihrem Buch eröffnete Marie Luise Gothein den Zugang zur Geschichtlichkeit der Gartenkunstwerke. Sie entwickelte mit ihrer Darstellung die Idee von verschiedenen historischen Schichten, die man gesondert voneinander betrachten kann.

Heute erinnert ihr Buch mit Eindringlichkeit daran, dass historische Gärten wieder – mehr denn je – von Zerstörung bedroht sind, trotz sorgfältiger Pflege nach den aktuellen

Richtlinien der Gartendenkmalpflege, die zu ihrer Zeit noch gar nicht entwickelt war.

In der *Geschichte der Gartenkunst* sind die Gartenkunstwerke gut geschützt durch das Papier. Text und Bild konservieren ein Ideal, eine paradiesische Fantasiewelt, in der Wind, Wetter, Sonne – und die Menschen – jenen fragilen Kunstwerken wohlgesonnen sind und sich an ihrer Harmonie von Kunst und Natur erfreuen. Wer Marie Luise auf ihren Reisen zu den Gärten folgt, erlebt diese in ihrer ganzen wandelbaren Schönheit.

Geplant hatte sie das nicht. Durch Zufall öffnete sich ihr eine verborgene Pforte zum Garten. Sie wurde das Eintrittstor zur ganzen Welt. In Hongkong, im September 1926, neigt sich der Pfad, der dahinter liegt, seinem Ende entgegen.

Landschaften

Breslau, 1878

Marie Luise Gothein wurde am 12. September 1863 in Passenheim geboren, ihr Mädchenname war Schröter. Das heutige polnische Pasym liegt eingebettet in die grünen Weiten der masurischen Seenlandschaft, im ehemaligen Ostpreußen. In ihren Kindheitserinnerungen bezeugte sie ihre »enge Verbundenheit mit der Landschaft, besonders Masurens«. Ihr Leben verbrachte sie weit davon entfernt.

Ihr Vater war Amtsrichter, ihre Mutter prinzipientreu – die Stütze der Familie – und darauf bedacht, dass ihre Kinder den Möglichkeiten und dem Status der Familie entsprechend ausgebildet wurden. Sie war die Erste, die die junge Marie Luise in den engen Grenzen des ihr Möglichen förderte.

Erst 1896 durften in Berlin die ersten Mädchen ihr Abitur ablegen, ein vorbereitendes Gymnasium hatte es da noch nicht gegeben. Im Mai desselben Jahres bekam Marie Luise, die sich mit Privatunterricht an einer Mädchenschule hatte begnügen müssen, ihr viertes Kind. Damit hätte sich »Frau Professor Gothein« als Vorstand eines professoralen Haushalts zufriedengeben können. Sie aber wollte mehr – und dies schon von Kindesbeiden an. Sie beneidete ihren vier Jahre älteren Bruder Arthur, der später Ministerialbeamter im Preußischen Landwirtschaftsministerium wurde, nicht nur um seine Bildungschancen. »Ach wer doch ein Junge sein könnte, warum musste ich auch ein Mädel sein, ich konnte doch das meiste wie die Jungen, klettern laufen«, schrieb sie in ihren Kindheitserinnerungen, die sie sieben Monate vor ihrem Tod anfing und unfertig ließ. Sie sind – wie die meisten ihrer Briefe, Tagebücher und Notizen – im Handschriftenarchiv der Universitätsbibliothek Heidelberg verwahrt, ein Heft aus einigen DIN A4-Seiten, die mit der Frage beginnen, warum sie diese Lebenserinnerungen überhaupt aufschreibt. »Für die Kinder«, überlegte sie, aber vielleicht steckte mehr dahinter.

Marie Luise war 1931 vor allem als Witwe des berühmten Heidelberger Professors und badischen Landtagsmitglieds Eberhard Gothein bekannt. Sie hatte in diesem Jahr von der Heidelberger Universität die Ehrendoktorwürde verliehen bekommen. Die Urkunde begründet diese Auszeichnung mit ihren Übersetzungen und ihrer Vielseitigkeit als »Schriftstellerin«, explizit wird jedoch nur die »Lebensbeschreibung ihres Mannes« genannt als »ein Stück deutscher Kultur- und Geistesgeschichte«. Ebenfalls im Jahr 1931 hatte Marie Luise diese Biographie veröffentlicht, die sich aus den Briefen ihres Mannes und ihren eigenen Erinnerungen speist. Der Untertitel heißt »ein Lebensbild« – davon gab es in dieser Zeit etliche. Die Rechtshistorikerin und Frauenrechtlerin Marianne Weber hatte fünf Jahre zuvor ein »Lebensbild« ihres Mannes, des Soziologen Max Weber, gegeben. Die Pianistin Eugenie Schumann malte 1931 ein »Lebensbild« ihres Vaters Robert, des berühmten Komponisten, in Buchform. Die Pietistin Hedwig von Redern schrieb ein »Lebensbild« über den Gründer der Heilsarmee, William Booth.

Lebensbilder waren für die Frauen der Zeit eine Möglichkeit, teilzuhaben an der Leistung der Männer. Es war eine angemessene weibliche Beschäftigung mit dem Leben großer Patriarchen: einfühlsam, zurückgenommen. Für Marie Luise stellte sich der Erfolg dieser Tätigkeit unmittelbar ein. Ihr Buch war für die Verantwortlichen der Universität Heidelberg der Anlass, ihr die Ehrendoktorwürde zu verleihen – nach 40 Jahren eigener Publikationstätigkeit und knapp 30 Veröffentlichungen.

Natürlich ist ihr eigener Beitrag zu diesem akademischen

Leben, das sie anhand der Briefe ihres Mannes erzählt, in diesem Buch unverkennbar, aber ihre Prägung ist kein Teil davon. Und so musste sie am Ende ihres Lebens wohl das Bedürfnis gehabt haben, ihre frühesten Erinnerungen »als Ergänzung zu Eberhards Biographie« aufzuschreiben.

Nirgendwo kommt in ihren Erinnerungen ein Garten der Kindheit vor. Kein Gartenzaun, über den die Stockrosen schießen und sich unter der Last der großen pergamentpapiernen Blüten biegen, kein Nutzgarten des Lieblingsonkels, untrennbar verbunden mit dem Duft der Kartoffelfeuer im Herbst.

Doch sie berichtete von den Sommern in Masuren, von den Ferien bei Verwandten auf dem Land. Landschaft in ihrer Gesamtheit, das Landleben prägten ihre Kindheit und Jugend. Die Weite des Himmels, das Blau der Seen und der Wind, der durch die Ähren der Felder streift, waren ihre erste Natur. Der Garten in seiner Gestaltung, in seiner menschlichen Überformung von Natur war eine Kunstform, der sie sich erst von einer gebildeten intellektuellen Warte aus näherte. Und das erst viel später.

Assoziativ und spontan wirken ihre Kindheitserinnerungen und doch enthalten sie Hinweise auf ihre wichtigsten Lebensthemen: ihre Naturverbundenheit, ihren Bildungshunger und ihre Sehnsucht nach der Ferne. Die wollte sie ihren Kindern offenbar vermitteln. Percy, der die Liebe der Eltern zur italienischen Renaissance geerbt hatte und wie ein kostbares Erbe weitertrug, wenn auch ohne jedes Ziel. Wolfgang, der Schweigsame, der als Tropenarzt auf Java lebte und seinen Dante wie einen Leitstern durch die Landschaften Ostafrikas getragen hatte. Sollte er lesend verstehen, was er im Gespräch immer verweigert hatte? Oder Werner, der sich in seiner abstrakten Kunst am weitesten von seinem Elternhaus entfernt hatte. Was wollte sie ihnen sagen?

»Für die Kinder«, schrieb sie auf die erste Seite und dachte vielleicht am meisten an den Jüngsten, der so jung in Kontakt gekommen war mit der Kunst als Lebenshaltung. Percy war gerade in Italien unterwegs oder irgendwo sonst in Europa, reisend, immer rastlos. Ihm erzählte sie: »Ich muss noch sehr klein gewesen sein, als ich mich auf mein erstes Abenteuer begab. Irgendwo in der Nähe unserer Wohnung floss ein Bach, ich schaute die fliessenden Wasser nach, es zog und lockte, wohin mag er fliessen? [...] Ich konnte nicht wiederstehen, so lief ich ihm nach immer weiter soweit die kleinen Beine mich tragen konnten, bis ich endlich ohne mein Ziel erreicht zu haben einschlief.«

Eltern und Verwandte suchten die kleine Marie Luise und waren nur erleichtert, als sie sie fanden, das schrieb sie weiter. »Mir aber ist geblieben, dass es mich heute noch in eine eigentümliche Erregung bringt, wenn ich sehe wie die Wasser sich in andere ergiessen, noch eine kurze Zeit um ihre Selbständigkeit kämpfen und dann mit den gewaltigeren Wassermassen sich mischend als neues Gebilde weiterströmen.«

Wie die Wasser in Wirbeln strömen und rauschen, so liest sich Marie Luises Schreibstil: ein Gedankenfluss, hin und wieder unterbrochen durch Satzzeichen, Orthographie und Grammatik hüpfen nicht selten über Stromschnellen, doch das Schreiben drängt sie weiter und weiter – ohne ein endgültiges Ende zu finden. Sie räumte es selbst in ihren Kindheitserinnerungen ein: »Ich lernte leicht, begriff schnell, war nur sehr flüchtig in meinen schriftlichen Arbeiten.«

Dies war eine Stelle, bei der Percy beim Lesen sicher laut aufgelacht hätte. Aber nicht nur er, auch Wolfgang, Wilhelm und Werner hätten sich bei dieser Passage an die strenge Mutter ihrer Kindheit erinnert, der Pünktlichkeit und Ordnung vor allem in Bezug auf das Lernen und die Bildung über alles gingen. Jeden Morgen hatte sie an der Treppe des Bonner

Hauses ihre Ranzen kontrolliert und sie hoch in ihre Zimmer geschickt, wenn sie entdeckt hatte, dass ein Griffel fehlte. Sie hatte sie alle gekannt. Sie hatte genau gewusst, mit welchen Büchern sie gerade arbeiteten. So lange war das her! Und nun endlich gab ihre Mutter zu, dass auch sie nicht besonders ordentlich gewesen war in ihren schriftlichen Arbeiten. Welche Konflikte hätte sie ihnen erspart, wenn sie sich früher wieder daran erinnert hätte.

Doch das war wahrscheinlich nicht das, was Marie Luise an der Geschichte aus ihrer frühen Kindheit wichtig gewesen war. Sie hatte sie sich immer wieder von ihren eigenen Eltern erzählen lassen. Die Suche nach dem Lauf der Wasser hatte sie interessiert, lange bevor sie denken konnte. Es muss ein ihr innewohnendes Verlangen gewesen sein, der Grund für die Frage nach der Entwicklung der Erscheinungen. Die kleine Marie Luise auf der Suche nach dem Ende des Bachs war ihr Lieblingsbild, um den Wissensdrang eines jungen Mädchens zu beschreiben: Wohin führt der Strom der Erscheinungen? Welche Bäche und Flüsse speisen ihn? Sie hätte und hat es sich nicht besser ausdenken können, um zu dokumentieren, wie sie immer schon den Drang verspürte, der Bewegung zu folgen, die Gefahr zu ignorieren, um zu erfahren, wie die Welt aussah außerhalb ihres kleinen Radius.

Der Kreis der Aufgaben und Möglichkeiten war für ein Mädchen ihrer Generation eingeschränkt: »tief hat sich mir der Zwang der täglichen häuslichen Handarbeit eingeprägt, ein Mädchen muss stricken lernen daran hielt auch die Mutter fest und wenn ich mich noch so sehr mit den Schularbeiten beeilte um gleich mit den Jungens zum Spiel hinaus zu kommen – nach einiger Zeit ertönte doch die Stimme vom Hause: ›Kindchen hast du deine Strickerei schon fertig.‹ Natürlich hatte ich sie nicht, und mit manch heimlichen Tränen musste ich mich an den verhassten Strumpf setzen [...]«

Ihre Kinder hätten sich beim Lesen daran erinnert, dass die Mutter früher doch auch Strümpfe gestopft hatte. Natürlich musste sie es lernen und sie tat es auch – nur nie gerne. Sie wollte hinaus, Dinge selbst entdecken oder darüber lesen – eine zweite wichtige Neigung, wenn es darum ging, der vorgefassten Schablone des weiblichen Lebensentwurfs der damaligen Zeit zu entkommen. Im masurischen Nikolaiken, während der Sommerferien, die die Kinder der Familie Schröter viele Jahre lang bei Verwandten auf dem Land verbrachten, »begegnete mir auch ein kleines Abenteuer«, schrieb die fast 64 Jahre alte Marie Luise in ihren Kindheitserinnerungen.

»Ich hatte mich auf einem Floss häuslich mit einem Buch niedergelassen mit dem Rücken nach dem See, und war tief in die Geschichte versenkt. Als ich später aufsah, bemerkte ich zu meinem Schrecken, dass ich ein ziemliches Stück im See trieb, das Floss mochte wohl schlecht befestigt gewesen sein und hatte sich losgerissen [...]« Als Marie Luise ein junges Mädchen war, war die Lektüre von Mädchen und Frauen reglementiert und wurde kontrolliert. Frauen durften weder zu viel noch das Falsche lesen. Und sie konnten – egal, wie viel sie lasen – niemals in bestimmte Kreise aufgenommen werden. Bücher konnten eine Frau nicht allein auf ihre zukünftige Rolle vorbereiten, sie konnten sie sogar verderben oder auf unangemessene Gedanken bringen. Aber wer sich – wie die kleine Marie Luise – so in ein Buch vertiefen konnte, dass er die Welt um sich herum ausblendete, der ließ sich von niemandem vorschreiben, nicht zu lesen.

Die Söhne hätten beim Lesen ihrer Erinnerungen daran gedacht, dass die Mutter schon immer eine gute Vorleserin gewesen war und eine fantasiereiche Nacherzählerin, etwa von griechischer Mythologie oder geschichtlichen Ereignissen. Natürlich! Was auch sonst, wenn sie in ihren Kindheitserinnerungen schrieb, dass sie die Geschichten, die sie las, mit ihrer eigenen Fantasie umspann und Abend für Abend »wie Alice im Wunderland« ihrer Puppe davon erzählte.

Nach mehreren Umzügen, dem Beruf des Vaters hinterher, landete Familie Schröter schließlich in Breslau, wo die jugendliche Marie Luise ihr »grösstes Erlebnis« an einer Privatschule für Mädchen hatte: »Mathematik war durchaus noch kein Fach, das in allen Mädchenschulen damals eingeführt war, Tante Alma aber, so wurde sie von uns allen genannt, wollte wenigstens probeweise dieses Fach bei ihren Mädchen einführen.«

So lapidar Marie Luise von der Experimentierfreude der Schulvorsteherin schrieb, so lebensentscheidend sollte dieser Mathematikunterricht für das Mädchen werden. »Wir hörten bald, dass ein junger Dr. bei uns als Mathematiklehrer auftauchen würde.« Und Marie Luise Schröter konnte dem Unterricht des Privatdozenten hervorragend folgen: »Es zeigte sich bald, dass die Familienbegabung für Mathematik auch auf mich übergegangen war, ich war die einzige von etwa 19 Mädel, die in unserer Klasse waren, die sofort begriff und mit Lust am Lernen, die mich immer beseelt hat, schnell das mathematische Abc überwinden liess. Das mochte den jungen Lehrer wohl zuerst auf das blonde Mädel, dem ein Zopf über den Rücken herabhing, das während der Stunden so mäuschenstill zuhören konnte und in den Pausen die wildeste die hohen Treppen herabsprang, aufmerksam gemacht haben [...] Dass sich sämtliche Mädel der Klasse in den jungen Lehrer verliebten, ist vielleicht nicht so sehr verwunderlich, mehr wohl dass sich der junge Lehrer in seine beste Schülerin so verliebte, dass er wenigstens später immer behauptete, schon in dem 14-jährigen Kinde seine künftige Gattin gesehen zu haben. Natürlich hatten die Mädel bald heraus, dass er mich mit andern Augen ansah als die andern: Ich wurde fortwährend geneckt, was mich natürlich aufbrachte, denn ausser im Lernen, war ich eigentlich ein spät und langsam reifender Mensch, noch völlig und mit Leidenschaft Kind, das mit Grauen daran dachte, das es auch einmal erwachsen sein müsste.«

Im Jahr 1878 dachte die Schülerin Marie Luise Schröter nicht daran, ihr Lebensglück von einem zehn Jahre älteren Mann abhängig zu machen. Sie mochte ihn als Lehrer, sie wollte von ihm lernen und sie machte sich wenig Gedanken um ihre Zukunft – so jedenfalls berichtete sie es später. Mit immer noch kindlichem Trotz lehnte sie traditionell weibliche Tätigkeiten ab. Noch in ihren Erinnerungen, die sie mit 64 Jahren aufzeichnete, betonte sie, wie wild sie als Kind war, wie ungestüm und ungezähmt beim Herunterspringen der Schultreppen. Doch wenn sie ein Lehrinhalt fesselte, konnte sie sich voll und ganz konzentrieren. Marie Luise zeichnete von sich als Kind das Ideal des genuin wissbegierigen Menschen. Offenbar fand sie damit die resignierte Unterstützung ihrer Mutter. Denn als sie mit fünfzehneinhalb die Mädchenschule beendete, war sie noch zu jung für das Lehrerinnenseminar, das ihr nächster Bildungshorizont werden sollte. Ihre Mutter versuchte ihr Kochen und Haushalten beizubringen, aber Marie Luise boykottierte deren Bemühungen. »So fasst die Mutter denn den Entschluss […] ging zur Schulvorsteherin, sagte ihr ›Ich kann mit dem Mädel zu Hause nichts anfangen, darf ich sie wieder in die Schule schicken, damit sie an einigen Stunden wenigstens hospitieren darf.‹ Ich war selig, fiel der Mutter um den Hals […] Den verliebten Lehrer aber setzte die Rückkehr dieser Schülerin in einen Freudenrausch, er konnte es sich in seinem Zustand gar nicht anders denken, als dass ich zu ihm und für ihn in die Schule zurückgekehrt sei, in stürmisch glücklichen Liebesgedichten sprach sich sein Glück aus. Dem jungen Kinde aber lagen alle Liebesgedanken weltenferne. –«

Heutige Leser würden diese Passage besorgt lesen: Der Lehrer bedrängte seine beste Schülerin mit Liebesgedichten, von denen sie nichts wissen wollte. Als Frau ihrer Zeit in vielen Belangen abhängig, bewahrte sie sich aber offenbar auch in dieser Situation schon ihre Unabhängigkeit.

Wann und warum sich Marie Luise Schröter schließlich doch in den zehn Jahre älteren Eberhard Gothein verliebte und sein Werben erhörte, erfahren ihre Söhne und alle anderen Leser ihrer Kindheitserinnerungen nicht. Und auch die ersten Briefe der beiden Verlobten stammen erst aus dem Jahr 1883. Sechs Jahre lang hielt Gothein offensichtlich seine Werbung um seine Schülerin aufrecht. Und wenn man den Kindheitserinnerungen Glauben schenkt, dann sah Marie Luise nicht gleich von vornherein darin ihre Chance auf Bildung und Förderung ihres Wissensdrangs. Sie beschrieb sich als genuin intelligent, lerneifrig und entdeckungsfreudig, und ihre Mutter unterstützte sie in diesen Eigenschaften, indem sie ihrer Tochter keine Steine in den Weg legte oder sie mit Gewalt zu etwas zwang, das ihr nicht lag.

Hätte Marie Luise Schröter ihren Weg also auch alleine gehen können? Ohne die Unterstützung von Professor Eberhard Gothein? Ihre Schwester Eva Schröter blieb unverheiratet und wählte einen der wenigen Berufe, die bürgerlichen Frauen offenstanden: Lehrerin. In diesem erreichte sie mehr als andere Frauen ihrer Generation: Nach einem längeren Aufenthalt an einer Mädchenschule in England war sie in den 1920er Jahren Rektorin eines Mädchengymnasiums in Berlin-Dahlem. Wäre es ihr, genauso wie ihrer Schwester Marie Luise, möglich gewesen, wochenlange Bibliotheksstudien in England zu machen, Aufsätze und Bücher zu veröffentlichen und halb Europa auf der Suche nach vergessenen Gärten zu bereisen und am Ende ihres Lebens eine Reise nach Südostasien, Japan und China anzuschließen, um die Kulturerkenntnisse aus dem alten Europa auf einen exotischeren Kreis anzuwenden? Die Antwort fällt eindeutig aus: Nein. Eberhard Gothein ermöglichte seiner Frau die Bildung und den Horizont, denen sie ihrer Auskunft nach schon als kleines Kind zugestrebt hatte. Doch es war ihr wichtig zu betonen, dass sie sich bereits eigenständig auf den Weg gemacht hatte – obwohl sie noch so jung war, als sie ihren späteren Mann kennenlernte.

Im ersten Jahr ihrer Verlobung schrieb ihr Eberhard Gothein aus Berlin: »Es kommt mir freilich immer vor, als ob ich erst recht mit frischer Lust werde arbeiten können, wenn einmal Dein Nähtisch neben meinem Schreibtisch steht, Du meine Manuskripte ordnest und den Staub von meinen Büchern wischst.« Das war seine, für die Zeit völlig berechtigte, Vorstellung ihres künftigen Zusammenlebens. Aber nicht ihre.

Ein paar Monate später ergab sich in den Briefen eine kurze Diskussion über die Arbeitsverteilung der Geschlechter. Sie antwortete ihm: »Du schreibst in Deinem letzten Briefe wir Frauen wären in Allem besser als ihr Männer nur nicht – in der Arbeit, das klingt so stolz bescheiden und ist es doch eigentlich nur das erstere, was verstehst du denn unter diesem ›Allen‹. Höchstens doch im Ertragen und Leiden, ich weiß schon, das laßt ihr Männer uns gerne, ich schrieb Dir aber schon einmal, daß mir dieser Ruhm unsers Geschlechtes nicht zu kommt, was bleibt denn übrig? garnichts, das weiß ich sehr wohl; darum wäre ich ja so viel lieber ein Mann, ich wollte schon gerne die andren ›in Allem‹ überlegen, besser sein lassen nur nicht in der Arbeit.«

Der Verlobte stieg in diese Diskussion nicht ein, er versuchte sich durch eine lockere Bemerkung herauszuwinden: »[…] und über Frauen- und Männer-Aufgaben würden wir uns gewiß in einem herzlichen Kuß rasch vereinigen.« An

Marie Luise Gothein am Schreibtisch ihres Bonner Hauses, 1898

die Grundkonstanten der gesellschaftlichen Konventionen wollte Eberhard Gothein nicht rühren. Doch er war lernwillig.

Es blieb nicht beim Nähtisch, es wurden ein eigener Schreibtisch, ein eigenes Arbeitszimmer, ein eigenes Forschungsprojekt, eigene Reisen. Das Bemerkenswerte ist, dass Eberhard

Gothein die Entwicklung seiner Frau immer unterstützte. Er begleitete sie an die Mündung des Flusses, er winkte ihrem Boot hinterher und wartete auf sie am Ufer. In einem Brief aus ihrem vierzigsten Lebensjahr und seinem fünfzigsten, der auf »26/9 03. Freitag. Mitternacht« datiert und mit der Anrede »Mein einzig geliebter Schatz« beginnt, schrieb er: »[...] ich fühle es heute wie damals, daß ich ohne Deine Liebe nichts wäre und daß es eigentlich mein Lebensziel sein muß, an jedem Tage mich Deiner Liebe würdig zu machen. Der geistige Einfluß, den ich auf Dich ausgeübt, ist gewiß der grössere; denn in meinem Denken und Lernen war ich ziemlich fertig, aber wie wenig ist das! Daß ich Dich vom ersten Augenblick an erkannt habe und gewußt, was Du bist, das ist doch eigentlich der Stolz meines Lebens.«

Er blieb lange ihr Lehrer – schon wegen des Altersunterschieds und des Bildungsgefälles. Sie war ein Kind, als sie ihn kennenlernte, Schülerin einer Mädchenschule, an der als Zeichen der Progressivität Mathematik unterrichtet wurde. Er war habilitierter Privatdozent an der Universität Breslau. Marie Luise brauchte viele Jahre, ihr halbes Eheleben, um sich aus dem Schatten des enzyklopädisch gebildeten Kulturhistorikers hinaufzuarbeiten zu einer intellektuellen Beziehung auf Augenhöhe. Dabei half ihr niemand anderer als ihr Bräutigam und Mann selbst, der das Ziel verfolgte, sie zu seiner gebildeten Begleiterin zu machen: »Geliebter Schatz, wie schön wird es sein, wenn Du als meine kleine kluge Hausfrau einen Kreis von gescheiten Männern unsichtbar leitest«, schrieb er ihr im Februar 1885, kurz vor ihrer Hochzeit. Er ahnte damals nicht, dass sie sich nicht damit begnügen würde, außerhalb dieses Männerkreises zu stehen. Sie strebte danach, ein Teil davon zu sein, vielleicht sogar der Mittelpunkt. Und er? Er ließ sie strahlen.

Eberhard Gothein, undatiert

Gran Sasso, Italien, 1882

Es war noch vor Sonnenaufgang. Über dem Hochplateau lagerten dünne Wolkenstreifen. Ein Steinadler schwebte auf den hohen Ausläufern des Tramontana-Windes. Seine Schreie kündigten eine sich langsam aufwärts arbeitende Seilschaft an. Noch vor der Hauptsteigung am Berg waren zwei der italienischen Begleiter zurückgeblieben und hatten sich bekreuzigt. Die zwei jungen Männer, die sie von diesem Himmelfahrtskommando überzeugt hatten, waren zusammen mit dem Führer, einem wind- und wettergegerbten Hirten aus der Nähe von L'Aquila, unbeirrt weitergeklettert. Jetzt näherten sie sich langsam, aber stetig der Bergkante. Mit zwei, drei wütenden Schreien löste sich der Adler aus seinem Windkanal und stieß in die Tiefe hinab. Sonst war alles still.

»Das Herrlichste war die halbe Stunde vor Sonnenaufgang. Wie da das adriatische Meer dalag, indigoblau und darüber die Morgenröte, und um uns herum die wildflimmerten zerrissenen Kegel in fahlem Grau, das vergesse ich nicht.« So beschrieb der junge Privatdozent Eberhard Gothein später den Eindruck seiner Besteigung des italienischen Bergmassivs Gran Sasso auf fast 3000 Meter: »Es ist wohl überhaupt der herrlichste Blick in Europa, die Nähe unvergleichlich wild und erhaben und dann, wo sieht man zugleich zwei solche Meere! Denn auch das Tyrrhenische Meer dehnt sich unermeßlich vor den Augen und Italien sieht merkwürdig schmal aus.« Auf dem Höhepunkt seiner Kraft fühlte sich Eberhard auf dem Gipfel des Gebirgsmassivs. Er hatte nicht nur die Muskeln in Beinen und Armen, um die Felsen in der diesigen Atmosphäre der letzten Minuten der Nacht zu ertasten, zu ergreifen und zu betreten. Er hatte auch das Wissen um die Zeitalter, die diese Landschaften, diese beiden Landteile an den Meeren, durchlebt und wie sie die europäische Kultur geprägt hatten. Er fühlte sich wie ein Adler auf seinem Flug durch die dünnen Luftschichten, dem nicht die kleinste Bewegung an den kahlen Hängen der Berge entging.

Eberhard profitierte sein ganzes Leben lang von dieser Studienreise. Seine Liebe zur Kunst und Kultur Italiens vermittelte er freigebig an seine Frau. Mit einem Stipendium des preußischen Kultusministeriums war er im Jahr 1882 nach Italien gereist. Ganz klar war sein Augenmerk auf Süditalien gerichtet als Ergänzung zu Jacob Burckhardts Hauptwerk *Die Kultur der Renaissance in Italien* aus dem Jahr 1860. Dieses Buch interpretierte die italienischen Staaten zur Zeit der Renaissance als Kunst. Es verband den Humanismus der Zeit mit Festkultur und Kunstbezug – kurz: Es war ein weitgespannter Bogen Kulturgeschichte, der Geisteswissenschaftler bis weit ins 20. Jahrhundert hinein herausforderte.

Da Burckhardt wenig Augenmerk auf Süditalien gerichtet hatte, sah der junge Akademiker Eberhard Gothein hier eine Lücke klaffen, die dringend gefüllt werden musste – und zwar von ihm.

Er war ein Mensch des 19. Jahrhunderts und blieb dies auch in den ersten zwei Jahrzehnten seines Lebens im 20. Jahrhundert. Zeitgenossen sprachen achtungsvoll von seinem enzyklopädischen Wissen und seiner Fähigkeit, sich in jeder Diskussion fruchtbar einzubringen. Sein Ideal war Goethes Universalgelehrtheit. Damit einher ging für ihn auch der Auftrag, andere zu bilden.

Als Historiker war er geprägt vom Historismus, einer Zeit »großer Erzählungen«. Ausgehend von historischen Persönlichkeiten als Kristallisationspunkten, wurde Geschichte als stete Entwicklung begriffen. Eberhard Gothein hatte sich von der Generation seiner Lehrer dadurch emanzipiert, dass er sich nicht auf die herrschenden Persönlichkeiten beschränkte, um Geschichte zu beschreiben, sondern die Kultur und die Landschaft einer Region mit in Betracht zog. Die Kulturgeschichte war ihm wichtiger als die politische Geschichte, Landschaft und Wirtschaft zeigten für ihn besser auf, welche Ideen in einer Zeit vorherrschten.

Um diese Aspekte zu verstehen, wählte er zwei Methoden: wandern und studieren. So durchwanderte er im Sommer und Herbst des Jahres 1882 Süditalien, unterbrochen von längeren Studienaufenthalten in Bibliotheken und Archiven vor Ort. So hielt er es auch während der folgenden Jahre – bis ihn das Familien- und Universitätsleben zwang, kürzerzutreten.

Seine Disziplin an der Universität war die Nationalökonomie, heute Volkswirtschaftslehre. Seine erste Stelle trat er 1885 als ordentlicher Professor in Karlsruhe an – vor allem, um endlich eine Lebensgrundlage für seine Hochzeit mit Marie Luise Schröter zu schaffen. Diese berufliche Spezialisierung verhinderte, dass er als Kulturwissenschaftler bleibende Spuren hinterließ. Immerhin half er mit, die Handelshochschulen in Köln und Mannheim zu gründen. Letztere trägt noch heute seinen Namen.

Auf dem Gipfel des Gran Sasso war die Sonne aufgegangen: »Das rätselhafte, wahrhaft zauberische Schauspiel war in den nächsten Minuten nach Sonnenaufgang, während erst die nächsten Spitzen über Campo di Pericolo, die alle über 8000 Fuß hoch sind, aufglühten; da fiel ein ungeheurer tiefblauer Schatten von uns aus durch die Luft hinunter ins tyrrhenische Meer. Der Führer sagte, es sei der Schatten des Gran Sasso. Optisch ist es mir nicht ganz erklärlich.«

Täuschen ließ sich Eberhard selten, sein kritisch hinterfragender Geist führte in seinen beruflichen Beziehungen und auch in seiner Ehe mehr als einmal zu Auseinandersetzungen. Sein Charakter scheint aber grundsätzlich von Güte und Gleichmut geprägt gewesen zu sein. Sein Sohn Percy schrieb über die Eltern, dass seiner Mutter öfter der Geduldsfaden riss als dem Vater.

Lebenslang blieb der Stoizismus Eberhard Gotheins Ideal, »Resignation« wie er es nannte, als Haltung gegenüber der Welt: Ein Einsehen, dass es »kein freies Handeln in der Wirklichkeit gibt, sondern nur in der Idee«. Dass man sich als Mensch immer wieder klarmachen muss, wie sehr man von den Bedingungen, in denen man lebt, abhängig ist, und sich zugleich davon lösen und distanzieren kann. Seine spätere Frau war da völlig anderer Meinung.

In der Verlobungszeit waren die beiden Partner jedoch von solch philosophischen Diskussionen noch himmelweit entfernt: Wo er Berge bestieg, spazierte sie auf Hügel.

Nach seiner Rückkehr aus Italien verlobte er sich mit Marie Luise Schröter und wartete ab dann sehnsüchtig darauf, mit ihr zusammenzuleben.

Karlsruhe, 1883

Während der ganzen Verlobungszeit, zwischen 1883 und 1885, durchstreifte er die Welt, erforschte und erkundete sie. Freilich, sein Ziel war es, eine feste Lebensgrundlage für sich und seine Braut zu schaffen. Während sie zu Hause half, las und lernte – entweder daheim oder als Hauslehrerin einer großbürgerlichen Familie –, zog er los, mit Wanderstiefeln, Notizblock und Stift, und schrieb ihr von unterwegs Briefe – täglich, wenn es ging. So nahm er sie mit in die Gemäldegalerien, die er besuchte. Er schickte Beschreibungen von den Bildern, die ihn am meisten beeindruckten. Oft kündigte er ihr an, dass er Fotografien der Bilder gekauft habe, die sie nach seiner Rückkehr zu Hause würden besprechen können.

Später in seinem Leben bekam Eberhard Gothein eine Professur in Kunstgeschichte angeboten, doch er lehnte sie ab, weil er meinte, dass die Kunst etwas für seine Mußestunden sei, keine Profession.

Es war die Zeit der spätromantischen und der heroischen Landschaftsmalerei: Alexandre Calame, Carl Rottmann. In München sah er die Griechenlandbilder von Rottmann und war begeistert: »Sie sind mit Göthes Iphigenie zusammen doch das schönste Zeugnis, wie eng sich der deutsche Geist mit dem antiken verschmolzen hat, mehr als das irgend eine Nation von sich rühmen kann.« – heldenhafte Landschaft, klassische Bildung, Nationalstolz. Er sah auch viel alte Kunst, alte Meister, neue Lerninhalte für seine Verlobte.

Und er beschrieb ihr Landschaften, immer wieder Landschaften, die er sich auf weiten Wanderungen und im Gespräch mit der jeweiligen Bevölkerung erschloss. Seine Beschreibungen Süddeutschlands lesen sich wie die Landschaftsgemälde seiner Zeit: »[...] ich ging durch's Thal von Geroldsau nach der Yburg einem hohen fast isolirten Kegel, der ganz steil aus dem Weinberg als letzter Vorsprung des waldigen Hochgebirges wie eine Warte aufragt. Da übersieht man dann alles: den Rhein von Freiburg bis gegen Mannheim, die ganze Ebene mit Wäldern, Städtchen und Dörfern – grade in der Mitte riesig der Straßburger Münsterthurm –, dann die Bergdörfer zwischen den Schluchten in den Weinbergen, und aufwärts wie abwärts die Kette des Hochgebirges.«

Marie Luise Schröter las über den Schwarzwald abends in ihrem Zimmer, ganz bei der Sache war sie nicht. Sie selbst litt noch unter Lähmungserscheinungen nach einer Krankheit, ihre Mutter war krank, der Vater dement. Sie war zu müde, um den Brief zu beantworten. Einige Tage später schrieb sie: »Unterdeß erhielt ich Deine beiden letzten Briefe, Du bist so gut, Geliebter, ach ich kann Mamachen ja so wenig machen und meine Pflege ist bei meiner Unerfahrenheit und jetztigen Schwäche auch fast gleich Null.« Es lagen zehn Jahre Altersunterschied zwischen ihnen, mehr als 800 Kilometer, Abitur, Doktorarbeit, Habilitation – und Carearbeit.

Im September 1883 wanderte der Bräutigam durch den Schwarzwald. Er hatte einen Auftrag der Badischen Kommission, die Wirtschaftsgeschichte dieser Landschaft zu erforschen. Es war ein lukrativer Job, aber keine feste Stelle. Darum ging er und ließ seine Braut in Schlesien zurück. Die wurde zu Hause gebraucht, denn ihre Mutter hatte Untermieter aufgenommen, um die Lebenshaltungskosten zu stemmen. Für die Hochzeit ihrer Tochter mit Eberhard Gothein hatte sie eine Bedingung gesetzt: eine feste Stelle. Marie Luise entzog sich der Enge ihres Zuhauses, indem sie als Hauslehrerin bei einem Breslauer Stadtrat arbeitete. Ihre Briefe von hier klingen reifer, interessierter an seinen Projekten und seinen Wanderungen.

Eberhard Gothein wurde das Warten lang. Mehrmals stellte er in seinen Briefen Überlegungen an, wie er eine Familie finanzieren könnte, um seine Verlobte früher heiraten zu können: »Meine Zunge und meine Feder haben genug Kraft, uns ein unabhängiges, wenn auch gewiß nicht sorgenloses Leben zu sichern [...] Ich bin wirklich nur Stückwerk ohne Dich.« – Sie schrieb zurück: »man kann doch dem Schicksal nichts abtrotzen, und Deine Verwandten sind gewiß alle meiner Meinung.« Also warteten sie, arbeiteten und schrieben Briefe.

Abwechselnd durchforstete er riesige Aktenkonvolute in Bibliotheken und Archiven und durchstreifte weite Forste, Berge und Täler, um mit den Schwarzwäldern selbst in Kontakt zu kommen, ihre Erfahrungen und tägliche Arbeit mit den trockenen Zahlen und Daten auf den Papieren abzugleichen. Wandern und studieren, lesen und laufen. Es war eine Art, die Welt zu begreifen, die sich seine Frau zu eigen machte.

Als Braut konnte sie seine Wege lediglich in ihrem Atlas verfolgen. Er schrieb und sie blieb sittsam zurück: »Ich nahm mir gleich den Andreeschen Atlas vor und suchte mir die Orte Wildbad und Zavelstein auf, wieviel Mal habe ich mir schon den Weg zu Dir und das Land, wo Du bist, angesehen auf dem Atlas nämlich, da sieht es aber ganz gleich alles aus, aber es macht mir doch Freude die Entfernungen zu vergleichen und Ort aufzusuchen von denen Du mir schreibst [...]«

Im April 1884 arbeitete Eberhard in Karlsruhe. Seine Wanderungen führten durch den südlichen Schwarzwald, er streifte auch die nahe gelegene Pfalz: »Geliebte Mieze, [...] dort würde Dir das Herz aufgegangen sein namentlich von so einem Frühlingstage wie vorgestern. Wenn man durch lange enge Waldschluchten am Bach hin allmählich aufgestiegen ist, steht man plötzlich hoch über einem grünen Thalkessel zwischen den schönsten Bergkuppen und in der Mitte ein kleines gestreutes Dorf von Holzhäusern. Das wiederholt sich 2mal, und kaum minder schön ist es, wenn man da heraus tritt nach Bergzabern in die Weinberge und Gärten, wo jetzt alles blüht und duftet.« – In Breslau war fast noch Winter, das schrieb sie ihm zurück. Er schickte ihr Ahorn- und Eichenblätter, die in Süddeutschland schon ausgetrieben hatten.

Den großen, weitausgreifenden Schwung seiner Wanderungen und Forschungen konnte die junge Braut noch nicht nachahmen. Die Sommerfrische verbrachte sie mit der Familie des Stadtrats im niederschlesischen Kurort Langenau und schrieb ins mehr als 700 Kilometer entfernte Karlsruhe: »Das

Wetter war heute den ganzen Tag trübe, trotzdem haben wir am Nachmittage einen hübschen Spaziergang gemacht, nach einem Aussichtspunkt auf einem waldigen Berge, die Waldkanzel [...], wo man zu Füßen das ganze Bad übersah und in der Ferne die Berge, die allerdings heute nebelverschleiert waren.« Ein Spaziergang, eine hübsche gerahmte Ansichtspostkarte als Aussichtspunkt – es war etwas anderes, wenn sie als Gouvernante von vielen Kindern sich ein wenig draußen bewegte oder wenn er, als Forscher und Pionier, sich Landschaften und ihre Geschichte erschloss.

Sie warteten. Sie warteten auf die Zeit, wenn sie endlich gemeinsam reisen könnten. Sie warteten auf die Freiheit, die es bedeutete, nicht mehr angestellte Lehrerin eines großbürgerlichen Haushalts zu sein, sondern einen eigenen Haushalt zu gründen. Sie wartete darauf, sich Landschaften zu erwandern, sich Wissensgebiete zu erschließen, sich Sprachlandschaften zu erlauschen.

Er zählte die Tage: »Meine geliebte Mieze. Ein Tag ist wieder hin, 80 bleiben noch bis zu unserm Wiedersehen; ich werde jedesmal einen Strich machen. In 80 Tagen soll man ja um die Erde kommen können; es ist also eine sehr lange Zeit. Und in den 80 Tagen liegen – 10 Sonntage abgerechnet – ungefähr 700 Arbeitsstunden; da kann man es auf 1400–2000 Urkunden bringen, – eine schreckliche Aussicht!« Und doch beneidete sie ihn: »ich habe wirklich eine unbegrenzte Hochachtung vor Eurer Arbeit, ich komme mir dann mit dem, was uns zufällt gar zu winzig vor.«

Sein Betätigungsfeld blieb im Süden. Im August 1884 war er in Heidelberg unterwegs: »[...] da kommt mir auch immer der Gedanke: wie ganz, ganz anders wird das erst einmal sein, wenn ich Dich an meiner Seite habe. – Am Morgen, nachdem ich an Dich geschrieben, ging ich natürlich erst auf's Schloß. Es war noch sehr früh, und nur 2 oder 3 Besucher oben [...]

So aber war es herrlich, und in der Einsamkeit des Gartens neben dem halb gestürzten Thurm dachte ich viel an die Vergangenheit und die Zukunft.« Hoffnung spricht aus seinem Brief, auf ein erfülltes Leben, mit der Frau, in die er so viel Vertrauen setzte, dass sie ihn würde begleiten können – auf seinen geistigen Höhenflügen und auf seinen Wanderungen über die Höhenkämme.

Er ahnte damals noch nicht, dass sie zusammen zwanzig Jahre und vier Kinder später nach Heidelberg ziehen würden, dass die Stadt am Neckar ihnen eine »dritte und letzte Heimat« werden würde, wie es Marie Luise in ihrer Dankesrede anlässlich der Ehrendoktorwürde sagte.

Rom, 1885

Es war ein milder Tag im April. Große Wolkengebilde zogen langsam, die Luft hatte sich den Morgen über aufgewärmt, sodass auf der Haut schon eine zarte Hitze zu spüren war. Über den Schirmen der Pinien wölbte sich der italienische Himmel. Ein junges Paar saß auf den Stufen der Rennbahn im Park der Villa Borghese, die Füße ausgestreckt, die Hände im Gras hinter sich abgestützt. Nach dem Gedrängel im Pincio, dem Park oberhalb der Piazza del Popolo, waren sie froh, sich in die Weiten des Parks zurückziehen zu können.

Sie waren am Ufer eines kleinen Sees entlangspaziert, auf dessen gegenüberliegender Seite ein weißer griechischer Tempel über das Wasser leuchtete. Hinter den ionischen Säulen stand die große Statue eines Äskulap, erkennbar am Stock mit der sich ringelnden Schlange. Allzu viel Aufmerksamkeit hatten die beiden dem griechischen Gott der Medizin nicht gezollt. In der Achse des Tempelchens verlief ein Weg unter hohen Bäumen, dem das Paar lieber folgte, schlendernd und schweigend. Er führte sie über eine Querung zum Hippodrom, auf dessen Stufen sie sich ausruhten.

Im März 1885 hatten Marie Luise Schröter und Eberhard Gothein geheiratet. Sie war 22 Jahre alt, er 32. Die Hochzeit war klein ausgefallen, weil kurz zuvor der Schwager des Bräutigams verstorben war, auch der Vater der Braut hatte noch nicht lange das Zeitliche gesegnet. Von allen Träumen, die sie sich während der Verlobungszeit über ihre Hochzeit und die Zeit danach gemacht hatten, war die Hochzeitsreise der präziseste. Es war ihnen immer klar gewesen, dass sie nach Italien reisen würden, sobald sie zusammen waren. Er wollte ihr zeigen, wo er gewandert war und geforscht hatte, er wollte ihr alles zeigen. Dafür reichte die Zeit nicht. Doch sie reichte für einen tiefen ersten Eindruck von dem Land, dessen Gartenkunst Marie Luise später als einen Höhepunkt der Weltgeschichte beschreiben würde.

Nur in ihren Erinnerungen gibt es über diese Reise Zeugnisse. In der Biographie über ihren Mann schrieb sie – auf seine Italienleidenschaft bezogen: »Daß die Hochzeitsreise nach dem geliebten Italien gehen mußte, war bis in die kleinsten Einzelheiten des Planes hundertmal an Hand der mitgebrachten Photographien mit glühenden Schilderungen bei jedem Beisammensein besprochen und dann auch glücklich genau so durchgeführt.« Dass auch sie von dieser Italienliebe angesteckt wurde, ist zwischen den Zeilen deutlich herauszulesen.

Die Hochzeitsreisenden ließen sich von Eberhard Gotheins Erfahrungen und von Jacob Burckhardts *Cicerone* leiten. Dieser Reiseführer zu Kunst und Architektur des Basler Kunsthistorikers war für Gebildete der Leitstern auf ihrem Weg in den Süden. Geschrieben im Jahr 1855 von einem Kunstwissenschaftler, der sich so intensiv mit der Antike auseinandergesetzt hatte, dass er scheinbar spielend leicht die Elemente der Renaissancekultur definieren und erklären konnte. Im *Cicerone* verband er, ohne die Bleigewichte von Raum und Zeit zu beachten, Architektur- und Kunstformen in ganz Italien. Burckhardt war der Renaissanceforscher par excellence, er hatte das Studium der Renaissancezeit erfunden und damit Generationen von Forschern geprägt – allen voran Eberhard Gothein. Dieser veröffentlichte im Jahr nach der Hochzeit die Ergebnisse seiner Wander- und Forschungsreisen in Süditalien und führte seine neu angetraute Ehefrau schrittweise an die Kultur heran, die er sich bereits in weiten Teilen angeeignet hatte.

Der Plan war, durch Oberitalien zu reisen, auch von Wanderungen ist die Rede, und einen Monat vor der Hochzeit schrieb er ihr: »Geliebter Schatz, wenn Du alles wüßtest, was ich an Plänen für die 5 Wochen Hochzeitsreise spinne, Du würdest lachen. Dir will ich Italienisch lehren und Du sollst mir Englisch beibringen. Außerdem aber will ich meine italienischen Studien mitnehmen, um sie dort unter den hübschesten Eindrücken zu Ende zu führen, und dabei denke ich mir sofort aus, ob wir nicht doch einen Abstecher nach Neapel machen könnten, zu Schiff von Genua aus. Was wird sich nur von dem allen verwirklichen? Hoffentlich recht vieles.«

Mit der Heirat begann sich das starre Rollengefüge von Lehrer und Schülerin zu lösen. Er hatte immer noch einen enormen Bildungsvorsprung, hatte italienische Kultur studiert und die Meere zu beiden Seiten des italienischen Stiefels gesehen. Aber er wollte auch von ihr lernen. Sie Italienisch von ihm, er Englisch von ihr. Der Grundstock für eine Beziehung auf Gegenseitigkeit war gelegt.

Zwanzig Jahre nach ihrer Hochzeitsreise, im Mai 1905, erinnerte sie sich an ihren gemeinsamen Besuch im Park der Villa Borghese, an ihr Verweilen im Hippodrom. Es ist das erste Jahr, in dem sie für *Die Geschichte der Gartenkunst* forschte und reiste. Italien als Höhenkamm der Renaissancekunst – im Gefolge von Jacob Burckhardt – war ihr Ausgangspunkt. Von hier aus machte sie sich ein Bild vom Ideal, an dem sie die anderen Epochen messen würde. Archivstudium und eigene Anschauung – die zwei Pfeiler wissenschaftlichen Arbeitens, die sie von ihrem Mann gelernt hatte, wendete sie nun eigenständig an: »Mein lieber guter Schatz! Wenn ich auch immer ganz müde von meinen Expeditionen abends zurückkomme, so muss solche Arbeit in frischer Luft doch gut tun. Also gestern morgen habe ich auf der Bibliothek gearbeitet [...] Nachdem ich dann in Veneto gegessen hatte unter Rosen, woher ich dir gestern schrieb, ging ich nach Villa Borghese, wo ich in etwa 4 Stunden das ganze Gebiet ziemlich abgeschritten habe und mit Hülfe des alten Planes die neuen Zusätze und Vergrösserungen klar gemacht habe; das alte Eingangstor an der Muro torto habe ich gefunden, noch sehr viel auch von den alten Anlagen, namentlich ist ein Stück hinter dem Casino noch ganz schön erhalten, namentlich die eingemauerten antiken Reliefs, und Inschriften, kurz trotz alles Buchstudiums und der guten Pläne und Beschreibungen, geht bei allen diesen Dingen doch nichts über die Anschauung, erst jetzt habe ich ein klares Bild, was dieser Garten im Anfang des 17ten Jahrhunderts bedeutet hat. Wir haben eigentlich auch hier nie etwas ordentlich gesehen und wie wünsche ich fortwährend du wärst da, um dich mit mir an all den versteckten Schönheiten zu freuen. Und über dem ganzen ein römischer Himmel von einer unsagbaren Schönheit.«

Aus den masurischen, schlesischen und süddeutschen Landschaften waren italienische Gärten geworden: Eine Kunstform zwischen Kultur und Natur. Für Marie Luise wurden sie ihre zweite Natur. Mit geschultem Blick durchstreifte sie die alten Anwesen und schalt ihr jüngeres, verliebtes Ich, das die alten, verfallenen Gärten Italiens als das gesehen hatte, was sie waren: englische Landschaftsgärten und verwilderte Natur.

Ihr Mann antwortete ihr – besänftigend und ausführlicher erklärend. Er war es immer noch, nach vielen gemeinsamen Jahren, der ihre angedeuteten Gedanken strukturierte und ausformulieren konnte: »Da magst Du wohl in Deinem heutigen Briefe Recht haben, daß wir selbst die Villa Borghese uns nie ordentlich angesehen haben. Wir haben eben immer diese Dinge wie eine Landschaft und nicht einmal wie ein Bild auf uns wirken lassen und Stimmungen in uns anregen lassen, statt Anschauungen zu sammeln und vollends sie zu Begriffen zu vertiefen. Das Bild freilich einzelner Stellen steht mir so lebhaft vor Augen, daß ich die Gruppirung der Baumwipfel beschreiben könnte – lange genug haben wir dazu auf den Stufen des Amphitheater gesessen. Jetzt würde ich unter Deiner Führung und Erklärung auch ein viel gründlicheres Verständnis erwerben also einen höheren Genuß haben.«

So waren sie dort gesessen, im Frühjahr des Jahres 1885, am Beginn ihrer gemeinsamen Reise, in einer italienischen Landschaft: Amphitheater, Schirmpinien, Wärme; zwei späte Romantiker versunken in der elegischen Atmosphäre einer vergangenen, einstigen Pracht. Vielleicht hatte er sie geküsst, schnell, weil gerade niemand zu sehen war im weitläufigen Park, auf jeden Fall hatte er seine Hand auf ihre gelegt. Zu dieser Zeit wusste die junge Frau noch nichts von der formalen Strenge der alten Gärten. Sie genoss das Glück, in Italien zu sein und sich frei zu fühlen. Die Landschaften ihrer Kindheit hatten sie geprägt, die Wanderungen ihres Bräutigams hatten sie herausgefordert, nun wollte sie sich selbst rüsten, sich Wissensgebiete und neue Landstriche erschließen. Von den kunstgeschichtlichen Begriffen und Standards, die sie später in einer Weltgeschichte der Gärten anwenden sollte, war sie noch weit entfernt. Und doch war es der alte Garten, der sie mit seiner Natur berührte.

Es dauerte noch sieben Jahre, bis sie alleine loszog. In diesen sieben Jahren, zwischen ihrem dreiundzwanzigsten und ihrem dreißigsten Lebensjahr, löste sie sich immer mehr von der ihr zugedachten Rolle einer gebildeten Gefährtin und aufopferungsvollen Mutter und entwickelte sich zu einer eigenständigen Forscherin und einem gleichberechtigten Elternteil.

Marie Luise ging unaufgeklärt in ihre Ehe. Es lässt sich aus ihren Briefen schließen, dass sie sich selbst darüber wunderte, dass sie als junges Mädchen die sexuelle Dimension des Lebens überhaupt nicht gekannt hatte. Als sie kurz nach der Hochzeit nach Hause fuhr, erinnerte sie sich zurück: »Mir war so eigen zu Muthe, als ich die Bräute alle sah, ich mußte nur denken, ob auch sie so in die Zukunft sehen, wie Dein kleines dummes Mäuschen.«

Doch sie mochte dieses neue Geheimnis, das die Ehe mit sich brachte. Aus Breslau, vom Verwandtenbesuch, schrieb sie Eberhard: »Lieber, lieber Schatz […] dann aber komme ich wieder in die Arme meines Lieblings, ich male es mir jetzt manchmal aus, wie hübsch es ist, wenn ich den Kopf an Deine Schulter lege und Du mich umarmst und küsst und – und noch etwas Lieberes. –«

Echte Natur

London, 1892

»Die Kinder sind lieb, Wernerchen meint, wenn man ihn frägt, wo Du bist: bei den Engeln, denn England kapirt er noch nicht. Gottlob, daß Du doch nur dem Festland und nicht der Erde entrückt bist.« Eberhard Gothein schrieb diese Anekdote über ihren jüngsten Sohn seiner Frau nach Großbritannien, wo diese auf Studienreise war.

Wolfgang, Wilhelm, Werner: Die drei ältesten Söhne der Familie Gothein kamen jeweils im Abstand von zwei Jahren. Die beiden Ältesten wurden 1886 und 1888 Karlsruhe geboren, wohin das junge Paar gleich nach der Rückkehr aus Italien zog, denn dort hatte Eberhard seine erste feste Stelle angenommen, eine Professur für Nationalökonomie an der Universität Karlsruhe. Es war eine Zeit, in der Marie Luise zwischen den Aufgaben als Hausfrau und Mutter und den Verlockungen der geistigen Welt schwankte. Aus der Zeit der jungen Ehe ist die briefliche Korrespondenz sehr schmal. Wenn eine Trennung notwendig war und Eberhard seiner Arbeit wegen verreisen musste, versprachen sich die beiden, sich nicht mehr zu trennen. Ein Versprechen, das sie nicht hielten.

In den wenigen Briefen, die aus den ersten Ehejahren überliefert sind, berichtete sie oft von den Entwicklungsschritten der kleinen Kinder und der »Schneiderei«. Das waren die Termine, wenn die Schneiderin kam und neue Kleider anpasste – eine zeitaufwändige und für Marie Luise augenscheinlich nervenaufreibende Prozedur. Nur aus wenigen Bemerkungen lässt sich schließen, dass sie trotz kleiner Kinder und Haushaltsarbeit eigene Studien betrieb.

Anderthalb Jahre nach der Hochzeit schrieb sie ihrem Mann

von der Gasrechnung, die sie bezahlt hatte, von dem kleinen Sohn, den sie nicht anders als verwöhnen konnte, und: »Gute Nacht einziger Schatz, von Dir geht es wieder zu Goethe, das Schönste in den Briefen ist seine innere Entwicklung zu beobachten in den ersten Jahren geht sie rapid und doch so klar und gesetzmäßig fort.« Der berühmteste deutsche Dichter blieb eine Richtschnur in ihrem Leben. Außer mit seinen Briefen beschäftigte sie sich in jener Zeit mit Geschichtsstudien anhand des Grandseigneurs der Geschichtswissenschaft, Leopold Ranke. Als Begründer einer modernen Geschichtswissenschaft hatte dieser das historische Quellenstudium als Standard etabliert. Seine Geschichtsbücher gehörten zum Kanon, Eberhards akademische Lehrer hatten bei ihm studiert.

Ranke hatte aus dem philosophisch betriebenen Studium der Geschichte eine quellenbasierte Wissenschaft gemacht. Herrscher und ihre Antipoden nutzte er als Kristallisationspunkte der historischen Entwicklung. Ihm war eine ästhetische, eine erzählerische Darstellung wichtig, und er formulierte den Anspruch, ein historisches Geschehen zu fassen, »wie es wirklich gewesen ist«.

Für Marie Luise waren ihre privaten Studien der Anlass, sich Gedanken über ein Leben für die Wissenschaft zu machen. Im Oktober 1886 besuchte ihr Mann den alten, zurückgezogen lebenden Jacob Burckhardt. Der Basler Kunsthistoriker war immer noch eine Autorität auf seinem Gebiet und von ihm empfangen zu werden eine große Ehre. Marie Luise, die die wichtigsten Werke des Professors kannte, unter seiner literarischen Führung durch Italien gereist war und außerdem wusste, welch großes Vorbild er für ihren Mann war, bemerkte die Kluft zwischen Eberhards Lebenswelt und der des Kunsthistorikers: »Hab vielen Dank für Deinen lieben lieben Brief. Unsere süße Puppe sagt Dir guten Morgen, gelt es ist doch hübscher solch einen Buben zu haben, als ein alter

Junggeselle zu sein; selbst um den Preis von Jakob Burkhard. Wir einfachen Menschkinder müßten doch aus unserer Haut, um zu verstehen, wo da das Lebensglück bleibt, wir brauchen nicht nur Schönheit in uns sondern auch außer uns. Grüß Gott, mein Liebling.«

Das Studium der Schönheit als innere Kontemplation, wie sie dies für den Basler Gelehrten Burckhardt annahm, schien ihr in diesen Jahren zu elitär. Sie freute sich an den ersten Worten ihres Kindes und an ihrer kleinen Familie. Und sie lernte weiterhin von ihrem Lehrer. Eberhard las seine Werke immer zuerst ihr vor. Offen schrieb sie ihm, wenn sie seine Gedankengänge nicht verstanden hatte, die er ihr vertrauensvoll in langen Briefen schilderte. »Deinen lieben Brief habe ich ganz genau durchgelesen und mich sehr darüber gefreut, ich habe viel über Deinen Gedankengang nachgedacht, leider aber kenne ich die Bibel zu wenig um Dir nur ganz folgen zu können, wie viel weniger selbst weiter zu denken. Nicht wahr, Liebling, wenn Du nach Hause kommst findest Du am Tag auch ein Stündchen, um mit Deinem Weibchen solche Dinge zu treiben […]«

1888, da war schon der kleine Wilhelm auf der Welt, besuchte sie ihre Verwandten. Der Ton, in dem sie ihrem Mann über Bücher schrieb, hatte sich verändert. Er wurde selbstbewusster: »Wenn es Dir möglich ist, bringe was gutes zu lesen mit, ich hungere nach guter Lectüre, finde allerdings am Tag wenig Zeit dazu.«

Die Zeit wurde zunehmend knapper, da sie im Jahr 1890 einen dritten Sohn bekam und mit diesem vier Wochen alten Baby im April von Karlsruhe nach Bonn umzog. Eberhard hatte einen Ruf auf eine Professur an der dortigen Universität erhalten. Es sind keine Briefe von Marie Luise in den Jahren zwischen 1889 und 1903 in der Universitätsbibliothek in Heidelberg erhalten geblieben. Wie sie den Umzug meisterte, den Bau eines neuen Hauses für die fünfköpfige Familie und die Bediensteten begleitete, sich in jenen Jahren ausbildete, wie viel Anteil an ihrer Bildung ihr Mann hatte und wie viel Anteil die akademischen Kreise, in denen sie sich bewegte, lässt sich nur aus Eberhards Briefen schließen. Sie kümmerte sich um ihre jungen Söhne – er schrieb: »Wie gern wäre ich mit Euch am Rhein spaziert und hätte Steine mit Willi in den Fluß geworfen [...]«

Es muss eine inspirierende Zeit für die junge Frau gewesen sein. Mit 27 Jahren zog sie nach Bonn, mit knapp 40 wieder weg – die kleine Universitätsstadt am großen Fluss prägte sie. Wie oft schrieb sie in ihren Briefen vom Rhein als Ort der Beruhigung und Kontemplation angesichts seiner ruhig dahinfließenden Wassermassen. In der Dankesrede für ihre Ehrenpromotion bezeichnete sie den Rhein als Symbol für ihre zweite Heimat Bonn, »den ich kannte in allen verschiedenen Gesichten, die er in den verschiedenen Jahreszeiten trägt, dessen Töne mir vertraut waren in allen Tages- und Nachtzeiten«. Sie war als Kind dem Bachlauf gefolgt und als Erwachsene am großen Fluss angekommen.

Das Ehepaar Gothein freundete sich mit der Familie des Juristen Ernst Zitelmann an, die in der gleichen Familienphase steckte wie die Gotheins. Auch der Kunsthistoriker Paul Clemen gehörte zu ihrem Freundeskreis. Aus seinen Briefen an Marie Luise spricht in diesen ersten Bonner Jahren mehr als platonische Verehrung. Sie wich, nach einer Phase der Distanz, einer engen Freundschaft.

In Bonn setzte Marie Luise sich im Verein für Frauenbildung ein. Sie organisierte Hauswirtschaftskurse für mittellose junge Frauen und hielt dort Vorträge. Hier verwirklichte sie ihr Emanzipationsideal: Bildung als Ermächtigung. Einer ihrer Vorträge hat sich als Veröffentlichung aus dem Jahr 1890 erhalten, er trägt den Titel: »Londoner Literatengeselligkeit in der Zeit der Romantik, gehalten in der Versamm-

Marie Luise, vermutlich auf der Terrasse ihres Bonner Hauses, undatiert

lung des Vereins für Förderung der Frauenbildung«. Darin beschäftigte sie sich hauptsächlich mit der essenziellen Rolle der Frauen in den Kreisen der englischen Romantiker.

England, die englische Sprache: Seit ihrer Schulzeit war sie darin besser gewesen als Eberhard. Sie hatte an ihrer Kompetenz und ihrem Vorsprung weiter gefeilt. Während er Nationalökonomie und Kulturgeschichte lehrte und sich mit einer umfassenden Biographie über *Ignatius von Loyola und die Gegenreformation* befasste, die er 1895 veröffentlichte, hatte sie ihre Grundbildung in Geschichte und Literatur bei ihrem ehemaligen und beständigen Lehrer abgeschlossen und sich auf ihrem eigenen Interessensgebiet weiter spezialisiert. Der 1890 veröffentlichte Vortrag ist der erste Beweis dafür, dass sie sich daranmachte, professionell literaturwissenschaftliche Studien zu betreiben. Bald entwickelte sie das Ziel, die Literatur der englischen Romantiker einem deutschen Publikum nahezubringen. Dazu musste sie nach England: Lesen, forschen, schreiben, sehen, den Kulturraum ergründen und erfahren – so wie es Eberhard getan hatte, so wie es Jacob Burckhardt vorgemacht hatte.

Es gab eine dritte Autorität, die ihre publizistische Laufbahn herausforderte. Dies war der preußische Historiker Leopold Ranke. Der führende Geschichtswissenschaftler des 19. Jahrhunderts hatte über die Werke des englischen Romantikers William Wordsworth geschrieben, dass diese »kaum übersetzbar« ins Deutsche seien. Wann dieses Verdikt die junge Übersetzerin dazu reizte, gerade dies zu versuchen, wann sich ihre eigenen Studien fest auf dieses eine Projekt richteten, ist nicht mehr herauszufinden. Doch es steht fest, dass sie im Vorwort ihres ersten Buchs aus dem Jahr 1893, *William Wordsworth, sein Leben, seine Werke, seine Zeitgenossen* auf genau diese Aussage Rankes explizit Bezug nahm. Bestimmt tat sie es nicht ohne Stolz.

Doch vor diesem ersten Meilenstein ihrer eigenständigen Laufbahn lagen viele Arbeitsstunden Forschungs- und Übersetzerarbeit. Dass Marie Luise mit Übersetzungen ihre Eigenständigkeit startete, ist übrigens kein Zufall. Das Übersetzen war eine für Frauen angemessene Tätigkeit. Weniger angemessen war es, einen geadelten Doyen der Geschichtswissenschaft Lügen zu strafen. Doch der Erfolg gab ihr Recht. Viele Jahre später schrieb ihr Eberhard begeistert von einem Besuch in der Universitätsbibliothek Heidelberg, dass ihre Bücher über William Wordsworth und John Keats »ganz abgegriffen« seien, was ihren Status als Standardwerke der Anglisten belegte.

An einem kühlen Apriltag im Jahr 1892, sieben Jahre nach ihrer Hochzeit, stand Marie Luise zum ersten Mal an Deck des Schiffes, das sie nach Southampton bringen sollte: Nordseewind, eine steife Brise, die die Gischt am Bug des Schiffs in Flocken verwehte. Zum ersten Mal setzte sie über den Kanal und zwar in ihrem eigenen Interesse als Forscherin. Sie hatte sich von den Kindern verabschiedet, den Hausangestellten eine lange Liste von Instruktionen hinterlassen und Eberhard gedankt, der sich bereit erklärt hatte, ihre häuslichen Aufgaben – so gut es ging – zu übernehmen. Sie war allein und frei. Für einen Monat würde sie im British Museum lesen können, nach Cambridge und Canterbury reisen, auf den Spuren von William Wordsworth forschen und lesen und die englische Landschaft, Kultur und Kunst kennenlernen.

Sie war euphorisch, als sie an der Reling stand und den langen Streifen Land langsam näher kommen sah. Schlecht war ihr auch ein wenig – sie litt schnell unter Seekrankheit –, aber der salzige Wind trieb die Übelkeit davon, und sie freute sich auf das unbekannte Land, das vor ihr lag. »Selten kam jemand besser vorbereitet nach England«, fand ihr Mann in einem seiner Briefe, empfahl ihr aber, den ersten frischen Eindruck ganz und gar auszukosten. London, Windsor, Eton, Oxford und Cambridge lagen auf ihrer Reiseroute.

Zudem knüpfte sie Kontakte in der wissenschaftlichen

Community, die sich mit den englischen romantischen Dichtern befasste oder selbst noch mit ihnen in Kontakt gestanden hatte. In Oxford traf sie sich mit dem maßgeblichen Wordsworth-Herausgeber William Angus Knight, dem sie im Vorwort zu ihrem eigenen Buch für seine Unterstützung dankte. Knight hatte mit dem Dichterehepaar Elizabeth Barrett Browning und Robert Browning korrespondiert und setzte sich für Frauenbildung ein.

Aber sie reiste auch als Kulturhistorikerin, um das Land der englischen Dichter zu erfahren und zu begreifen. Der Dreischritt Landschaft – Geschichte – Kultur, der den Reisen ihres Mannes immer den Takt vorgegeben hatte, leitete auch sie.

Mit Sicherheit vermisste sie auf dieser Reise – trotz der großen Freiheit, die sie ihr bot – mitunter auch ihre Kinder. Wolfgang war inzwischen sechs Jahre alt und wurde von der Mutter zu Hause unterrichtet. Das übernahm während ihrer Reise Eberhard. Wilhelm war vier und bekam ersten Schreibunterricht, Werner mit seinen zwei Jahren verstand noch nicht, wohin die Mutter gegangen war. Eberhard versorgte sie in seinen Briefen ausführlich mit Informationen zu ihren Entwicklungsschritten und kleinen Erlebnissen. Einige Tage nach ihrer Abfahrt schrieb er ihr: »Die Kinder sind fröhlich und artig. Heute war Wernerchen doch etwas verwundert, daß Mama noch weg ist. Als er Morgens zum Frühstück herunterritt, rief er vor Deiner Thüre mit lauter Stimme ›Mama komm, Kaffee trinken‹ und besann sich dann ganz traurig auf sein ›Mama weg‹. Wolfgang hat heute bei mir Stunde gehabt, es ging recht gut, nur mit dem Französischen kann ich mich nicht ganz in Deine Methode schicken. Willi hat heute zu ›Mama‹ noch ›Papa‹ gelernt. Er meinte aber ›am Liebsten bliebe er immer Kind‹ und als ich ihn fragte, was er denn aber machen würde, wenn wir beide todt wären, antwortete er seelensvergnügt: ›Dann ist der Wolfgang mein Papa‹. Wolfgang acceptirte auch sofort diese Rolle und freute sich, wenn er dann eine Frau nähme, so würde die Willi's Mama.«

Was mochte Marie Luise gedacht haben, als sie las, dass ihr gerade zweijähriger Sohn auf Nachfrage antwortete, dass sie bei den Engeln sei, weil er noch keine Vorstellung von einem anderen Land hatte?

Es muss ein Preis gewesen sein, den sie dennoch bereit war zu zahlen, denn auch in den folgenden Jahren reiste sie alle zwei Jahre für mehrere Wochen nach England, um im British Museum zu lesen und das Land und seine Kultur sich »ganz zu eigen zu machen«. Dass sie stolz darauf war, beweist ihre wie nebensächlich hingeworfene Bemerkung in der Biographie über ihren Mann. Sie flocht sie ein in die Passage, in der sie von seiner einzigen England-Exkursion im Jahr 1893 berichtete: »Schnell entschlossen sagte er zu und kam so zu seinem leider einzigen Aufenthalte von zehn Tagen in England. Nach anderer Seite stand damals England sehr im Vordergrunde des Interesses des Gotheinschen Hauses, da ich im Jahre 1892 zum ersten Male, dann aber mindestens alle zwei Jahre sechs bis acht Wochen dort meiner Studien halber weilte. Eine kaum glaubliche Aufnahmefähigkeit zeitigt diese kurze Reise in ihm.«

Nur eine kurze Bemerkung erlaubte sie sich in seiner Biographie, nur ein kleines, steil aufragendes Statement. Denn natürlich wurden ihre Studien von ihrem Umfeld kritisch hinterfragt, sehr wahrscheinlich wurde die Stirn gerunzelt über die Professorengattin, die Mann und Kinder wochenlang alleine ließ, um ihren eigenen Interessen zu frönen. Eberhard berichtete ihr von einem Gespräch mit einem Bekannten und seiner Frage: »Da arbeitet nun Ihre Frau ganz wie ein Gelehrter? Es ist doch seltsam!«

Schließlich waren an den Universitäten des deutschen Reichs – und das auch nur an einigen – erst vereinzelt Frauen zugelassen. Diese wurden bei Weitem nicht gleichbehandelt wie ihre Kommilitonen. An der medizinischen Fakultät Berlins mussten Medizinstudentinnen in einer Dachkammer lernen, während die Studenten im Anatomiesaal unterrichtet wurden. Oft hatten die Professoren Sonderrechte bei der Auswahl ihrer Studenten und konnten so ihre eigenen Überzeugungen, dass Frauen nicht geeignet und bestimmt dazu waren, zu studieren, in hindernde Praxis umsetzen. Eberhards Gesprächspartner drückte sich so aus, dass seine Frau wie ein »Gelehrter« arbeitete. In dieser Formulierung steckt die unverhohlene Überzeugung, dass sie in England nur etwas imitierte, zu dem sie selbst qua Geschlecht eigentlich gar nicht in der Lage war. Nicht jede bildungswillige Frau hatte einen Förderer wie ihn, der ihre Ambitionen vorbehaltlos unterstützte.

Eberhard hatte sie ihrem Ziel, eigene Wanderungen zu unternehmen, stetig nähergebracht. Das Gleichgewicht war hergestellt: Jetzt schrieb sie ihm Briefe von ihrer Reise, und er verfolgte ihre Wege im beschaulichen Bonn. Im Mai, kurz vor ihrer Heimkehr, schrieb er ihr: »Ich kann Dich übrigens auf Deinen Wanderungen jetzt sehr gut begleiten; in unserm angeblichen ›Prachtwerk‹, das uns bisher immer ziemlich überflüssig erschien, sind außer London und dem Südstrand grade Eton, Oxford und Cambridge behandelt und die Abbildungen sehr instruktiv. Um so mehr freue ich mich jetzt noch auf die Ergänzung durch Deine Photographien.« Was sie von ihrem Lehrer gelernt hatte, das wendete sie an – und gab ihm etwas zurück.

Das Wetter war kühler in England 1892, mit weniger Regen als sonst. Ungehemmt von den Schauern des typischen englischen Wetters, ließ sie die Städte ihrer Reiseroute auf sich wirken und sammelte Eindrücke. Marie Luise reiste in jenem Jahr noch nicht an die englischen Seen. Dort, in einem kleinen Ort namens Grasmere, hatte William Wordsworth mit seiner Familie und seiner Schwester gelebt und gedichtet.

Doch vielleicht sah Marie Luise an einer Steinmauer bei Canterbury oder am Flussufer des Cam ein Feld von spät blühenden Narzissen, die, von einem Windhauch gedrückt, sich aufrichtend mit den Blütenköpfen nickten? Die Blumen stellten die Verbindung durch Raum und Zeit her, und plötzlich wusste sie, dort in Canterbury oder in Cambridge, wie William Wordsworths Gedicht »I Wandered Lonely as a Cloud« am Ufer des Windermere-Sees im Norden Englands gut neunzig Jahre früher entstanden sein musste.

Es war ein Tag voll tiefhängender blau-grauer Wolken. Der Wind trieb sie über den Himmel und kräuselte mit seinen Böen immer wieder die Wasseroberfläche des Sees. Die Narzissen mit ihren leuchtendgelben Blütenblättern tanzten auf ihren frühlingsgrünen Stängeln, und die Trompeten in der Mitte der Blüten schmetterten die selbstverständliche Botschaft ihrer Schönheit über das Wasser und die Wiesen. Sie sah es und sie wollte den Anblick in ihrer Seele behalten so wie der englische Dichter, der sich zu Hause auf dem Sofa an die tanzenden Blütenköpfe auf seinem Spaziergang erinnert hatte: »And then my heart with pleasure fills, and dances with the daffodils.«

Viele Jahre später, 1919, im ersten Jahr nach dem Ende des Ersten Weltkriegs, versuchte Marie Luise sich von den Strapazen und Entbehrungen der Kriegsjahre auf der Tromm im Odenwald zu erholen. Sie schrieb an ihren Mann: »Und nun sitze ich neben einem Rapsfeld, das unwahrscheinlich intensive Gold fängt meinen Blick immer wieder, im Wind tanzen und nicken sich die Blüten zu ›and dances with the daffodils‹ – aber so golden können Wordsworth daffodils nicht gewesen sein – und rings um blühende Bäume kleine verstreute Bauernhäuser, dunkle Tannenwäldchen und rings der Kranz der blauen Hügel, darüber aber ein Himmel von einer Klarheit und Reinheit, wie ich ihn Monate ganz vergessen.« Wordsworths Narzissen blieben ein bedeutsames Bild vor ihrem inneren Auge, auch in den schweren Zeiten ihres Lebens – genauso wie es der englische Dichter beschrieben hatte.

Entgegen dem Verdikt Leopold Rankes, der William Wordsworths Werke für »kaum übersetzbar« gehalten hatte, veröffentlichte sie nach der Rückkehr von ihrer ersten Englandreise eine Einführung in »sein Leben, seine Werke, seine Zeitgenossen« in zwei Bänden, wobei der zweite Band ihre Übersetzungen enthielt. Darin enthalten ist ihre Version von Wordsworths bekanntestem Gedicht, das mit der Sicht auf die Welt vom Himmel aus beginnt:

Ich zog allein der Wolke gleich,
Die über Thal und Hügel flieht,
Als plötzlich unermeßlich reich
Ein Heer Narzissen vor mir blüht;
Am Seestrand unter Baum und Strauch
Da tanzten sie im Windeshauch. –

Wie unabsehbar Stern an Stern
Hoch von der Nebelstraße glänzt,
So haben endlos, nah und fern,
Das Seegestade sie bekränzt.
Viel Tausende hab ich erblickt,
Und jedes Köpfchen winkt und nickt.

Die Wogen tanzten, doch ihr Schein
Beschämte noch der Wogen Glanz!
Ein Dichter mußte fröhlich sein
Bei ihrem übermütgen Tanz;
Ich schaut' – und habe nicht gedacht,
Wie reich dies Schauen mich gemacht. –

Denn oft wenn ich auf meinem Pfühl
Halb sinnend, halb zum Traum bereit,
Tritt vor den innern Blick ihr Spiel
In segensreicher Einsamkeit;
Dann ist mein Herz an Wonne reich
Und tanzet den Narzissen gleich.

London, 1896

Alle zwei Jahre nahm sich Marie Luise die Freiheit heraus, in England ihren Studien nachzugehen. Eberhard unterstützte sie und sandte ihr täglich Nachrichten von zu Hause, aus dem »stillen Winkel Bonn«, in den sie »aus der Höhe Londons« hineinsehen sollte. 1894 schrieb er ihr: »Willi lebt lustig drauf los und fabulirt und schwadronirt was das Zeug hält [...] Wernerchen dagegen lebt sein süßes Traumleben weiter, macht aber seine kräftigen Bemerkungen, wenn ihn die andern necken [...]« Eine ganze Briefseite erzählte er ihr von den Kindern und schloss: »– So habe ich Dir denn lauter dumme Kindergeschichten erzählt, alter lieber Schatz, aber ich weiß schon, daß Du sie gern hörst und so nimm nur schnell [...] noch einen innigen Kuß von Deinem alten Eberhard.«

Die Kinder wurden größer und die Geschichten änderten sich während Marie Luises Reisen. Einmal erzählte ihr Eberhard von ihren Theaterspielen, dann von Willis vielen Strafarbeiten, die seine Lehrerin ihm aufbrummte. 1896, kurz vor ihrer Rückkehr, erzählte er ihr von den Wünschen ihres jüngsten Kindes, dass das Wetter gut bleiben sollte für ihre Überfahrt, und überlegte: »In die Seele Deiner robuster beanlagten älteren Söhne kommen solche feineren Erwägungen nicht. Willi malt sich lieber Sturm und Schiffbruch und was sonst noch alles aus. Möge nun also der Wunsch unsres lieben Nesthäkchens erfüllt sein.« 1896 war sie schon im Januar in England, nicht erst im April wie sonst, es gab also wirklich Winterstürme für ihre Rückreise mit dem Schiff zu befürchten.

Die Regelmäßigkeit ihrer Reisen behielt sie jedoch bei. Die Studien in England mündeten jeweils in Publikationen – dazu konnte sich Marie Luise auf die Kontakte ihres Mannes zu wissenschaftlichen Zeitschriften und Verlagen stützen. 1893 hatte sie ihre Abhandlung und Übersetzung von William Wordsworth veröffentlicht – das Buch war ein Erfolg geworden und hatte das Ziel, den englischen Dichter in Deutschland bekannter zu machen, erreicht. 1897 kam ihr Buch über den jung gestorbenen Romantiker John Keats heraus – *Leben und Werke* untertitelt. Unterbrochen wurde die Regelmäßigkeit ihrer Forschungen und Reisen lediglich durch eine ungeplante Schwangerschaft.

Im Jahr 1896 war Percy, der vierte Sohn und ein Nachzügler, unterwegs. Sie versuchte, ihren Zustand vor ihren Bekannten in Bonn zu verheimlichen. Überhaupt war sie über diese Schwangerschaft alles andere als erfreut gewesen, das wird aus Eberhards Briefen überdeutlich. Sie muss regelrecht böse auf ihn als Urheber gewesen sein, denn nur zögernd schickte er seine Liebesgrüße: »nimm in Gedanken den einen erlaubten, zärtlichen Kuß auf die gnädig hingereichte Backe – oder darf ich mir in Gedanken auf die Entfernung mehr herausnehmen?« Er wünschte ihr inständig eine gute Zeit bei ihrer Arbeit und schrieb fast bedauernd: »Die kleine unruhige Mahnung an Deinen Mann und die Heimath, die Du leider mit Dir tragen mußt, hoffentlich macht sie Dir nicht allzuviel zu schaffen. Es ist augenblicklich mein höchster Wunsch, daß Du diesen Monat ohne alle Hinter- und Vorgedanken noch einmal recht frei genießen könntest.«

Tatsächlich scheint sie sich in ihrem bevorzugten Kulturland, bei ihrer Arbeit, mit dem Gedanken an ein viertes Kind

Die vier Söhne, Wolfgang, Wilhelm, Werner und Percy, um 1900

ausgesöhnt zu haben. Denn in seinem letzten Brief freute er sich: »Ich bin so glücklich, daß Du mir schreibst, Du selber seist jetzt über die Sache selbst hinweg.«

Am 22. Mai 1896 wurde in Bonn Percy Paul Heinrich Gothein geboren und durchbrach die Reihe der W-Kinder – zu frisch war der Eindruck englischer romantischer Literatur eines Percy Bysshe Shelley und seiner Frau, Mary Wollstonecraft Shelley. Für deren Mutter, Mary Wollstonecraft, hegte Marie Luise in dieser Zeit eine unbedingte Sympathie, weil diese sich in ihrer Schrift *A Vindication of the Rights of Woman* schon ein Jahrhundert zuvor für weibliche Bildung und die Gleichstellung der Geschlechter eingesetzt hatte. Vielleicht empfand Marie Luise die Notwendigkeit der stetigen Wiederholung dieser Forderungen besonders angesichts der Aufgaben, die mit der Geburt jedes ihrer Kinder an sie gestellt wurden.

Als Mutter war Marie Luise vor allem auf eine solide klassische Bildung ihrer Söhne bedacht und wurde dabei von Eberhard in jeder Hinsicht unterstützt. Über die Jahre erwähnte er regelmäßig in seinen Briefen die Bücher, die er mit den Kindern gelesen oder dass er mit einem von ihnen Latein oder Griechisch gelernt hatte. Oft berichtete Marie Luise vom Musizieren mit ihren Kindern. Auf Reisen brachten beide Eltern den Söhnen die Kunst und Architektur Europas nahe. Die ganze Familie Gothein lebte das Ideal eines bildungsbürgerlichen Haushalts.

Als Percy knapp zwei Jahre alt war, im April und Mai 1898, durchstöberte seine Mutter das Archiv in Bristol auf der Suche nach Quellen zu Thomas Chatterton – wie Keats ein romantischer Dichter der zweiten Generation –, und ihr Ehemann fragte sich zu Hause scherzhaft in einem selbst gedichteten Sonett, wer das Rätsel über sein unglückliches Leben lösen könnte – Chatterton hatte sich mit 18 Jahren das Leben genommen. In »Prosa«, so meinte er, könne er das »viel zuversichtlicher beantworten: the distinguished lady Mary Gothein oder vielmehr ›mein liebes, kleines Weibchen‹«. In der Bibliothek in Bristol erregte ihr Erscheinen großes Aufsehen, zu ungewöhnlich erschien den Angestellten und Lesern das Auftauchen einer Frau in ihren Reihen. Ein ausführlicher Aufsatz von Marie Luise Gothein über »Chatterton-Literatur« erschien im Jahr 1903.

Doch der gleichmäßige Rhythmus der literarischen Forschungsreisen wurde nicht nur durch die ungeplante Schwangerschaft aus dem Takt gebracht – das Thema der englischen romantischen Dichtung scheint sich im Laufe der Jahre für Marie Luise erschöpft zu haben. Intensiv befasste sie sich noch mit dem Werk von Elizabeth Barrett Browning, übersetzte deren *Portugiesische Sonette* und schrieb zwei lange Aufsätze über die besondere Beziehung der beiden Dichter Elizabeth und Robert Browning – sie sah darin viele Paralle-

Beim Lesen mit Percy

len zu ihrer eigenen Ehe. Ihr Freund Paul Clemen sprach von einer geheimnisvollen »Wahlverwandtschaft«, die sie mit der englischen Dichterin spürte.

Vielleicht kam ihr in dieser Zeit eine andere Anglistin,

Helene Richter, in die Quere, die 1900 ein umfassendes Werk über Chatterton veröffentlicht hatte, vielleicht hatte sie nach zehn Jahren Beschäftigung mit der Materie auch das innerste Interesse verloren, zumindest verlagerte sich auf ihrer Reise im Jahr 1903 der Fokus von der Literatur auf die Kunst und Architektur. Sie hatte aber kein festes Forschungsziel.

Führer ihrer Route war jetzt John Ruskin geworden, einflussreicher und umstrittener Kunstkritiker der Zeit, dessen Tod im Jahr 1900 eine Welle der Aufmerksamkeit für sein Werk in Deutschland ausgelöst hatte. Spätromantisch, unsystematisch, organisch, neu waren seine Gedankengänge und seine Auffassung von Kunst und faszinierten die kunstsinnigen Menschen der Hochindustrialisierung, die nach neuen Wegen suchten.

Petworth, 1903

Aus weiter Ferne hatte sie die schlanke, scharfe Spitze der Kathedrale von Chichester erkannt. Jetzt stand Marie Luise vor einem Grabstein im Kirchhof und folgte den vertikal strebenden Linien der Landschaft in Stein, die sich vor ihren Augen öffnete. Hellgraue Türmchen, drei- und zweibogige Fenster, Streben über den Arkaden, sogar das Transept in seiner Stauchung schienen nur eine Richtung zu kennen: nach oben.

Es war Oktober und sie war wieder in England. Seit 1892 hatte sie alle ihre Reisen im Süden Englands begonnen, war sie alle zwei Jahre hierher gereist, immer mit einem bestimmten Ziel, einem Buch- oder Veröffentlichungsprojekt vor Augen. In diesem Jahr war es anders. Sie verweilte in einem englischen Park, sie beschäftigte sich ausführlich mit englischer Architektur wie den gotischen Elementen der Kathedrale von Chichester: »Nichts aber gibt doch die Lage des ganzen wieder und die poetische Umgebung in dem alten Friedhof mit Steinen aus langen Jahrhunderten, dem wundervollen alten Kreuzgang, dem klotzigen aber gerade in seiner Eigenart wirkenden Glockenturme, der noch ganz in seiner unrestaurierten Reinheit dasteht [...] Ein sehr freundlicher Küster erklärte mir im Fluge ein paar Sehenswürdigkeiten und sagte dann, er habe noch nicht gefrühstückt und müsse fort, wolle mir aber alles offen lassen, wer war froher wie ich, da bin ich über eine Stunde im Inneren umhergestrichen –.«

Sie strich durch England wie eine Katze auf der Suche nach Beute, aber wo sie zum Sprung ansetzen sollte, war ihr nicht klar.

Ihre Beschreibung der Kathedrale von Chichester schrieb sie im Park von Arundel. Die nächste Station war Petworth House. Hier bewunderte sie zusammen mit den anderen Touristen zuerst die Kunstsammlung, richtete dann ihr Augenmerk aber auf den Landschaftspark, dessen Beschreibung in ihrem Brief den meisten Raum einnimmt: »[...] das schönste aber war doch der Park und das Wild darin, auch an diesem Park wieder das Schönste, dass er eigentlich nur eine gepflegte Natur ist, völlig passt er sich der über aus lieblichen Landschaft an, da er auf hügligem Terrain liegt und von einem Kranze köstlicher Hügel umgeben ist so ordnete sich das alles wunderschön ein, der Rasen war noch sammetgrün und die Bäume dicht belaubt, man sah noch keine Spuren des Herbstes als den dunkelpurpurfarbnen Wein, der alle Mauern bedeckt.«

Der Park von Petworth war 150 Jahre früher entstanden, er war sorgsam angelegte, aber keine »gepflegte Natur«, wie Marie Luise ihn wahrnahm. Einer der berühmtesten und zu seiner Zeit gefragtesten englischen Landschaftsgärtner hatte ihn ab der Mitte des 18. Jahrhunderts gestaltet. Lancelot

›Capability‹ Brown hatte den barocken Garten des Palastes von Petworth in eine natürlich wirkende Landschaft umgewandelt. Aus dem Terrassengarten mit seinen Parterres hatte er eine sanft zum Wasser abfallende Rasenfläche geformt. Diesen See legte er in der für ihn typischen »Serpentinenform« an, er pflanzte Solitärbäume und verlegte die in einem großzügigen Kreissegment geschwungene Zufahrt in der Nähe des Hauses mehr als einen Kilometer weit weg. Hier und dort und auch dazwischen pflanzte er am Wegesrand Baumgruppen, die bei einer Kutschfahrt ab und zu Aussichten über See, Rasenfläche und auf das näher kommende Haus gestatteten – wie Sonnenlicht, das durch vom Wind bewegte Blätter fällt.

Der berühmte und begehrte englische Landschaftsgärtner des 18. Jahrhunderts schuf eine natürliche Landschaft in ihrer künstlichsten Form, und die spätere Gartenhistorikerin Marie Luise Gothein ließ sich ahnungslos und glücklich von der Illusion blenden. Kein Wunder – war doch der Landschaftsgartenstil die Form der Gartengestaltung, mit der sie aufgewachsen und die ihr geläufig war. Vom Scheitniger Park in Breslau über den Schlossgarten in Karlsruhe bis hin zu den Parks der englischen Schlösser und Herrenhäuser, die sie auf ihren Reisen sah: Der englische Stil musste ihr als natürliche Gartengestaltung erscheinen.

Und doch hatte er ihre Aufmerksamkeit erregt, hatte ihre kulturwissenschaftliche Antennen zum Schwingen gebracht, hatte einen Prozess ins Rollen gebracht, der erst gut zehn Jahre später enden sollte.

Die englische Architektur war in Bewegung: Die verschiedenen historischen Stile, die reproduziert und neu interpretiert wurden, hatten die Frage nach einem neuen Stil aufgeworfen. Die Antwort ließ sich nicht im Haus halten, sie strahlte auf die Gärten aus. Formal Gardens im Geiste der englischen Renaissance wurden von den progressiven Architekten als neuer Nationalstil propagiert. Es fanden Schlagabtausche in den Vorworten von Büchern statt, in denen sich Landschaftsarchitekten der alten Schule und Architekten als Verfechter des neuen formalen Stils gegenseitig die größten Irrtümer vorwarfen.

Der Weg in den Garten und zu einer Weltgeschichte der Gärten war für Marie Luise wie die große, geschwungene Auffahrt zum Herrenhaus Petworth: Auf ihrer scheinbar ziellosen Reise zur alten und neuen Architektur Englands musste ihr die Gartenkunst als vernachlässigtes Thema aufgefallen sein, um das sich neue Diskussion entsponnen. Sie blickte hier und da durch die Zweige, noch konnte sie das große Ganze nicht fassen, aber einzelne kleine Blicke – »glimpses« – auf das Gedankengebäude elektrisierten sie, weckten ihren Ehrgeiz und ihre Leidenschaft.

Sie fing an, sich systematisch mit dem Thema zu befassen. Zentrale Texte der englischen Gartenkultur wie die von Francis Bacon und Joseph Addison studierte sie in der Bibliothek in London. Eberhard schrieb: »Deine Gartenstudien habe ich heut in meinem Kaffeestündchen gleich mitgemacht, indem ich die beiden Essais im Spectator № 114 u. № 177 gelesen habe, morgen will ich mir auch den Bacon ansehen.«

Er hatte ihr bei ihrer Abreise vorgeschlagen, eine Kulturgeschichte Englands zu schreiben. Zurück kam sie mit der Idee für eine Geschichte der Gartenkunst. Es war ihr Jacob-Burckhardt-Projekt. So wie Eberhard die *Kultur der Renaissance in Italien* um Süditalien ergänzt hatte, schickte sie sich an, die Kunstgeschichte um die Gartenkunst zu erweitern. Der Basler Kunsthistoriker hatte alte Gärten in seinen Kunstkanon der italienischen Renaissance bereits aufgenommen, sie aber nur kursorisch behandelt. In diesem Punkt den

Doyen der Kunstgeschichte ergänzen zu können, muss ihr ein ähnlich großes Vergnügen bereitet haben, wie den Historiker Leopold Ranke mit seiner Einschätzung zur Unübersetzbarkeit der Lyrik William Wordsworths zu widerlegen.

Das Buch war ein neues Projekt, eine neue Forschungslandschaft, eine neue Möglichkeit, sich als Frau in einer von Männern dominierten Wissenschaftslandschaft einen Namen zu machen. Die Gärten sollten ihre zweite Natur nach der ersten Natur der Landschaften ihrer Kindheit und Jugend werden.

Heidelberg, 1904

Der Beginn der Arbeit an der *Geschichte der Gartenkunst* war mit einer großen Zäsur verbunden. Für Marie Luise war der Umzug im Herbst 1904 von Bonn nach Heidelberg eine gewaltige Verwerfung in ihrem Leben, schon die zweite. Als junge Mutter war sie mit ihrem Mann und drei Kindern von Karlsruhe in die Stadt am Rhein gezogen. Vierzehn Jahre lebte die Familie in Bonn, ihr vierter Sohn wurde dort geboren. Tiefe Freundschaften zu den anderen Professorenfamilien bildeten das Netzwerk der Gotheins, in dem sie sich entfalten konnten und das sie in ihrer Arbeit unterstützte.

Eberhard übernahm Verantwortung in der Universität und half maßgeblich bei der Gründung der Handelshochschule in Köln mit, aus ihren Briefen geht hervor, dass Marie Luise Kurse an der Universität belegte. Zudem engagierte sie sich privat und öffentlich für Frauenbildung – nach dem Vorbild der englischen romantischen Dichterinnen, mit denen sie sich befasst hatte: Mary Wollstonecraft und Elizabeth Barrett Browning.

Die begabte Tochter des Professorenkollegen Ernst Zitelmann, Margot, wurde von Marie Luise, die selbst kein Abitur hatte ablegen dürfen, ausdauernd auf dem Weg dahin begleitet. Sie lernte nicht nur mit ihr, sondern spornte sie auch zu höheren Zielen an, wie eine Briefstelle ihres Mannes belegt: »Übrigens hob Frau Zitelmann immer wieder hervor, was Margot Dir verdankt, und wie sie wohl ohne Deinen Unterricht überhaupt nicht auf den Gedanken an Examen und Studium gekommen wären.«

Das Haus der Gotheins in der Nähe des Rheinufers war mehr als ein Zuhause. Es war ein Ort intellektueller Geselligkeit, ein Ort der Geborgenheit nach mehrwöchigen Studienreisen und ein Ort des Lernens und heftiger Debatten über Literatur und Kultur. Auf dem Balkon, an den sich beide Gotheins in Briefen noch Jahre später mit Wehmut erinnerte, ließ sich Marie Luise für ein Foto ablichten. Wie hingegossen liegt sie im Tuch eines Klappstuhls, die rechte Hand an die Stirn gelegt. Elegisch und doch geschmeidig, neugierig auf die nächste Frage, das nächste Forschungsprojekt. Und es war das Zuhause der großen Familie.

Bonn entsprach den Möglichkeiten beider Gotheins. Hier konnten sie wachsen und über sich hinauswachsen. Auf den Apfelbaum in der hinteren Ecke des Gartens kletterten die Jungs – und manchmal auch die Mutter, wenn sie übermütig war. Der nahe Rhein, an den sie oft spazierten, gehörte zu ihrem Lebensrhythmus – bestimmt und mächtig dahinfließend. In den Bonner Jahren von 1890 bis 1904 war die Welt von Marie Luise überschaubar, war ihre Rolle ebenso wie ihr Betätigungsfeld klar umrissen. Ihr Einsatz als gebildete Frau ihres Standes für die Frauenbildung wurde akzeptiert. Auch ihre Arbeiten über die englischen Romantiker hatten zwar Erstaunen erregt, aber keine Ablehnung, da Übersetzungen klassischerweise als ein angemessenes Betätigungsfeld für ge-

Im Liegestuhl auf dem Balkon des Bonner Hauses

bildete Bürgerinnen anerkannt war. So hatte sie auch problemlos publizieren können.

Doch jetzt, im November 1903, verdichteten sich die Gerüchte um eine Berufung Eberhard Gotheins an die Universität Heidelberg zur Gewissheit. Aus der Bonner Lebenswelt heraus ist es zu verstehen, warum Marie Luise in der Biographie über ihren Mann später darüber von einem »schicksalsschweren Ereignis« schrieb. Die Entscheidung dafür fiel dem Paar nicht leicht. »Kaum je in seinem Leben ist Gothein wohl ein Entschluß schwerer geworden; es hieß ein Herausreißen aus fruchtbarer langsam aufgebauter Wirksamkeit«, schrieb sie in der Biographie ihres Mannes.

Andererseits muss die Aussicht, an einer der renommiertesten Universitäten im Deutschen Reich arbeiten zu können, zu verlockend für den Professor für Nationalökonomie gewesen sein. Die Universität Heidelberg überzeugte ihn auch damit, dass er seine kulturgeschichtlichen Interessen stärker ausbauen können sollte. Auch Marie Luise, stets ehrgeizig und standesbewusst, riet ihrem Mann zu, sodass er in einem Brief an seine Schwester schrieb: »Marie Luise wird es schwer, aber sie hat schließlich den Ausschlag gegeben.« Wie schwer es werden würde, war ihr da wohl noch nicht bewusst. Er war fünfzig Jahre alt, sie vierzig.

Zum Sommersemester 1904 zog Eberhard zusammen mit seinem ältesten Sohn nach Heidelberg. Wolfgang fing sein Medizinstudium an, zusammen hausten sie studentisch, denn der Umzug der ganzen Familie war für später geplant. Der zweitälteste Sohn Wilhelm war sechzehn, Werner vierzehn und Percy, der Jüngste, acht Jahre alt.

Zunächst wurde ein neues Haus in der Weberstraße im Stadtteil Neuenheim, jenseits des Neckars, gebaut. Es steht heute noch, eine Plakette erinnert an die einstigen Bewohner. Marie Luise steckte viele Überlegungen in die Gestaltung des neuen Domizils. Ein Jugendstilhaus mit historistischen Elementen – es musste repräsentieren, was die Familie Gothein ausdrücken wollte. Die Briefe des Jahres sind voll mit Absprachen über Vorschläge des Architekten und Überlegungen zur Einrichtung. Marie Luise blieb mit den jüngeren

Das erste Heidelberger Zuhause in der Weberstraße

Söhnen noch in Bonn wohnen, damit diese das Schuljahr beenden konnten; zudem wollte sie das alte Haus verkaufen. Dass dies nicht gelang, machte dem Ehepaar finanzielle Sorgen.

Im Nachhinein sollten sie es beide als Fehler betrachten, dass sie sich für einige Monate getrennt hatten. Denn vor allem Marie Luise wurde von den auftauchenden Problemen überrannt. Die rebellierenden Söhne Wilhelm und Werner machten ihr ebenso wie die Organisation von zwei Häusern in mehr als 200 Kilometer entfernt liegenden Städten großen Kummer. Vor allem aber fehlte beiden Ehepartnern das Sprechen über die Themen, die ihnen eigentlich am Herzen lagen.

Sie war in der Anfangsphase einer neuen Arbeit, die beständige Vergewisserung nötig hatte. Eigentlich hätte sie sich mit der Projektskizze beschäftigen wollen. Gerne hätte sie sich an ihren Schreibtisch, von dem aus sie in den Garten sehen konnte, zurückgezogen und die großen Linien festgelegt und dann abends mit ihrem Mann, der die Grundzüge der europäischen Kulturgeschichte überblickte wie kein anderer, besprochen, wie sie die Mammutaufgabe bewältigen sollte.

Aber dafür war keine Zeit. Zu viel Kleinklein, zu viele organisatorische Dinge mussten bedacht, der Alltag alleine – wenn auch mit Hilfe des Hauspersonals – bewältigt werden. Ihr Blick kam in dieser Zeit nicht über die Horizontlinie hinaus. Und auch er vermisste sie: »Ich bin ohne dich der halbierte platonisch-aristotelische Mensch, ich fühle mich eben geistig unvollständig ohne dich.«

Dennoch machte sich ihr Mann auf seine gewohnte Weise mit der neuen – alten – Heimat vertraut. Als Student hatte er schon einmal in Heidelberg gewohnt. So wie er die Landschaften Italiens und des Schwarzwalds, die Gebiete seiner Forschung, durchwandert hatte, so erschloss er sich die Kurpfalz zu Fuß. Am 3. Mai schrieb er ihr nach Bonn: »Wir haben unablässig das herrlichste, strahlende Frühlingswetter. Heute Morgen hat es zum ersten Mal 2 Stunden geregnet, dann war es wieder schöner als zuvor und der Abendspaziergang auf die Molkenkur und einen sehr schönen Weg vom Schloß durch die Felsen war wieder herrlich. Zum Spazierengehen, Schatz, wirst Du hier auch wieder viel mehr kommen. Den Vorzug wenigstens soll Heidelberg haben. Nun lebe wohl, Liebling, hoffentlich trifft Dich mein Brief schon wieder fröhlicher.«

Ende Juni neigte sich die Zeit der Trennung dem Ende zu. Er schrieb: »Mein einzig Geliebtes. Am Schreibtisch habe ich mir 12 Punkte gemacht, jeden Tag lösche ich einen fort, ist der letzte weg, so bist Du da. Wie gerne hätte ich Dich heute hier gehabt, es war geradezu zauberhaftes Wetter, die Luft mässig warm und von kristallklarer Durchsichtigkeit. Ich habe meinen Spaziergang heute allein gemacht, meinen alten Lieblingsweg über das Schloß nach dem Wolfsbrunnen. Auf den Wiesen war überall die Heuernte im Gange, von den

Kirschbäumen wurden Kirschen gepflückt, dazu funkelte der Neckar und glühten die Berge in der Abendsonne, und wenigstens in Gedanken begleitetest Du mich.«

Am 10. Juli 1904 begann Marie Luise ihr neues Leben in Heidelberg.

Neun Monate später machte sie sich nach Italien auf. Es war das erste Land, dem sie eine Studienreise für die Gartenkunst widmete, und sie war froh, als sie aus Heidelberg fliehen konnte. Es war ihr kein Zuhause, das neue Haus band Energie und Arbeit. Ihre halbwüchsigen Söhne, die neuen Hausangestellten und ein Umfeld, in dem ein anderer Wind wehte als im beschaulichen Bonn, zehrten an ihren Kräften. Sie musste sich erst wieder ihren Platz erkämpfen.

Zu der Zeit, als Eberhard Gothein noch alleine in Heidelberg gelebt hatte und seine Antrittsbesuche bei den eingesessenen Professoren gemacht hatte, hatte er ihr geschrieben: »Und immer wieder kommt mir der Gedanke: Wie wirst Du Dich zu diesen Männern stellen? – zu den Männern, denn die Frauen sind nichts.« Damit meinte er, dass sich die Gattinnen der alteingesessenen Professoren um die frauentypischen Aufgaben kümmerten – die Betreuung der Kinder und den professoralen Haushalt führen –, aber wenig intellektuell waren und somit für seine geistig rege Frau auch nicht als Gesprächspartnerinnen infrage kamen. Es war schon in Bonn so gewesen, dass seine Frau sich intensiv an den Unterhaltungen der Professorenkollegen beteiligt hatte und sich nicht auf die weibliche Sphäre reduzieren ließ.

Rückblickend schrieb sie einige Jahre später, 1912, von einem Besuch bei den alten Freunden, der Familie Zitelmann. Hier waren die ersten Enkelkinder geboren worden und Marie Luise erinnerte sich: »In Bonn ist es jetzt wirklich wie in einem Hühnerstall, in dem die Küchelchen ausgekrochen sind: nur kleine Kinder und daher auch gestern, wo die Männer fehlten, eine Unterhaltung die wenig darüber hinaus geht. Frau Zitelmann geht da mitten umher wie eine Gluckhenne, es ist wirklich allen Humor herausfordernd und wenn ich mir den nicht dabei bewahrte, so würde es doch auf die Dauer etwas hart für mich gewesen sein, da ich nun doch an eine solche Unterhaltung nicht gewöhnt bin und sie schon auf's Äusserste gemieden habe, als ich noch selbst solch kleines Gekrabbel hatte.«

So musste sie sich auch in Heidelberg erst wieder ihre Sonderstellung gegen Widerstände erkämpfen, aber dann ergab sich der Kontakt zu Frauen, die sich – wie sie – nicht auf die standestypische Frauenrolle reduzieren ließen. Davon gab es in Heidelberg einige und erst auf den zweiten Blick muss Marie Luise klar geworden sein, dass sie in dieser alten Universitätsstadt Konkurrenz auf ihrem eigenen Gebiet bekommen sollte. Die Ehefrauen der älteren Professoren, denen Eberhard seine Aufwartung gemacht hatte, mochten konservativ sein, aber die neue Generation von Professorengattinnen war anders. Sie waren ein paar Jahre jünger als Marie Luise und hatten damit im Gegensatz zu ihr bereits einen Universitätsabschluss ablegen können. Sie wählten alle eine andere Form der feministischen Selbstständigkeit – Formen, die sich durchaus von Marie Luises Weg unterschieden.

Über Else von Jaffé-Richthofen sollte Marie Luise später schreiben, wie viel sie ihr verdankte. Die Tochter aus adeligem Hause schrieb bei Max Weber ihre Doktorarbeit und arbeitete als erste Fabrikinspektorin Deutschlands, eine Tätigkeit, die sie später jedoch zugunsten ihrer Ehe aufgab. Sittsam-bürgerlich lebte sie ihr Leben aber auch dann nicht. Ihr drittes Kind stammte aus der Affäre mit einem bekennenden Anarchisten, und sie unterhielt Beziehungen mit Alfred und Max Weber. Sie stand im Zentrum der Heidelberger akademischen Elite und brachte die Menschen dieser kleinen Welt einander nahe. Marie Luise bewunderte zeitlebens ihre unerschütterliche Selbstsicherheit, vielleicht imponierte ihr auch ihr bohèmehafter Lebensstil, auch wenn sie selbst sich nicht so weit vom bürgerlichen Lebensmodell entfernte wie Else Jaffé.

Zu Marianne Weber, der Frau von Max Weber – sechs Jahre jünger als sie und ebenfalls akademisch als Juristin gebildet –, entwickelte Marie Luise nie eine herzliche Beziehung. Ihr Mann war der Vorgänger von Eberhard und blieb die graue Eminenz der Universität und deren intellektuelle Leitfigur. Während Eberhard die Aufgaben von Lehre und universitärer Administration übernahm, hatte sich Max Weber aus gesundheitlichen Gründen aus dem Universitätsbetrieb zurückgezogen, nicht jedoch aus seiner wissenschaftlichen Arbeit.

Marianne Weber engagierte sich für die Gleichberechtigung und legte dabei den Schwerpunkt auf das Recht, nicht auf die Bildung. Damit konnte Marie Luise nichts anfangen, denn im Grunde war ihr dieser Ansatz zu progressiv. Als kulturwissenschaftlich interessierter Frau erschien ihr einzig Bildung als das Mittel zur Emanzipation. In Heidelberg gab sie jegliches Engagement dafür auf. Sie konzentrierte sich auf ihr eigenes intellektuelles Fortkommen, auf ihr großes Projekt, das sie oft von ihrem neuen Zuhause entfernte. Im Jahr nach dem Umzug war sie froh darüber. Froh, der Stadt am Neckar zu entfliehen und ihren eigenen familiären und hauswirtschaftlichen Sorgen.

Eberhard schrieb ihr nach Italien einen eindringlichen Werbungsbrief für die neue Heimat: »Mein einzig geliebter Schatz. Die Sammelkarte, die ich soeben erhalten habe, sagt mir, daß es Dir gut geht, daß Du in Florenz wohl angekommen bist, und daß es wunderschön ist. Doch kann ich gleich hinzusetzen: nicht wundervoller als Heidelberg. Ich kam wieder ganz begeistert von einem Spaziergang mit Percy über Birkenbank, Sprunghöhe und Speyrerhof zurück. Es leuchtete und duftete bei tiefblauem Himmel alles wunderbar und der eigentümliche, zarte, jugendliche Hauch lag darüber, wie ihn ja Italien im Frühling nicht hat. Etwas wärmer könnte es ja sein; doch haben wir noch keine einzige Frostnacht gehabt. Gestern Abend, als ich den Brief weggetragen, leuchtete der Vollmond so wunderbar, daß ich noch auf den Philosophenweg ging. Ich habe keinen Menschen getroffen und wanderte durch die magisch strahlenden Obsthaine hindurch. Drüben in der Rheinebene funkelten die Lichter von Mannheim greifbar nahe, und drunten die Stadt und drüber Schloß und Berge. Du kennst es ja selber, wie bestrickend schön das alles ist bei Mondschein. Ich sagte mir die Worte meines alten Gedichtes: ›Mein Heidelberg ich bleibe immer jung!‹ Sie sind ein Gelöbnis – sind sie auch immer noch eine Wahrheit?«

Auf ihrer Studienreise in Italien war seiner Frau die Wahrheit Heidelbergs gerade reichlich gleichgültig.

Wahre Kunst: Villa d'Este

Tivoli, 118 n. Chr.

Alt sind die Wasser von Tivoli. Alt und mächtig. Schon in grauer Vorzeit glaubten die Menschen des Ortes, der auf einem Felsen der Sabiner Berge liegt, dass der Fluss Anio eine Wassergottheit beherbergt. 3000 Jahre vor Christi Geburt lebten hier Angehörige des Volkes der Latiner, die Rom ihre Sprache gaben. Bevor sie von der zukünftigen Weltmacht absorbiert wurden, kämpften sie für ihre Eigenständigkeit – vergeblich. Stattdessen bekamen die Bewohner von Tibur, wie es damals hieß, römische Bürgerrechte. Die Elite Roms machte den Ort zu ihrer Sommerfrische. Kaiser Augustus und sein Berater Maecenas, die Dichter Statius und Catull, sie alle nutzten die Kühle der Wasser und Wälder und die Fruchtbarkeit der Landschaft, um sich vom Stadtleben zu erholen. Laus ruris – ein Lob dem beschaulichen Landleben, das weniger gehetzt, weniger öffentlich, weniger beengt war als in der urbs, in der großen, lauten Stadt.

Einen Landsitz von der Größe einer Stadt ließ sich Kaiser Hadrian bauen. Er ruhte sich hier von seinen Reisen aus. Er maß die Grenzen seines riesigen Reiches persönlich aus, um sie zu konsolidieren und zu schützen. Den Wall an der Grenze zu Schottland, der nach ihm benannt ist, ließ er errichten, nachdem er sich selbst ein Bild vom nördlichsten Ende des römischen Reichs gemacht hatte. Wenn er zurückkehrte, erholte er sich in Tibur. Und er brachte Erinnerungsstücke, Statuen und Vasen, vor allem aus Ägypten und Griechenland, mit. Er erfand den Antinoos-Kult und ließ seinen einstigen Geliebten, der viel zu jung im Nil ertrunken war, wie eine Gottheit verehren.

Tivoli, 1905

»Wenn ich nur in diesen alten Sachen nicht so schrecklich unsicher wäre«, schrieb Marie Luise im Mai 1905 aus Rom an ihren Ehemann. Es ist eines von 42 jeweils mehrere Seiten langen Schriftzeugnissen, die ihre Reise dokumentieren. Wo in den Jahren vorher eine große Lücke in ihrer Korrespondenz klafft, können aus dieser Zeit jede ihrer Stationen und viele ihrer Gedanken nachvollzogen werden. »Vier Stunden bin ich in der Villa Hadriana gewesen, habe alles durchstöbert – allerdings als ein reines Fragezeichen, denn über wieviel Dinge konnte ich mir trotz Winnefeld keine Begriffe geben. Aber ich habe doch beides, die seltsame Grösse des wunderlichen Kaisers und die Schönheit der Landschaft genossen. In der Poikile, die eine grosse Gartenanlage ist, mit einem mächtigen Bassin in der Mitte, habe ich eine halbe Stunde auf den Stufen geruht und den blauen Himmel und den Blick nach der Campagna genossen.«

»Die alten Sachen«, damit meinte sie die Antike. Natürlich konnte sie Latein und Griechisch, sie hatte die Klassiker gelesen und die neueste Forschungsliteratur – wie die erwähnte umfängliche Abhandlung über die Villa von Hermann Winnefeld von 1895. Sie kannte die Beschreibung des Gartens von Alkinoos aus der *Odyssee*. In ihrer *Geschichte der Gartenkunst* beschrieb sie den Blick, den Odysseus auf der Schwelle über den Garten seines Schwiegervaters hatte gleiten lassen. Sie hatte alle Quellen der Antike, die nur einen Fitzel über Gartenkunst enthielten, studiert, aber die realen Überreste der alten Kultur richtig zu interpretieren, das war auf ihrem Gebiet fast unmöglich.

Es gab einfach keine antiken Gärten mehr.

Einige Jahrzehnte zuvor hatten überhaupt erst systematische Ausgrabungen antiker Stätten begonnen. Heinrich Schliemann als Pionier der neuen Fachrichtung Archäologie ergrub die Mauern von Troja in den 1870er Jahren, und in seinem Gefolge waren Glücksritter ausgeschwärmt. Ein Freund von Marie Luise, Georg Karo, grub auf Kreta, um Artefakte der minoischen Kultur zu bergen. Ihn sollte sie sechs Jahre später, im Herbst 1911, auf seinem Forschungsfeld besuchen und beseelte Briefe von Griechenland nach Hause schreiben. Die Engländer hatten schon einige Jahrzehnte früher begonnen, in Ägypten Goldsegen zu suchen und Flüche zu finden.

Niemand suchte nach Gärten.

Was die frühen Archäologen interessierte, waren Architekturreste, Skulpturen, Schätze. Die Wertschätzung für andere Fundstücke musste sich erst im Laufe der Zeit entwickeln. Marie Luise konnte also auf keine gesicherten Ergebnisse über die Gärten der alten Römer zurückgreifen.

Später sollte es wieder eine Frau sein, die auf diesem Gebiet Pionierarbeit leistete. Wilhelmina Jashemski leitete in den 60er Jahren des 20. Jahrhunderts Ausgrabungen in Pompeji, bei denen sie zum ersten Mal das Augenmerk auf die Reste antiker Gärten richtete. Mit innovativen Forschungsmethoden kümmerte sie sich um Wegeanlagen, untersuchte Wurzelhohlräume und schloss daraus, welche Bäume dort früher gewachsen waren. Aus den Abständen der Pflanzenfunde konnten Rückschlüsse auf die Struktur der Gärten gezogen werden. Ihr Buch *The Gardens of Pompeii, Herculaneum, and the Villas Destroyed by Vesuvius* erschien 1979 – ganze 65 Jahre nach Marie Luises Buch. Dabei war dieser schon bei ihrer Griechenlandreise zu den deutschen archäologischen Ausgrabungen klar geworden, dass die Archäologen auf die Gartenreste Rücksicht nehmen sollten. In ihrem Vorwort würde sie diese als Adressaten ihres Buchs an erster Stelle ansprechen, um für deren »Einzelforschung, die nun hoffentlich auf dem lange vernachlässigten Gebiete einsetzen wird, die Wege (zu) ebnen«. Noch war die Zeit dafür nicht reif.

Hier saß Marie Luise nun auf den Stufen der Villa Hadriana und blickte in die römische Campagna. Sie hatte das Bild Goethes vor Augen: *Goethe in der römischen Campagna* von Johann Heinrich Wilhelm Tischbein. Sie lachte leise auf, denn auf einmal sah sie sich selbst wie den Dichter auf großen Steinblöcken ruhen, im Hintergrund antike Ruinen, ein Bein entspannt den Boden berührend. Sie war sich der Größe des Ortes bewusst, und sie wusste um die Geistesgrößen, die vor ihr hier gewesen waren und die stummen Steine zum Reden gebracht hatten.

Sie fühlte sich eingeschüchtert. Wie sollte sie aus den alten Steinen Gärten wachsen lassen? Es erschien ihr unmöglich, aus diesem monströs großen Gewirr aus Gebäuderesten, aus den noch übrig gebliebenen Statuen und Säulen die Anlage von Gärten herauszulesen. Die Villa Hadriana ähnelte mehr einer Stadt als einem einzigen Palast. Wenn schon die Wissenschaftler ihrer Zeit große Schwierigkeiten hatten, den Zweck der Gebäude richtig zu deuten, wie sollte sie die Gärten finden?

Aber sie konnte die antiken Gärten in ihrer weltumspannenden Gartengeschichte nicht auslassen, denn gerade die prachtvollen Anlagen der Renaissance und der Spätrenaissance, zu denen auch die Villa d'Este gehörte, beriefen sich auf Kunst und Kultur der Antike. Rinascimento! Wiedergeburt der antiken Ideale, der Kunst, der harmonischen Skulpturen, der fein komponierten und ausgewogenen Darstellungen. Wollte sie eine Geschichte der Gartenkunst schreiben, in der diese ihren berechtigten Platz unter den anderen Künsten einnehmen sollte, dann durfte das Kapitel über antike Gärten nicht fehlen. Die Renaissance berief sich auf die Antike, die Klassizisten beriefen sich auf die Antike, und auch ihr Leitstern, Jacob Burckhardt, hatte das Zeitalter, das sich als Wiedergeburt der Antike verstand, gefeiert. Also musste sie auch über die antiken Gärten Bescheid wissen, wenn sie wollte, dass ihr Buch überhaupt Anerkennung finden sollte. Das war einer ihrer Antriebe und der Grund, warum sie vier Stunden lang die Villa des Kaisers Hadrian durchstöberte. Sie wollte verstehen, auf welche Vorbilder sich die Renaissancevillen beriefen. Darum setzte sie sich mitten hinein in die Säulenreste der Villa. Über dem Wasser des Bassins spiegelten sich flirrend Himmel und Wolken. Der Teil der Anlage, der Poikile genannt wurde, musste eine Gartenanlage gewesen sein. Das sah sie jetzt ganz klar.

Der Maitag des Jahres 1905 war sonnig und schön. Marie Luise hatte auf blauen Himmel gewartet für ihren Besuch in Tivoli. Unüblich häufig hatte es in den letzten Tagen geregnet, das hatte sie schon bei ihrer Ankunft in Italien betrübt: »Leider regnet es sonst von dem Augenblick an wo ich über den Gotthard kam, *so* hat mich Italien noch nie empfangen.« Es sollte besser werden und am Ende ihrer Reise war sie sich sicher, »dass die Götter mich oder meine Arbeit lieb haben, denn immer wenn ich selbst an einem zweifelhaften Tage wie gestern einen Garten ansehe, so klärt es sich auf«.

Von Genua nach Rom, 1905

Seit dem 15. April – April war stets ihre beste Reisezeit – war sie im Süden, ihre erste Station war Genua. Der erste Garten in Italien, den sie dort in Augenschein nahm, gehörte zur Villa Doria. Von ihm schrieb sie: »Also vor allem ist von den Gärten von Villa Doria doch weit mehr noch zu constatieren als ich dachte, der Brunnen in dem unteren vertieften Parterre ist besonders schön, aber die ganze Anlage muss vor ihrer Zerstörung herrlich gewesen sein.« Das war die Realität der italienischen Gärten zu Beginn des 20. Jahrhunderts: Keine Denkmalpflege kümmerte sich um originalgetreue Instandsetzung, kein Staat bezahlte Gärtner für die Pflege. Wenn sie überhaupt erhalten waren, dann kümmerten sich private Besitzer um sie und konnten sie verändern, wie es ihnen gefiel. Viele der berühmten Gärten waren nur noch schwach in ihren Grundstrukturen erkennbar.

In der Villa Lante war aus einem Casino ein Schweinestall geworden, eine Familie mit einigen jungen Kindern lebte in einem der Casinos. In die Säulen der Villa Pia im Vatikan waren Initialen geritzt, die Wege und Wasserläufe der Villa d'Este waren überwuchert. Es war zwar mehr übrig als von antiken Gärten, aber – wie Marie Luise befürchtete und nach Hause schrieb – nicht mehr lange: »Die Anlage ist ein Juwel wird aber bald immer mehr zu Grunde gehen, wenn nicht einsichtsvolle Hülfe kommt.« Und dann erzählte sie ihrem Mann von dem Kutscher, der im oberen Casino der Villa Farnese in Caprarola wohnte und von den Mädchen, die auf den Hecken des Gartens ihre Wäsche bleichten.

Im Jahre 1905 herrschte also ein glücklicher Kutscher statt eines Kirchenfürsten in einem der prächtigsten Gärten Italiens. Die unbeweglichen Steinfiguren überdauerten unter einer Decke aus wildem Wein und Efeu die Zeit. Marie Luise suchte nach verlässlichen Spuren der alten Pracht. Die Gartenkunst im Original: Das war ihr zweiter großer Antrieb. Etwas durch die Schrift zu retten, was in der Realität dem Verfall preisgegeben war. »Du hast jetzt eigentlich richtige Dichterarbeit: aus Verfall und Verunstaltung Herrliches ahmend wieder aufzubauen«, schrieb ihr Mann ihr nach Italien. Und sie bestätigte ihm dies, als sie von ihrem Besuch einer alten Villa in Florenz schrieb: »Anfangs enttäuschte mich die Kleinheit und Nacktheit des Gartens hinter Castello, aber allmählich wurde Vasaris Schilderung aus den Trümmern immer deutlicher und klarer wurde mir alles. Ich setzte die herrlichen Brunnen an ihre alte Stelle, das Labyrinth wuchs empor, die Wände belebten sich mit Blumen, die Statuen erstanden auf ihren Postamenten und die Grotten ertönten von künstlichem Vogelsang und Wasserorgelklang.«

Sie schöpfte fleißig aus alten Quellen – wie es Leopold Ranke gefordert hatte – und setzte ihre eigene Fantasie und alle Sinne ein, um eine Vorstellung von der alten Pracht zu bekommen. Die Gärten, die sie beschreiben wollte, waren schon seit ihrer Bebauung geadelt durch ihre Besitzer und die Menschen, die sie besuchten. Castello als eine der ältesten Villen der Florentiner Herrscherfamilie Medici wurde von dem ersten Kunsthistoriker überhaupt, von Giorgio Vasari, 1550 in seinen Künstlerviten beschrieben. Als Biograph der bedeutendsten Künstler der Renaissance hatte er in seinen kurzen Texten über Raffael, Donato Bramante, Leonardo da Vinci, Sandro Botticelli oder Niccolò Tribolo auch deren Kunstwerke verewigt: Skulpturen, Bilder – und kunstvolle Gärten. Aus Vasaris Schilderung von Castello konnte Marie Luise mit Leichtigkeit die alte Pracht herauslesen: Der kunstsinnige Besitzer der Villa, Cosimo I. de' Medici, hatte Vasari mit dem Umbau der alten Anlage beauftragt.

Und auch die Villa Pia in den vatikanischen Gärten in Rom beglückte die Reisende wie kaum ein anderer Garten: »Da habe ich lange in dem ovalen Hof und unten am Wasser gesessen, und die Schönheit getrunken.« Die Schönheit der Kunst trug sie in Italien bisweilen wie auf einer Woge davon.

Aus manchen Briefen spricht ihr schlechtes Gewissen. Immerhin war das neue Domizil der Familie in der neuen Heimat Heidelberg noch gar nicht fertig. In einem der ersten Briefe schrieb sie: »Ich schleppe jetzt gar zu viel dumme herabziehende Haussorgen mit mir herum, sodass ich nie so ganz frei und glücklich die Natur genießen kann. Und das Schlimmste ist, dass ich dir nun die ganze ganze Sorge überlassen soll und dir einfach ausreiße, ich werde ein Gefühl der Pflichtverletzung nicht los und das ist dumm und keine gute Vorbereitung für eine Studienreise.« Aber diese Briefpassagen finden sich nur am Anfang der Italienkorrespondenz. Das Glück, die alten Gärten besuchen und in Bibliotheken und Galerien nach historischen Abbildungen forschen zu können, verjagte die Sorgen um den Alltag zu Hause. Je mehr Marie Luise sich von Heidelberg entfernte, umso kleiner wurden sie. Hin und wieder schrieb sie auch noch Anweisungen zur Hausaufgabenbetreuung für den jüngsten Sohn, aber dann schien sich ihr Gewissen beruhigt zu haben angesichts der großen Aufgaben, die auf sie warteten.

Von Genua reiste Marie Luise nach Florenz, wo sie bei Bekannten wohnte. Die soziale Verpflichtung, die mit diesem Gaststatus einherging, empfand sie als pure Zeitverschwendung. Darum zog sie sich meist zum Arbeiten in ihr Zimmer zurück. »Sie haben mich hier die emsige Biene getauft«, erzählte sie ihrem Mann, »aber ich komme mir wirklich so vor, nun hoffentlich wird der Honig nachher rein und durchsichtig.« Die Ausbeute aus der Florentiner Bibliothek und aus dem Zeichensaal der Uffizien, in denen Marie Luise nach Quellen suchte, war gut. Auch hatte sie alle Gärten genau studiert, die sie in ihrem Buch beschreiben wollte. Schade nur war, dass sie nicht noch mehr Zeit hatte. Mehr Zeit zum Stöbern in Archiven, um sich selbst auf Schatzsuche zu machen. Zum Tieferbohren, Abtauchen in die Geschichte der Gärten und Menschen, um wirklich herauszufinden, wie die Gärten vor ihrem Niedergang ausgesehen hatten, zu der Zeit, als sie angelegt wurden: »Nur Zeit, nur Zeit, ich möchte sie immer am Flügel erwischen und festhalten.«

Es kam ihr darauf an, die Gärten in ihrer ursprünglichen Gestaltung zu beschreiben. Dafür musste sie möglichst viele Quellen finden und interpretieren. Dies war ihre Vorstellung von historischen Gärten: Als Kunstwerke mussten sie einen ersten, unverfälschten Originalzustand gehabt haben. Im Vorwort ihres Buches schrieb sie dazu: »Ich habe bei der Darstellung auf das entwicklungsgeschichtliche Moment besonderen Wert gelegt, auf den Nachweis, wo die Typen zuerst auftreten, welchen Weg sie nehmen, welche Wandlung sie durchgemacht haben.« Was sie antrieb, war die Vorstellung einer allerersten Schicht eines Orts, auf den so viele nachfolgende Generationen und Naturkräfte eingewirkt hatten. Ein Typ von Gartenkunstwerk, sortenrein wie gefilterter Honig.

Viele Gärten, die Marie Luise besuchte, sahen ganz anders aus als auf den feinen Linien der Kupferstiche aus der Zeit ihrer Entstehung. Generationen von Pflanzen und Gräsern hatten die Gärten durchwurzelt, hatten ihr eigenes Leben geführt und nichts gewusst von Kunst und Weggrenzen. Moose, Farne, Pilze, Sträucher hatten die Steine der Palazzi, Brunnenwände, Skulpturen, Beetränder bevölkert, ihre eigenen Beziehungsgeflechte geknüpft und den Untergrund als Nährboden genutzt. Bis wieder Menschen kamen und sie im Zaum hielten, um ihre menschliche Vorstellung einer schönen Natur durchzusetzen.

Wer also hatte als Erstes der Natur des Ortes seinen Stempel aufgedrückt, das wollte Marie Luise wissen. Was war original und was kam später dazu? Diese Zutaten beäugte sie stets kritisch. »Ich meine, nichts eigentlich was eine spätere Zeit hinzugefügt hat, ist zum Vorteil gewesen, mit einziger Ausnahme vielleicht der Cypressen«, schrieb sie über die Villa d'Este in einem Brief und reflektierte es später auch in ihrem Vorwort: »Das Studium der erhaltenen Gärten, die ich auf wiederholten, durch mehr als ein Jahrzehnt ausgedehnten Reisen kennen zu lernen mich bemühte, ist besonders schwierig, da bei der Leichtigkeit, sie umzugestalten, auch das Vorhandene wie ein verderbter Text immer erst durch Vergleich mit alten Abbildungen und Nachrichten in seinem ursprünglichen Zustande wiederhergestellt werden mußte.«

Marie Luise war auf der Jagd nach dem Geniestreich. Nach einem genialen Erstlingswerk, in dem sie lesen wollte wie in einem Buch. Oder nach einem verlorenen Bild eines großen Renaissancekünstlers, in dem sie jeden Pinselstrich mit den Augen entziffern wollte. Der Garten als großes Kunstwerk, als altes Pergament, auf dem die ersten Buchstaben einen vollkommenen Text gebildet hatten, der von der Tierhaut aber weggeschabt und durch einen schlechteren Text ersetzt wurde: ein Palimpsest.

Ein Garten, das stellte sie fest, vergisst schnell die Hand des Menschen. Die Pflanzen bilden ihre eigenen, ununterscheidbaren Schichten. Der ideale Zustand existiert nicht, es ist eine Dünung aus Aufblühen, Absterben, Vergehen, Nähren und wieder Aufblühen. Wie die Wellen am Strand kommen und gehen. Nur Papier bewahrt Geniestreiche auf: die Idee, die ein Mensch sich von einem Stück gestalteter Natur macht. Und es sind auch die Menschen, die entscheiden, ob diese papiernen Entwürfe die Zeit überdauern, indem sie sie aufbewahren.

Es waren die Papiere, die Quellen, für die Marie Luise gerne noch viel mehr Zeit gehabt hätte. Je mehr Quellen sie zu einem Garten finden konnte, umso deutlicher wurde ihr die Kunst. Je mehr Schriften einen Garten dokumentierten, umso weniger Macht hatten die Wellen der Pflanzen. Stunde um Stunde durchforstete sie Papierstapel in Bibliotheken, Museen und Kupferstichkabinetten, obwohl die Ausbeute oft gering war. Ein Papier, das es in ein Kabinett, ein Kunst- oder Stadtarchiv geschafft hat, besitzt einen Wert für die Nachwelt. Zu diesen hatte Marie Luise Zugang. Für die Privatarchive der Villen jedoch fehlte ihr die Zeit. Wer eine Weltgeschichte der Gärten schreiben will, die kann nicht die Gartenwelt einer einzelnen Villa ausloten. Aber leid tat es ihr doch, denn sie arbeitete gerne gründlich und treu. Quellentreu.

In der Villa Pratolino bei Florenz erzählte ihr der Hausverwalter von den Aufzeichnungen seiner Vorgänger, die noch verwahrt wurden. Da schrieb sie ihrem Mann: »Das ist es ja, was mich bei einem wirklich langen Aufenthalte in Italien am meisten interessieren würde.« Und so war die Studienreise ein Rennen gegen die Zeit. In fast jedem Brief schrieb sie Stoßseufzer wie diesen: »Wenn nur die Zeit nicht so verrückt liefe – aber.«

Doch es gab noch ein anderes Problem: überhaupt in die Gärten hineinzukommen. Die meisten Villen waren nicht – so wie heute – in Staatsbesitz und als kulturelles Allgemeingut organisiert. Das Zauberwort für Marie Luises Zutritt zu den Gärten hieß »Permess«. Darum wohnte sie auch bei Expatriierten: damit diese ein gutes Wort für sie einlegen konnten bei den Villenbesitzern. Denn Marie Luise brauchte für die allermeisten Gartenbesuche eine schriftliche Erlaubnis, und die bekam man nur mit guten Beziehungen. Nach Pratolino kam sie mit Hilfe einer List, und auch hier hätten ihr eigenes Interesse und ihre eigene Stellung nicht ausgereicht, um Einlass zu erhalten. Sie erzählte ihrem Mann ausführlich: »Man hatte uns in Florenz gesagt, dass wir bei dem Fattore die Erlaubnis zum Besuch des Parkes einholen sollten, am Thore aber erfuhren wir, dass der Fattore in Florenz sei. Was nun tun?! Auf keine Weise war die Pförtnerin dazu zu bewegen, etwa ein Briefchen an die Contessa zu bringen, um ihr unsere Erlaubnisbitte zu überbringen. Das dürfte sie nicht, auch kein Bub durfte vorbei. Auf einmal kam Karo auf den höchst ingeniösen Gedanken: Am Thore war ein Telegraphenbureau mit officiellem Dienste, aber nur für die Villa. Also Karo setzt in seinem elegantesten Französisch ein Telegramm von 45 Worten auf – dies muss natürlich passieren – mit der Bitte ihn herein zu lassen, da er mit einer étude über Giovanni da Bologna beschäftigt sei (der Gigante im Garten wird nämlich dem Künstler zugesprochen). Sein Automobil warte am Thore und er darin um gütige Antwort mit der Unterschrift ›professeur de l'Archéologie‹. Unterdess begaben wir uns im Automobil an das mitgebrachte Frühstück, das uns sehr gut schmeckte, und discutierten die Frage, ob die contessa oder principessa genügend Sinn für Humor haben werde die Komik dieses Telegramms von ihrem Thore einzusehen. Nach 10 Minuten etwa kam dann auch eine zusagende Antwort und wir überlegten uns nun, wie wir uns wohl bei dem Gärtner einführen könnten.«

Permessi und Besuchstermine bestimmten Marie Luises Tagesabläufe. Und das Wetter, aber da waren ihr die Götter doch meist hold. In Rom war die Frage nach ihrer gesellschaftlichen Stellung noch wichtiger für den Zutritt. Nach 14 intensiven Tagen des Forschens und Studierens in Florenz setzte sich Marie Luise am 30. April abends um fünf in den Zug, der fünf Stunden nach Rom brauchte. Heute legen die Züge die Strecke in eineinhalb Stunden zurück.

Überhaupt war die Reiseplanung beschwerlich: »Gestern habe ich den ganzen Abend mehrere Stunden dagesessen, um mir meine Reisen in der nächsten Woche und dann weiter nach Hause zu überlegen. Man kann schon sagen, dass das eine Arbeit ist schwerer als alles, was ich bisher geleistet. Du glaubst gar nicht wie scheußlich die Anschlüsse sind.« Auch der Zug von Florenz nach Rom hatte Verspätung, sodass sie erst einmal in einem Hotel am Bahnhof unterkommen musste. Für die Zeit danach hatte sie ein Zimmer bei einer englischen Bekannten, die sie ab und zu in die Gärten begleitete. Vor allem und zum Glück aber ließ diese Bekannte sie in Ruhe ihrer Arbeit nachgehen.

Diese Art von Gesellschaft schätzte Marie Luise am meisten. Denn genau wie in Florenz auch gab es ansonsten hier die ausländische gehobene Gesellschaft, die sich jedoch einheimischer fühlte als die Italiener selbst und deren Land besser zu verstehen glaubte. In deren Gepflogenheiten fügte sich Frau Professor Gothein nur sehr widerwillig ein. Aber sie musste, wenn sie ihre Gärten ausgiebig studieren wollte. Da gab es Soireen bei der Archäologin Ersilia Lovatelli, aus einer alten römischen Adelsfamilie stammend und vor allem bei der deutschen archäologischen Gesellschaft berühmt für ihre Forschungen zu Roms Antike. Als Salonière war sie hochgeschätzt und anerkannt. Sie hätte für die Deutsche eine gute Freundin sein können, aber dazu war Marie Luise das römische Salonparkett zu fremd, zu glatt.

Auch bei einem anderen einflussreichen Paar, dem Chemiker und Industriellen Ludwig Mond und seiner Frau Frida, ging Marie Luise gelegentlich zu Abendeinladungen und warb für ihre Sache und den Eintritt in die Gärten: »Heute Nachmittag will ich nun einmal Monds aufsuchen. Ich hoffe, wenn ich erst ein Paar Menschen kenne, dass diese mir förderd sein werden, so egoistisch bin ich nun. Aber, du weißt ja, wie gering mein menschliches Interesse ist, ich glaube aus rein gesellschaftlichen Gründen werde ich in einer Stadt wie Rom keinen Menschen aufsuchen«, schrieb sie ihrem Mann. Im Grunde arbeitete sie lieber für sich allein und unabhängig. Sie hatte keine Lust, sich ständig zu erklären und zu rechtfertigen, sich mit den bestallten Archäologen und Kunsthistorikern, die die »möchtegerngelehrte« Professorengattin misstrauisch beäugten, auseinanderzusetzen. Es entsprach auch nicht ihrem Charakter.

Für ihre Probleme mit den antiken Gärten empfahl ihr Mann ihr brieflich, zusammen mit dem Archäologen Gustav Körte, Leiter des archäologischen Instituts in Rom, nach Tivoli zu fahren. Sie schrieb zurück: »Ich musste lachen, als du schriebst ob Körte nicht mit mir hingehen wollte, du schätzest nun die Willigkeit – vielleicht auch die Fähigkeit deiner Frau sich in Scene zu setzen etwas gar zu hoch.« Und letztlich hatten die meisten der Wissenschaftler, die sich mit den antiken Villen befassten, einen blinden Fleck: bei den Gärten.

Einer, der sich mit der Villa d'Este und ihrem Künstler gut auskannte, war Christian Hülsen, zweiter Sekretär des Deutschen Archäologischen Instituts und jener Bergsteiger, mit dem der junge Eberhard Gothein am 19. Juli 1882 den Gran Sasso bestiegen hatte. Nachdem er die Professorengattin bei ihren Besuchen geflissentlich ignoriert hatte – »Hülsen hat eine unglaubliche Fähigkeit mich zu übersehen, um mich nicht grüßen zu müssen« –, gelang es Marie Luise bei einer Abendgesellschaft doch noch, mit ihm ins Gespräch zu kommen. Und wenn es um die Sache ging, war ihr der gesellschaftliche Schein ganz egal: »Gestern Abend nämlich bei der Lovatelli war ich endlich in ein Gespräch mit Hülsen gekommen, d. h. eigentlich hatte ich angefangen, da erfuhr ich denn, dass er eine Zeitlang auf dem Gebiet der antiken Villa gearbeitet hat, namentlich auch sich mit Pirro Ligorio beschäftigt hat und ganz gut Bescheid wusste. Nun ist es mir schließlich gleich ob er steif oder nicht steif ist – ich will ihn heute auf der Bibliothek einmal tüchtig benutzen, er soll mir allerlei zeigen.« Marie Luises Besuch und Interesse scheint auch bei dem deutschen Forscher Spuren hinterlassen zu haben. Im Jahr 1917 veröffentlichte Hülsen eine Abhandlung über *Römische Antikengärten des XVI. Jahrhunderts.*

Tivoli, 1905

Am frühen Morgen des 17. Mai 1905 war Marie Luise allein nach Tivoli gefahren: »Nun sitze ich hier und warte auf den Abgang der Tram nach der Villa Hadrians. Da sie aber natürlich unpünktlich ist, kann ich dir noch schnell einen Gruss zum Morgen sagen«, schrieb sie ihrem Mann. »Ich bin um 7.30 früh gefahren und habe schon zwei herrliche Morgenstunden in der Villa d'Este zugebracht – in tiefster Einsamkeit, nur einen Gärtner habe ich getroffen – bin ich dort wie im Traume umhergewandelt, wie war mir alles so vertraut, mit verbundenen Augen hätte ich mich zurechtgefunden. Und doch: Die Wirklichkeit ist schon noch etwas anders und als Gesamteindruck ist und bleibt es doch der schönste, den je ein Garten machen kann. –«

Einsamkeit, ein Dschungel aus Grün: bemooste Brunnen und Grotten, mit Farn bewachsen, an denen unaufhörlich das Wasser tropfte, dunkle, hochaufragende Zypressen. Marie Luise ließ sich vom Zauber des alten Gartens verführen. Welchen Weg ging sie? Sie kannte den Garten von vielen Abbildungen, denn schon früh hatten seine Entwerfer und Erbauer sich auch um den Nachruhm ihres Kunstwerks gekümmert. Der bekannteste und bestimmende war ein kleinteiliger Kupferstich eines französischen Künstlers aus den 1560er Jahren, von Étienne Dupérac. Den kannte Marie Luise vielleicht schon aus der Bibliothek in Heidelberg, sicher hatte sie ihn in Rom im Kupferstichkabinett gesehen. Oder Christian Hülsen hatte sie darauf aufmerksam gemacht. Es ist aber auch nicht schwer, genau diese Abbildung des Gartens zu finden. Der Stich war der französischen Königin Caterina de' Medici

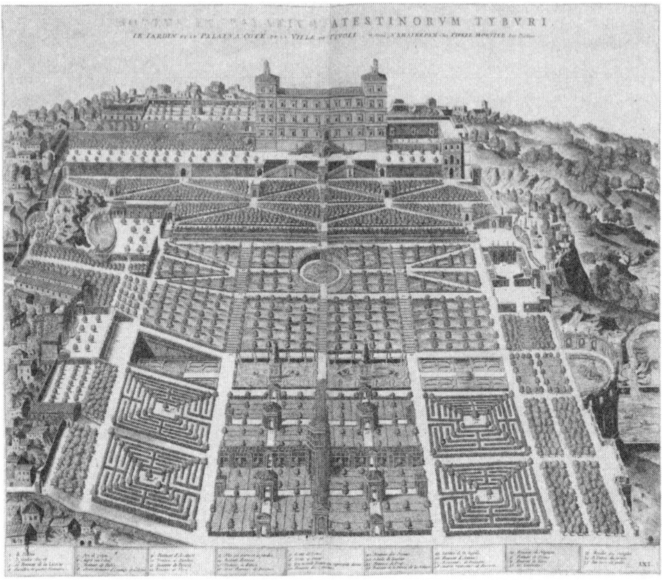

Plan der Villa d'Este von Étienne Dupérac

gewidmet, dementsprechend bedeutsam war er von Anfang an gewesen und wurde bald nach seiner Entstehung in zahlreiche Bildwerke über Rom und seine Umgebung aufgenommen.

Von diesem alten Plan ließ sie sich führen, darum war ihr der Ort vertraut, konnte sie sich traumwandlerisch darin bewegen. Sicher musste sie – wie alle Besucher – den Eingang zum Garten durch die Villa selbst nehmen. Das alte Franziskanerkloster hatte Kardinal Ippolito II. d'Este ab 1550 zu einem Palazzo umgestalten lassen. Trotz Fassadenschmuck behielt es seine Trutzigkeit. Hoch thront es immer noch über dem Tal. Der alte untere Eingang, vom Tal aus, ist – und war auch 1905 schon – verschlossen.

Ob Marie Luise sich die Fresken im Inneren der Villa ansah? Wer zur Zeit ihrer Entstehung den steilen Weg vom unteren Garten durch den oberen Berggarten genommen hatte und schließlich – nach allerlei Umwegen – auf dem Kardinalsweg oben an der Villa ankam und eintrat, der konnte an den Deckengemälden bald erkennen, dass sich das Thema des Gartens hier fortsetzte: die Verherrlichung des antiken Helden Herkules und seiner unglaublichen Taten. Aber Marie Luise hatte ein anderes Anliegen: Sie wollte den Garten der Villa so beschreiben, wie Ippolito II. d'Este und sein Baumeister Pirro Ligorio ihn einmal gebaut hatten. Die verschlüsselten Bedeutungen von Bildern, Brunnen und Skulpturen kümmerten sie nicht, sie musste zunächst einmal Grundlagenarbeit leisten und herausfinden, was davon überhaupt in der ersten Anlage schon bestanden hatte.

Sie trat auf der Rückseite der Villa durch das nachträglich angefügte Portal auf die oberste Terrasse hinaus. Ihre Blicke wurden unweigerlich in Richtung Rom gelenkt, über das Valle Gaudente hinweg. Die steile Kante der Gartengrenze wurde gemildert durch die blauen Nebel, die über den Wiesen in der Ebene aufstiegen. Marie Luise wusste, dass diese Grenze so scharf in die Landschaft ragte, weil der ebene untere Garten auf hohen Stützkonstruktionen gebaut war. Sie lehnte sich auf die Brüstung der Balustrade, von denen hier und da schon Stützen abgebrochen waren. Sie legte ihre Unterarme auf eine freie Stelle auf den Steinen, die wilder Wein und Efeu noch nicht in Beschlag genommen hatten, und lauschte in den Garten hinein. Das Zypressenrondell und die hohen Bäume am Drachenbrunnen schickten majestätisch ihre Spitzen bis fast auf ihre Augenhöhe hinauf. Unter ihr tat sich ein Dschungel auf. Aus den Tiefen des Grüns hörte sie einen Kuckuck rufen, Tauben gurrten im Wechsel. Am eigenartigsten war das Geräusch des Wassers, das sie nicht sehen konnte, nur hören. Es rauschte aus vielen Richtungen, sodass es schien, als würden mehrere kleine Bäche ihre Wege im

Dickicht des Blattwerks finden. Gleichmäßig und doch ungestüm tönten die Wasser zu ihr herauf. Es war ein eigentümliches Gluckern, Plätschern und Rinnen, das unter dem grünen Blätterdach hervorquoll. Fast kam es ihr so vor, als wollten die gleichförmigen Töne sie einschläfern. Sie war früh in Rom aufgebrochen, sie fühlte eine kleine Müdigkeit nach der Anspannung der Zugfahrt und dem Fußmarsch hinauf zur Villa. Gleichzeitig schien es ihr, als wollten die Wasser ihr einbläuen, wie unhaltbar sie waren, als würden sie lauernd darauf warten, zur größten Kraft an diesem Berghang zu werden und ihn fortzureißen.

Marie Luise forschte noch eine Weile in das dunkle Grün hinab und konnte zwischen dem Blätterwerk der Pflanzen immer mehr Steine ausmachen: hier ein Treppengeländer, dort zwei Stufen einer Treppe. Die Hauptachse des Gartens, der in ihrem Fokus lag, blitzte durch die Blätter einer Steineiche. Sie löste ihren Blick von der Tiefe und schaute noch einmal auf die Campagna hinaus: Die Nebelschwaden, die aus den Feldern stiegen, verdunsteten allmählich in der Wärme der Morgensonne.

Sie schlenderte den Weg auf der Rückseite der Villa entlang, bis sie auf einen geraden Weg traf, der sie schräg bergab führte. Er endete in einer Mauer, die unter den Zweigen eines Lorbeerbuschs kaum auszumachen war, und führte im Zickzack weiter nach unten. Marie Luise folgte dem Weg, der sie in flachen, langen Stufen auf einen Parallelweg führte zu dem Kardinalsweg oben an der Villa, den sie gerade verlassen hatte. Sie stand vor einem Durchgang in einer Mauer. Er rahmte ein zurückspringendes Halbrund, von dem Wasser in dicken Rinnen in ein ovales Becken davor herabfloss. Über dem Ursprung dieses Wassers thronte eine strenge Frauenfigur, die rechte Hand auf den Rücken eines kleinen Jungen gelegt. Vor der Riesin spritzten dünne Fontänen in alle Richtungen.

Villa d'Este, 1906

Marie Luise ging an dem Baum vorbei, der den Platz vor dem Brunnen in Besitz genommen und dabei seinen Stamm schief in die Höhe geschoben hatte. Sie betrachtete die Frauenfigur auf dem Brunnen. Ein ruhiger, aber auch geheimnisvoller Ausdruck lag auf deren Gesicht. Die Wasser rauschten. Ob Marie Luise wusste, dass dies die Sibylle von Tivoli darstellte, die alte Gottheit des Ortes?

Sibyllen waren in der Renaissance beliebte Motive der Malerei. Raffael und Michelangelo hatten in ihren Fresken verschiedene Frauenfiguren als Sibyllen dargestellt. Sie waren Seherinnen, Prophetinnen, seit Urzeiten weissagten sie die Zukunft und waren von ihren heidnischen Ursprüngen in das frühe Christentum aufgenommen worden. Ob Marie Luise sich fragte, was diese Frau mit dem Gesichtsausdruck einer Sphinx im Garten eines Kardinals zu suchen hatte? Wahrscheinlich nicht. In ihrem Buch nennt sie den Brunnen, auf dem die Sibylle von Tivoli thront, »Wassertheater«. Aber sie wusste, dass hier die Wasserleitung, die vom Fluss Anio abgezweigt worden war, ihren Ausgang in den Garten hatte. Von hier aus wurden die Brunnen gespeist. Die Erbauer des Gartens hatten auf die Wasserquelle, die den Garten versorgte, die alte Wassergottheit, die tiburtinische Sibylle, als Symbol und als Zeichen für Tivoli selbst gesetzt. Von hier aus empfingen die meisten Brunnen des Gartens ihre Lebendigkeit, auch der Rom-Brunnen auf der Seite zum Tal hin, zu dem das Wasser von hier aus floss. Eine rätselhafte Ikonographie lag dieser Konstruktion zugrunde, die Sibylle, die weise Frau, die ihre Weissagungen in Rätsel verpackt, war der Anfang dieses Wasserwegs. Aber Marie Luise hatte keine Zeit für komplizierte Rätsel, ihr ging es darum, überhaupt die »erste Anlage« dieses Gartens zu ergründen. Sie schuf die Grundlage für die Kunsthistoriker, die sich mit der Bedeutung der Kunstwerke befassten. Für die Interpretation der Gartenkunst war die Zeit in der Gartengeschichte noch nicht reif. Zunächst musste historisch erfasst werden, was noch zu entschlüsseln war.

Ein kurzer Pfiff ließ Marie Luise aus ihrer Betrachtung des

Wassertheaters aufschrecken. Jenseits der Mauer, die den Platz vor dem Sibyllenbrunnen von der Querachse des Berggartens trennte, lief ein Mann mit hellem Hut, einer Astschere und einer hölzernen Kiepe auf dem Rücken die Allee entlang. Sie folgte ihm durch den Mauerdurchgang. Er bemerkte sie, drehte sich kurz um und nuschelte ihr ein »Buongiorno, signorina« entgegen. »Buongiorno«, erwiderte sie und setzte hinzu: »Molto lavoro?« »Vabbè, vabbè«, murmelte der Gärtner schon im Gehen. Er hatte offensichtlich zu dieser frühen Stunde keine Lust auf ein Gespräch über seine Arbeit.

Er ging in Richtung der Rometta, des Rom-Brunnens, und Marie Luise folgte ihm vorbei an den Hunderten von Masken, Schiffchen, Raubvögeln, Vasen und Blütenkelchen, die alle Wasser spien, spritzten und gurgelten. Die meisten der kleinen Steingesichter waren unter den Wassermoosen kaum erkennbar, aber Marie Luise wusste von den Abbildungen in den großen Stichwerken der Kupferstichkabinette, dass dies die Allee der hundert Brunnen sein musste. Sie betrachtete die Motive unter ihrer Farnschicht genauer und erkannte hier und da ein Symbol für eine Geschichte des römischen Dichters Ovid. Da waren sie wieder, die alten Sachen. Aber mit diesen hier kannte sie sich gut aus.

Am Ende der Allee thronte auf einer Terrasse über dem dahinter steil abfallenden Tal ein Schiff mit einem Obelisken, aus dessen Spitze Wasser in einen Teich fiel. Da, wo die Ruder aus dem Schiffskörper ragen würden, floss Wasser. Hinter dem Teich, triumphierend über dem Tal, das in Richtung Roms lag, saß eine kriegerische Frau mit Lanze und Helm samt Helmbusch. Ein paar Meter entfernt säugte eine steinerne Wölfin zwei Menschenjungen, die unter ihr halb saßen, halb kauerten. Marie Luise hielt sich nicht lange an diesem Brunnen auf. Später sollte sie ihn in ihrem Buch als eine »der seltsamsten Anlagen der Renaissancegartenkunst« beschreiben: »Auf einer halbkreisförmigen Ausbuchtung der Untermauerung erhebt sich eine Puppenstadt. Die Gebäude sollten in kleinstem Maßstab die Restauration der ewigen Stadt darstellen. In der Mitte sitzt thronend eine zum Maßstab der Gebäude viel zu große Minerva: Roma triumphans nannte sich stolz die kleine Stadt.« Warum der Erbauer hier die Stadt Rom im Miniaturformat gebaut hatte – die Leser der *Geschichte der Gartenkunst* erfahren es nicht. Es war keine Frage, die sich Marie Luise stellte, denn die Wissenschaft, die sie mitbegründen half, war noch nicht so weit. In diesem Rom in Miniaturformat triumphierte das kleine Tivoli über das große Rom, zeigten die Erbauer des Gartens, dass sie etwas Besseres zu bieten hatten als die Askese, die der Papst in seiner Residenz pflegte: einen Ort der Hochkultur, der Kunst und Musik und der überfließenden Schönheit.

Marie Luise sprang von der Rometta zum nächsten Brunnen, der sich an den Berghang schmiegte: der Eulenbrunnen. Sie hatte davon gelesen, dass er früher mit den Wassern, die durch ihn hindurchliefen, Vogelstimmen produzieren konnte. Ihr Ziel waren jetzt die Wasserteiche, die sich auf einer ebenen Fläche am Fuße des Berggartens ausbreiteten und den steilen Teil vom unteren Teil des Gartens trennten. Die Sonne spiegelte sich auf den Wasserflächen und wärmte die ersten Eidechsen, die sich auf den Teichmauern bescheinen ließen. Marie Luise eilte an den Fischteichen entlang, um noch einen Blick auf die große Wasserorgel am anderen Ende zu erhaschen, denn die Zeit drängte. Sie musste rechtzeitig aus dem Garten hinauskommen, um die Tram zur Villa Hadriana zu erwischen. Sie hatte sich für diesen Ausflugstag nach Tivoli vorgenommen, beide Villen, die sie in ihrem Buch beschreiben musste, zu studieren, ihre Ausdehnungen abzumessen und sich eine räumliche Vorstellung von ihrer Anlage zu machen. Darum lief sie nur kurz an der Wasserorgel vorbei. Von den drei Fontänen, die sie auf den Stichen gesehen hatte, sprang nur noch die größte in der Mitte. Aber dennoch beeindruckten sie die Wassermassen, die vor dem portalartigen Bau in die Höhe geschleudert wurden.

Sie ging in tiefster Einsamkeit.

Am Abend suchte sie die Gesellschaft ihres Mannes und beendete ihren Brief. Nach ihrem Morgenbesuch in der Villa d'Este hatte sie die Villa Hadriana »durchstöbert«, sich auf den Ruinen mit Blick auf die römische Campagna ausgeruht und war dann wieder in den grünen Zauber der Villa d'Este eingetaucht. Hier kannte sie den Plan und zahlreiche Stiche, hier konnte sie das erreichen, was sie sich vorgenommen hatte: eine Vorstellung von der alten Pracht entwickeln. »Dann war ich in den Abendstunden wieder in der Villa d'Este«, schrieb sie und weiter: »– so habe ich die Villa in dem Morgen und der satten Nachmittagsbeleuchtung gesehen und kann nur sagen, dass es doch das allerherrlichste ist, was ich bisher gesehen habe. Gewiss: Es ist vieles in Trümmern und die Grotten sind ihrer Statuen beraubt – eigentlich alle – aber die Schönheit des Ganzen ist in der Herrlichkeit vorhanden. Und die verdankt es zwei Dingen: dem wunderbaren architektonischen Plan und der unhaltbaren Kraft des Wassers. Diese ist allerdings so gewaltig, dass sie, da die alten Brunnen zerbrochen sind, in neuen Kanälen fließt, was allerdings dem Plane nicht entspricht, aber die abenteuerliche Wildnis des Gartens an manchen Stellen noch vermehrt. Mit dem alten Plane in der Hand bin ich durchgewandert und ich meine, nichts eigentlich was eine spätere Zeit hinzugefügt hat, ist zum Vorteil gewesen, mit einziger Ausnahme vielleicht der Cypressen. Aber du kannst dir die Farbenpracht mit dem wechselnden Lichte heute am Morgen und am Abend gar nicht vorstellen.«

Heidelberg, 1905

Im September 1905 sortierte Marie Luise ihre Notizen und Unterlagen, die sie in Italien gesammelt hatte. Ihr Schreibtisch quoll über von aufgeschlagenen Büchern, losen Zetteln und angefangenen Manuskriptseiten. Es war Donnerstagnachmittag, erst heute konnte sie sich wieder an ihre Niederschriften setzen, die ganze Woche war sie mit dem Haus, dem neuen Dienstmädchen und Percy beschäftigt gewesen. Der Junge hatte während ihrer Abwesenheit und den Sommer über viel zu wenig gelernt und sich in der neuen Schule in Heidelberg noch überhaupt nicht eingewöhnt.

Doch der tiefe Eindruck, den die Villa d'Este auf sie gemacht hatte, hielt an. Einen Moment lang erinnerte sie sich an das rote Abendlicht, das über die Ebene hinweg die weißen Steine des Palastes in ein violettes Rosa gefärbt hatte, und dachte an die rauschenden Wasser. Sie versetzte sich zurück auf die Querachse des Gartens, wo sie den einsilbigen Gärtner getroffen hatte als einzigen Menschen in den grünen Tiefen. Vom Wassertheater, über dem die würdige Gottheit thronte, war das Wasser durch die Allee der hundert Brunnen bis hin zu den Resten des Miniatur-Rom geflossen. Sie wusste noch nicht, ob sie diese Seltsamkeit überhaupt erwähnen würde. Aber sie wusste, dass der Garten einen Höhepunkt darstellen würde. Aber welche Quellen sollte sie auswählen? Ganz sicher den Stich von Étienne Dupérac, der sie schon in Tivoli geführt hatte. Er war kurz nach dem Tod des Kardinals entstanden und war ihr seit ihrer ersten Recherche noch viele Male untergekommen. Er war das wichtigste Bild des Gartens und musste die Grundlage der Darstellung sein! Natürlich sahen Berg- und Hanggarten überhaupt nicht mehr so aus wie auf dem kleinteiligen Stich. Die dort verzeichneten Laubengänge und ein Pavillon waren verschwunden. Marie Luise hatte inzwischen herausgefunden, wer an Stelle des Pavillons das Zypressenrondell gepflanzt hatte, das den Eindruck des Ganzen bei ihrem Besuch so dominiert hatte. Überhaupt hatte die grüne Wildnis Tivolis nicht mehr viel gemein mit der akkuraten Darstellung des französischen Künstlers, aber deswegen musste sie ja den Plan als Grundlage nehmen, um ihren Lesern überhaupt verständlich zu machen, was der ursprüngliche Entwurf gewesen war. Allerdings war auch der Stich nicht ganz wahrheitsgetreu. Er zeigte vier Fischbecken mit kleinen antiken Brunnen in der Mitte. Bei ihrem Spaziergang hatte sie nur drei Fischbecken gezählt und keinerlei Anzeichen oder Reste von Brunnen gesehen. Was war also wahr? Das Gebaute oder der Plan?

Mit dem Stich des gefeierten französischen Architekten Étienne Dupérac hatten der Kardinal und sein Antiquar den Nachruhm ihres Werkes gesichert. Wegen der guten Beziehungen des Kardinals nach Frankreich war das Bild der französischen Königin gewidmet. Damit waren sein Wert und Anspruch eindrücklich dokumentiert. Marie Luise ahnte, welche Wirkung das Blatt unter den Kultur- und Kunstinteressierten entfaltet hatte – vor allem unter den französischen.

In der Bibliothek der Universität Heidelberg hatten ihre Recherchen schon einige Augenzeugenberichte berühmter Persönlichkeiten zutage gefördert: Nicolas Audebert, Michel de Montaigne, John Evelyn, Charles de Brosses, Johann Joachim Winckelmann – die Crème de la Crème der gebildeten Italien-Touristen schrieb über ihre Eindrücke in Tivolis hochgelegener Villa samt Garten. Die meisten schwärmten von den Wasserspielen.

Sie würde ihre Berichte am Rande erwähnen, denn das Wasser war ein auszeichnendes Element des Gartens, niemals zuvor war es so genutzt worden wie in Tivoli. Dass auch der große Essayist Montaigne den Garten, wenige Jahrzehnte nach seiner Fertigstellung, beschrieben hatte, adelte ihn, wie sie bei der Lektüre fand. Er beschrieb ihn als an vielen Stellen unvollendet. »Daher vielleicht drei statt vier Fischbecken«, überlegte Marie Luise. Er berichtete ausführlich von den Wasserspielen, von ihren vielstimmigen Geräuschen, von den Regenbogen, die der feine Wassernebel an den Fischbecken zauberte – so leuchtend wie am Himmel.

Das also faszinierte den französischen Philosophen, hier maß er den Wasserspielen ihren einmaligen Rang zu: Den Baumeistern war es gelungen, etwas in der Kunst nachzubilden, was die Natur nicht schöner hervorrufen konnte.

Sie exzerpierte aus Montaignes Text seine Begeisterung über die Regenbogenbrunnen und notierte sich, dass er hauptsächlich die Brunnenwerke beschrieben hatte, dann suchte sie unter den Stapeln von Papier auf ihrem Schreibtisch die Briefe des zweiten französischen Reisenden, Chevalier de Brosses. Auch er ließ sich lang und breit über die Brunnen und verborgenen Wasserfontänen in den italienischen Villengärten aus, die dazu gemacht waren, Besucher überraschend zu durchnässen. Diese Wasserscherze mussten ein Heidenspaß für die Menschen des 16. und 17. Jahrhunderts gewesen sein, denn Marie Luise hatte schon mehrmals darüber gelesen. Sie konnte sich nicht vorstellen, dass es sonderlich angenehm gewesen war, auf einmal nass im Freien zu stehen – womöglich noch unter dem Gelächter des Besitzers, der die versteckte Fontäne betätigt hatte. Das Ziel waren vermutlich meistens die Damen der feinen Hofgesellschaft gewesen. Aber so änderte sich eben der Geschmack im Lauf der Zeit. Sie musste aufpassen, dass sie sich von solchen Nebensächlichkeiten nicht von ihrem Ziel, das Ganze im ersten Entwurf zu beschreiben, abbringen ließ, auch wenn so viele verschiedene Augenzeugen darüber berichteten.

Sie las, dass Chevalier de Brosses im Jahr 1739 den Arbeitern Geld geboten hatte, damit sie die eben abgestellten Wasserröhren für ihn wieder zum Laufen bringen sollten. Er wurde von den Wasserkünsten zufriedengestellt, sein Urteil über die kleine Stadt Rom en miniature war jedoch, fast vierzig Jahre nach Montaignes Besuch, noch heftiger: »So ist die ganze Anlage nicht weniger kindlich als geschmackwidrig. Mich kommt der Zorn an, wenn ich solche Läppereien neben herrlichen Schöpfungen sehen muß!!«

Marie Luise musste ihm eigentlich zustimmen. Die Reste, die vom antiken Rom in Miniaturformat noch übrig waren, hatten sie ebenfalls mehr irritiert als begeistert. Natürlich würde auch sie in ihrem Buch deutliche Geschmacksurteile geben müssen. Das erwarteten die Leser schließlich von ihr. Aber sie nahm sich doch vor, auf einer historisch wahren Grundlage zu schreiben – so »wie es gewesen war«.

Später sollte sie Montaignes Beschreibung in ihrem Buch als Beweis für die große Begeisterung an den Wasserspielen der Zeit verwenden: »Die größte Freude aber erwecken ihm und allen andern die Wasserscherze, die jetzt im italienischen Renaissancegarten einen immer wachsenden, übermäßigen Umfang annehmen. Bald hätte sich kein Garten mehr ohne sie sehen lassen können.«

Als Drittes nahm sie sich die Notizen des Antikenforschers Johann Joachim Winckelmann vor. Er hatte in den 1760er Jahren im Auftrag des Kardinals Alessandro Albani in Rom gearbeitet und Statuen für dessen Villa aus der Villa d'Este gekauft. Ein Jahrhundert war seit der ersten Fertigstellung des Gartens vergangen. So wiederholte sich die Geschichte: Kardinal Ippolito II. d'Este hatte die antiken Figuren aus der Villa des römischen Kaisers Hadrian holen lassen, Albani schmückte seine Villa nun mit den Statuen aus der Villa d'Este.

Tivoli war zur Zeit des Klassizisten Winckelmann eher eine Ruine als eine Residenz, er beschrieb einen Zustand, »daß man fürchten mußte, sie werde, wenn nicht rasche Hilfe komme, bald jener andern gleichen, mit deren Raube sie sich geschmückt«. Auch ihn würde Marie Luise in ihrem Buch zu Wort kommen lassen.

Das Verfallene, der Glanz vergangener Tage – das interessierte die meisten Besucher in Tivoli. Sie musste sich unbedingt dieses Eindrucks erwehren. Es ging darum, Villa und Garten in ihrem alten Glanz auferstehen zu lassen durch die Schrift, nicht den jetzigen Zustand wieder und wieder zu beschwören, als lägen auf dem Bergrücken in Tivoli die Reste der sagenhaften Unterwasserstadt Atlantis.

Doch dafür musste man von unten anfangen, den Garten durchschreiten und sich gegen die vielen Wasser stemmen, die mit Macht von oben herunterflossen und die die Erinnerung an Struktur und Ordnung hinwegwuschen.

»Tausende kleine Rinnsale fließen hinunter, Terrasse über Terrasse, in kleinen Kanälen neben den steinernen Läufen der Balustraden, laufen von Treppe zu Treppe, tröpfeln durch Moose und Farne, die sich auf den alten Steinfiguren angesiedelt haben, werfen ihre Strahlen durch die Hörner von Seegöttern und die Mäuler mythischer Monster, treiben sich in unhaltbarem Überfluss tiefer in die efeugrüne Wildnis.« Edith Wharton, die amerikanische Schriftstellerin, hatte den Garten der Villa so beschrieben in ihrem 1904 erschienenen Buch *Italian Villas and Their Gardens*. Sie war mit ähnlichem Anspruch wie Marie Luise Gothein durch Italiens Gärten gereist. Auch die New Yorker Bürgerstochter hatte eine umfassende Bildung erhalten und kannte sich mit der Kunstgeschichte der Renaissance und den maßgeblichen Forschungen aus.

Doch Wharton hatte das Pech, in ihren Ansprüchen von ihrem Verleger beschnitten zu werden. Ihr Ziel war eine gründliche Studie der alten Pläne und Gärten, um dann systematisch und verständig über diesen Teil der Kunstgeschichte zu schreiben, der – so meinte sie – im Englischen bisher nur amateurhaft beschrieben worden war. Auch diese Schriftstellerin hatte verstanden, dass hier ein Gebiet auf seine Bearbeitung wartete, das versprach, reiche Früchte zu tragen.

Doch Whartons Verleger glaubte, dass sich so ein Werk nicht sonderlich gut verkaufen würde. Das Buch einer Romanschriftstellerin, gespickt mit alten Plänen und erschöpfenden Abbildungen? Er wollte lieber romantische Gemälde der alten, italienischen Gärten zu Whartons Text drucken. »Fairytale pictures« nannte Wharton sie abschätzig, aber sie hatte keine Wahl. Als ihr nach ihrer Rückkehr klar wurde, dass ihre Vorstellung eines kunsthistorischen Buchs auf wenig Gegenliebe stieß, wollte sie ihren Vertrag annullieren. Aber das ging nicht mehr, es war schon zu viel Geld im Vorfeld geflossen. So blieb es bei den in ihren Augen kitschigen Aquarellen und Whartons Darstellung der Villa d'Este in einer Mischung aus kunsthistorischer Analyse und der Beschreibung des verfallenen Ist-Zustands.

Marie Luise war in ihrem Schaffen freier, sie begann ihr Buchprojekt ohne feste Vorgaben und arbeitete jahrelang nach ihren eigenen Vorstellungen. Für das umfängliche Werk dann aber einen risikobereiten Verleger zu finden, gestaltete sich überaus schwierig – und das trotz der guten Kontakte ihres Mannes. Ein Interessent machte ihr einen ähnlichen Vorschlag wie Whartons Verleger: Sie solle ihr Buch in Briefform schreiben. Das sei eine Form, die für Autorinnen akzeptiert werden würde. Im Gegensatz zu Wharton konnte

Marie Luise hier dankend ablehnen und das Büro abrupt verlassen, wie sie nach dem Treffen entrüstet in einem Brief schrieb.

Mit Eugen Diederichs fand sie nach vielem Suchen und vielen Absagen und Änderungswünschen schließlich einen Verleger, der sich auf das Wagnis einließ, das umfangreiche Werk mit seinem historischen Anspruch und den weit über 600 Abbildungen zu drucken.

In ihrem Arbeitszimmer in der Heidelberger Weberstraße setzte Marie Luise wie ein Mosaik die vielen Quellen der Gartenliteratur und ihre eigenen Eindrücke zu einer stringenten, präzisen Beschreibung aller historischen Schichten des Gartens der Villa d'Este zusammen. Sie stellte die Villa als »Repräsentantin der Blütezeit italienischer Gartenkunst« und als ein Werk von »unvergänglicher Schönheit« dar. Über den Bauherrn schrieb sie: »Den Kardinal Ippolito d'Este, der im Jahre 1549 als Statthalter in Tivoli einzog, reizte die herrliche Aussicht, die sich von der Höhe des Stadthügels auf die Sabiner Berge und das hochgelegene Städtchen Montorsoli nach Norden hin öffnete. Dort auf die Höhe wollte er sich sein Haus bauen und davor sollte sich der Terrassengarten in strenger Symmetrie in der Hauptachse des Gebäudes herabziehen. Unbekümmert darum, dass das Gerippe des Berges nordwestlich verläuft, ließ er den Garten nach Norden anlegen, wodurch eine kolossale Untermauerung fast einer Hälfte des Gartens nach Westen zu notwendig wurde. Ippolito aber war nicht der Mann, der vor Schwierigkeiten oder Extravaganzen zurückschreckte.«

Danach ließ sie eine Beschreibung des Gartens folgen, bei der sie die Struktur der Anlage genau unter die Lupe nahm: »Der Garten zerfällt deutlich in zwei Teile, den ebenen unteren Garten und den in fünf steilen Terrassen zum Hause aufsteigenden Berggarten. Diagonale Wege und gerade Seitentreppen stellen die Verbindung der Terrassen untereinander her. Die Hauptlängsachse, vom Mittelportal des Hauses ausgehend, wird durch eine Wiederholung dieses Portalmotivs in immer einfacheren Formen in den Futtermauern der Terrassen bezeichnet; sie dienen hier als Eingänge in die Grotten. Eine besondere Betonung erhält diese Hauptachse durch die große, von mächtigen Rampentreppen flankierte Drachenfontäne auf der fünften Terrasse, kleinere Brunnen sind auf den höheren Terrassen in der Mitte angelegt. Ein Stich des Franzosen Dupérac, der noch aus dem XVI. Jahrhundert stammt, zeigt schon den ganzen Garten mit fast allen seinen Wasserkünsten vollendet.«

Später würde sie noch betonen, dass die Zypressen, die sie selbst zuerst so beeindruckt hatten, in der ersten Anlage noch keinen Platz gehabt hatten, sondern der Pavillon und die Laubengänge aus Lattenwerk. Bis in die eigene Zeit verfolgte sie die Geschichte von Garten und Villa, durch die Jahrhunderte wechselnder Besitzer mit mangelnden Ressourcen und der Vernachlässigung. Und sie befand: »Und doch enthüllt sich dem aufmerksamen Blick all dem zum Trotz der ursprüngliche Geist in dem klaren, deutlich sprechenden Grundplan, der Haus und Garten zum erstenmal unauflöslich zusammenbildet, und dessen groß gedachter Linienführung sich jede Art von Bepflanzung unterwirft.«

Las Marie Luise mit Genugtuung ihre Beschreibungen der Gärten? War ihr bewusst, dass sie mit ihrer neuen Art der Darstellung etwas Bleibendes schaffen würde? Sie hatte sich gegen die Wasser von Tivoli gestemmt und das Rauschen der hohen Zypressen übertönt.

Vor dem Fenster ihres Arbeitszimmers malte die untergehende Septembersonne rote und orange Streifen an den Himmel über dem Garten. Für heute war es genug mit den Berichten über die Villa d'Este und der mühevollen Arbeit, die verschiedenen Zeitschichten des Gartens voneinander zu trennen. Sie schloss die Augen und spürte den warmen Schein der Abendsonne nur wie eine Erinnerung auf ihren Lidern. Als sie sie wieder öffnete, sandte die Abendsonne gerade ihre letzten verglühenden Strahlen durch die Scheiben. Das rohe Stück Erde, das einmal ihr Garten an ihrem neuen Haus werden sollte, lag schon im Dunkeln. Unwillkürlich musste sie an einen ihrer letzten Abende in Italien denken. Auf den Wällen der Stadt hatte sie bei ihrer Heimreise Schwärme von Glühwürmchen mit dem Abendrot um die Wette tanzen sehen, es war ein wirkliches Märchen gewesen. Plötzlich war sie begierig darauf, sich genauer daran zu erinnern. Das Naturschauspiel schien ihr das passende Gegenmittel zur vielen Kunst, die mit der Natur im Garten wetteifert und mit der sie den ganzen Tag gerungen hatte.

Eberhard sammelte die Briefe seiner Frau nach Datum sortiert. Seit ihrer Rückkehr hatten sie zusammen schon mehrfach einige Blätter wieder hervorgeholt, um über ein bestimmtes Kunstwerk oder eine Quelle zu einem Garten zu diskutieren. Für Marie Luise waren diese Briefe neben ihren Notizen ein wichtiges Arbeitsmaterial. Sie ging in den Flur hinaus und die Treppe hinauf in Eberhards Arbeitszimmer. Ihr Mann war jetzt, kurz vor dem Abendessen, im Salon, um sich von seinem Arbeitstag im Seminar und in der Bibliothek bei seiner Lektüre zu erholen. Sie fand den Karton, blätterte die nach Datum sortierten Briefe von hinten her durch, fand den Poststempel von Lucca und las sich den Brief durch, bis sie die Stelle fand: »Die Berge, die Lucca umgeben, sind wunderbar schön und sahen in der merkwürdigen Beleuchtung sonderbar abenteuerlich aus, der Himmel um sie brannte und darüber lag eine schwere Wolkenbank, die in ihrer unteren Schichtung wie glühende Pfeile nach den Bergspitzen heruntersandte, das Thal, nach Süden zu schon im Dunkeln, gab tief blaue Schatten die ins Lila hineinspielten, ich ganz einsam da oben, nur unten am Walle sass eine Mutter die mit ihrem Kindchen tändelte. Mir war's als stände ich garnicht mehr auf der Erde, sondern hoch darüber. Rings um mich alles was ich lieb habe, sich mit mir, mit meiner Freude freuend – aus der Ferne drang ein Gejohle. Warum ich da so einsam war, verdankte ich irgendeinem Volksfest, das in einer Bretterummauerung ganz Lucca aufgesogen zu haben schien. Nun wurde es dunkel – zu Bette gehen war bei der Schönheit nicht möglich und nun kam ein Schauspiel, von dem du mir auch schon manchmal berichtet, das ich mir aber nie so herrlich gedacht. Vor mir war der tiefe Festungsgraben, zu Seiten eine Wiese mit hohen frisch gemähten Heuhaufen, die stark zu mir heraufdufteten und plötzlich blitzte es auf, ein starker leuchtender Funken, und wieder einer und mehr und mehr und um mich im Graben, auf der Wiese um die Heuhaufen ein Leuchten und Phosphorescieren, ein Tanzen und Glitzern. Ich stand ganz verwirrt mitten darin; jubelnd, tanzte ich zuletzt mit in dem Feuerreigen.«

Marie Luise blinzelte zum Fenster hin, in dem sich ihr Gesicht spiegelte. Sie erinnerte sich genau daran, wie sie zuletzt, auf den Wällen von Lucca, ausgelassen mit dem Feuerreigen der Glühwürmchen getanzt hatte – bis zwei Jungen gekommen waren. »Wie schön ist doch die Welt«, hatte sie ihrem Mann ans Ende des Briefabschnitts geschrieben. Sie ließ die warme Erinnerung wie einen wohligen Traum davongleiten. Sie wusste noch genau, wie atemlos sie die Zeilen auf das Papier geworfen hatte, um den Eindruck des wunderbaren Moments einzufangen und für ihren Mann festzuhalten. Sie legte den Brief zurück zwischen die anderen.

»Dies war erst der Anfang!« Der Gedanke schoss ihr plötzlich durch den Kopf. Die Reise nach Genua, Florenz, Rom und Lucca, das Studium in den Bibliotheken, die freundlichen Reisegenossen und abschätzigen Akademiker, das Planen und Fragen, Suchen und Notieren. Dann der Weg durch den Garten der Villa d'Este, der Entwurf seiner ersten Erbauer, die vielen Berichte der Reisenden aus verschiedenen Zeiten, der romantische Verfall und die traumverlorenen Beschreibungen ihrer Zeit. Mit den Wassern der Villa d'Este hatte sie erst einen einzigen Höhepunkt der Gartenkunst behandelt. Der Gedanke war beängstigend, zugleich verwegen und voller Versprechungen.

Tivoli, 1550

Alt sind die Wasser von Tivoli. Alt und mächtig. Mächtiger als der Wille von Ippolito II. d'Este, dem Erbauer der Villa. Marie Luise sah sie überfließen und sich neue Wege suchen. Geblieben war aber immer noch der Geist eines Ortes, der Wasser, Brunnen, Wege, Pflanzen und Skulpturen zu einem einzigartigen großen Kunstwerk verbunden hatte. Wer so etwas schaffen wollte, ließ sich durch Naturkräfte nicht aufhalten. Er nutzte sie für sich und ließ etwa einen ganzen Berg durchsprengen, um das Flusswasser auf der anderen Seite in seinen Garten zu leiten und für seine Wasserspiele nutzen zu können.

Was hatte Marie Luise in ihrer *Geschichte der Gartenkunst* über den Erbauer der Villa d'Este geschrieben?: »Ippolito aber war nicht der Mann, der vor Schwierigkeiten oder Extravaganzen zurückschreckte.« Der Kardinal hatte Rom gewollt und Tivoli bekommen. Er hatte hoch gepokert und verloren. Das Ziel des Sprosses aus alter Ferrareser Herrscherfamilie war das Papstamt gewesen, doch als sein Widersacher auf den Heiligen Stuhl gewählt wurde, zog er sich als Statthalter von Tivoli dorthin zurück und baute sich ein eigenes kleines

Marie Luise Gothein, undatiert

Rom, ein besseres Rom, einen Musenhof in Sichtweite des ewigen Vorbilds.

Ein anderer, der sich am heißen Zentrum der kirchlichen Macht die Finger verbrannt hatte, war Pirro Ligorio. Zusammen schufen der Kardinal und der Antikenforscher einen Ort, der zeigen sollte, was Rom an ihnen verloren hatte. Einen Garten der Künste, eine Welt der antiken Sagen und Helden, ein Experimentierfeld der neuesten Technik, eine Pflanzenschule der exquisitesten Heilkräuter, einen Hort antiker Kultur, eine Spielwiese der Zerstreuung, kurz: ein Paradies auf Erden.

Marie Luise kannte Ippolitos Architekten Ligorio als Antikenforscher – einen »genialer Fälscher« nannte Eberhard ihn in einem Brief und entsprach damit dem Urteil der Zeit, denn Ligorio hatte Fehlstellen an antiken Figuren einfach ergänzt. Auch Ligorio hatte zunächst in Rom Karriere gemacht. Papst Paul IV., Gian Luigi Carafa – Neapolitaner wie er – hatte ihn nach dem Tod von Michelangelo sogar zum Aufseher über die päpstliche Dombauhütte gemacht: Er sollte den Weiterbau des Petersdoms, der wichtigsten Kirche der Christenheit leiten! Jedoch waren hier nicht nur künstlerische Einsicht und sein Wissen um die Bauwerke der Antike gefragt, sondern vor allem politisches Geschick. Und das schien ihm bisweilen zu fehlen. Die Intrigen und Ränkespiele brachten Ligorio kurzzeitig sogar ins Gefängnis, und seinem Widersacher gelang es, dass er vom nächsten Papst, Pius V., seines Amtes enthoben wurde. Der Vorwurf: Er habe sich nicht an die künstlerischen Bestimmungen des großen Michelangelo gehalten.

Die Tätigkeit Pirro Ligorios in Tivoli fiel genau in die Zeit nach seinem Scheitern in Rom. Zusammen mit dem anderen waidwunden Rom-Karrieristen baute er also ein Gesamtkunstwerk aus Palast und Garten, das allen Zeitgenossen zeigen sollte, wo das wahre Herz Roms schlug. Wer den Puls dieses grünen Kunstwerkes spüren wollte, musste den Garten von unten nach oben durchschreiten. Dem gebildeten Besucher des 16. Jahrhunderts zeigte sich der steile Garten als eine Allegorie auf den antiken Helden Herkules, von dem die Familie von Ippolito d'Este ihre Abstammung herleitete. Bequeme Wege auf der unteren ebenen Terrasse mit ihren ausgeklügelten Brunnen endeten für ihn beim Aufstieg am Drachenbrunnen, dessen wasserspeiende Figur Ladon darstellen sollte, das Untier, das die goldenen Äpfel der Hesperiden bewachte. In seiner elften Aufgabe hatte Herkules den Drachen dennoch besiegt und die paradiesischen Äpfel errungen. Ab hier gab es für den Besucher des Kardinals keinen direkten Weg mehr hinauf zum Palast. Wie Herkules am Scheideweg musste er den Pfad der Tugenden erst suchen.

Die Autorin der *Geschichte der Gartenkunst* kannte den Anspruch der beiden kongenialen Erbauer der Villa d'Este und sie stellte den Garten als Höhepunkt europäischer Gartenkunstgeschichte dar. Aus den rauschenden Wassern die Botschaft seines Erbauers herauszulesen – dass er sich als Nachfahre des antiken Gottes Herkules darstellen wollte auf seinem Weg der Tugend und in seinem Garten das Ideal seines Kunstsinns präsentierte – blieb einer späteren Zeit vorbehalten. Als Wissenschaft entwickelte sich die Frage nach der Bedeutung kunstgeschichtlicher Werke erst später, ab den 1920er Jahren. Marie Luise legte mit ihrer Stilgeschichte und ihrem sorgfältigen Quellenstudium dafür die Grundlage.

Wildwuchs: Hortus Palatinus

Marie Luise Gothein, 1898

Heidelberg, 1906

Als Marie Luise am 5. Juni des Jahres 1905 von ihrer italienischen Studienreise nach Heidelberg zurückkehrte, fühlte sie unmittelbar die innere Distanz zu der Stadt, die nun ihr Zuhause war. Nur zu ihrem Haus, das sie sorgfältig und mit viel Mühe geplant hatte, verspürte sie eine zarte Zuneigung. Am wohlsten war ihr an ihrem altvertrauten Schreibtisch.

Die Reise nach Italien, der Abstand von mehr als tausend Kilometern und die Versenkung in ihr Gartenthema hatten ihr gutgetan, doch die Probleme waren immer noch da, genauso groß und bedrohlich – es hatte sich nichts geändert. Das große Haus mit seinen Bediensteten fraß Zeit und Nerven. Ihre Vorstellungen vom Werdegang ihrer beiden mittleren Söhne kollidierten mit deren eigenen. Wilhelm hatte als kreativer, aber wenig strebsamer Charakter, als der er in den Briefen seiner Eltern oft beschrieben wurde, kein Abitur gemacht und war inzwischen nach Frankfurt gezogen, um eine Lehre »auf dem Bau« zu machen. Daran schloss er eine Ausbildung an der Kunstgewerbeschule an. Werner, den Eberhard in seinen Briefen immer als feingeistigen Jugendlichen charakterisierte, widmete sich in jenen Jahren neben der Schule hauptsächlich der Musik. Einige Jahre später würde er ein erstes Studium abbrechen und einen Weg als bildender Künstler einschlagen. Marie Luise fiel es schwer, die eigenständigen Wege ihrer Söhne zu akzeptieren. Oft besprach sie dies in ihren Briefen an Eberhard, der ihr 1906 von einer Reise in die alte Heimat Bonn antwortete: »Liebling in der Ferne sehe ich doch vielmehr die tüchtigen und brauchbaren Seiten der Jungen.«

Sie stürzte sich in die Arbeit. Obwohl sie deutlich die Herausforderung der großen Aufgabe, die sie sich gestellt hatte, spürte: »Heute fand ich noch in einem italienischen Kunstblatt einen Aufsatz über einen spanischen Maler Rusiñol, der ein Buch mit Illustrationen über spanische Gärten – terra incognita so wächst und wächst das Gebiet und ich frage mich oft – werde ich je das Material darüber so zusammenbekommen, dass ich mit gutem Gewissen ein Buch daraus machen kann«, fragte sie sich – wie so oft grammatikalisch atemlos. Ihr Zeitgenosse Santiago Rusiñol hatte spanische Gärten in betörend farbiger und menschenleerer Schönheit gemalt. Sie las darüber und wusste, dass sie es nicht bei träumerischen Abbildungen belassen konnte und wollte. Historisch korrekt würde sie für jeden einzelnen Garten nach Quellen suchen, würde diese einer zeitlichen Schicht zuordnen und den schöpferischen Anteil von Besitzern und Künstlern ergründen müssen, um ihren Lesern eine Vorstellung davon zu geben, welche Stilformen spanische Gärten in die Welt gebracht hatten.

Zurück an ihrem Schreibtisch, in ihrem neuen Arbeitszimmer in der Weberstraße, begann sie zunächst das italienische Kapitel auszuarbeiten und stellte es Ende des Jahres fertig. Es sollte der größte und prägende Teil der beiden Bände werden, sozusagen ein Buch im Buch. Wer die italienische Renaissance durchdrungen hatte, der konnte sich mit einem festen Maßstab an den Rest der Gartenkunstgeschichte machen, so die feste Überzeugung der Burckhardt-Schülerin.

Auch ihr Mann hatte mit seiner neuen Rolle in Heidelberg zu kämpfen. Max Weber, sein Vorgänger, hatte sich zwar krankheitsbedingt aus dem Lehrbetrieb zurückgezogen, mischte aber als intellektuelle Führungsfigur immer noch federführend in Diskussionen und auch akademischen Karrieren mit. Eberhard hatte auch mit Konkurrenz von anderer

Interieur des Hauses Gothein, vermutlich in Bonn

Seite zu kämpfen: Mit dem von Weber geförderten Kunsthistoriker Henry Thode verband ihn in den Anfangsjahren in Heidelberg eine regelrechte Feindschaft.

1906 schrieb er seiner Frau analytisch-nüchtern: »Ich habe eben auch entdeckt, was uns fehlt in Heidelberg: das Lachen.« Er war zu Besuch in Bonn, in der alten Heimat, gewesen, hatte mit vertrauten Kollegen gesprochen und gescherzt, und die selbstverständliche Leichtigkeit ließ ihn den Kontrast, die Ernsthaftigkeit des Heidelberger Alltags, ebenso spüren wie die schärfere Konkurrenz unter den Kollegen.

Ging es in der Familie Gothein außergewöhnlich heiter zu? Bestimmt gab es in guten Zeiten einen intellektuellen Witz. Es hat sich ein kleines Fotoalbum erhalten, das Bilder, Kunstgegenstände aus Italien, schwere Teppiche, Brokatsessel, Leuchter und einen großen Flügel zeigt. Wahrscheinlich ist es als Erinnerung an das alte Zuhause in Bonn entstanden.

Über der Ecke im Speisezimmer findet sich auf einer der Fotografien die Büste Voltaires – vielleicht eine Anspielung auf das Bonmot des Philosophen? »Ich habe gefunden, dass Menschen mit Geist und Witz auch immer eine feine Zunge besitzen; jene aber mit stumpfem Gaumen beides entbehren.«

Marie Luises Erwiderung auf die Beobachtung ihres Mannes ist nicht erhalten geblieben. Genauso wie in der Zeit zwischen 1889 und 1902 haben sich auch aus den drei Jahren 1906, 1907 und 1908 keine Briefe von ihr in öffentlichen Archiven erhalten. Dabei ist die Phase am Anfang des Jahrhunderts eine besonders ereignisreiche in ihrer Entwicklung. Marie Luise geriet auf Abwege.

Es lässt sich nur aus den Briefen ihres Mannes fassen, dass der Umzug nach Heidelberg eine Krise ins Rollen brachte, die sich lange hinziehen sollte. Immer wieder versuchte er, ihre trübe Stimmung zu verscheuchen und ihre Sorgen mit dem Haus und den Jungen zu relativieren. Er schlug ihr vor, ihre Ansprüche an das Personal herunterzuschrauben: »etwas mehr Freundlichkeit auch wo Du nicht zufrieden bist« könnte ihr »die Haushaltung sehr viel leichter machen«. »Wir sind eben in Heidelberg boykottirt! So lange wir damit nicht in Ordnung sind, sind wir auch von allem Heimathsgefühl und Behagen ausgeschlossen.«

Zeitweise schien sie so überfordert von der trotzigen Schweigsamkeit ihres Erstgeborenen, von der Rebellion ihres Zweitgeborenen und der Erziehung und Bildung der beiden anderen, an die sie höchste Ansprüche stellte und in die sie viel Zeit investierte, dass sie kinderlose Ehepaare beneidete. Mehr als einmal zählte er ihr die Stärken der Kinder auf und das Glück, Eltern zu sein, um sich letztlich auf ein Grundsatzargument zurückzuziehen, dass Kinder der Zweck der Ehe seien – »Ja, – wirst Du sagen: eins.«

Marianne Weber, mit der Marie Luise zeit ihres gemeinsamen Lebens in Heidelberg wenig Sympathie verband und deren Ehe mit Max Weber kinderlos blieb, schrieb 1907 an ihre Mutter: »Denke Dir, daß Frau Gothein sozusagen alles tut, was man sich denken kann: wissenschaftlich arbeiten, Musik, Radeln, Ski, Tennis, Tanz, viele Freunde [...] von denen täglich jemand bei ihr ist (lauter Männer, denn die Frauen sind ihr zu langweilig). [...] Dazu ein wunderschönes Haus und 4 Kinder, die von selbst aufwachsen. Es ist märchenhaft.« Wie sehr Eigenwahrnehmung und ironische Fremdbewertung auseinanderklaffen können! Vielleicht war es auch diese beispielhaft kühle Bewertung ihres Umfelds, ein lauerndes Konkurrenzverhalten, die der neu Zugezogenen zu schaffen machte.

In diese schwierigen ersten Jahre in Heidelberg fiel Marie Luises Bearbeitung des Heidelberger Schlossgartens. Wenn sie ihren Weg von ihrem Haus in Neuenheim über die Brücke in Richtung Stadt ging, sah sie die Schlossruine hoch über dem Neckar thronen. Auf ihren Abendspaziergängen und kleinen Wanderungen durchquerten die Gotheins unzählige Male auch die fast verschwundenen Terrassen des alten Hortus Palatinus.

Vor ihrem Umzug nach Heidelberg hätte Marie Luise den Schlossgarten für eine seltsame, fremde Natur gehalten – so wie ihr Mann, der ihr von einem seiner ersten Spaziergänge 1904 geschrieben hatte: »Wir haben wie alle diese Tage starke Regengüsse und dazwischen zauberhaft klare Stunden, so daß ich denn wieder nach dem Kolleg einen herrlichen Weg, durchs Klingenthal auf den Gaisberg, von dort den schönen Gallerieweg bis zur Molkenkur und dann abwärts zum Schlosse gemacht habe. Ich glaube fast, man kann hier das ganze Jahr täglich einen andern Spaziergang nehmen. An einer Halde, auf die mich neulich schon der Oberförster aufmerksam gemacht hatte, hat man als Unterholz Rhododendron

Heidelberger Schloss, Ansicht von Nordosten, 1920

und Azaleen gepflanzt, sie kommen prächtig weg, standen in voller Blüthe und da in der Nähe auch ein ganzes Wäldchen von Cedern und amerikanischen Coniferen angelegt ist, kann man sich wirklich in den Wald eines andern Erdteiles versetzt fühlen.«

Auf den Terrassen des Schlossgartens, die einst streng abgetrennte Beete, Brunnen und Hecken getragen hatten, hatten sich die exotischen Bäume des forstbotanischen Gartens der Universität breitgemacht und weckten bei Eberhard die Illusion einer fremden Wildnis, eines anderen Weltteils. Was er beschrieb, war wahrscheinlich die untere Terrasse des Schlossgartens, die nicht mehr klar erkennbar war: Als im frühen 19. Jahrhundert der Landschaftsgarten über die Terrassen gelegt worden war, hatten seine Erbauer ihre scharfen Kanten mit Erde aufgeschüttet und sie verschliffen.

Marie Luise war der verwilderte Landschaftsgarten an der Schlossruine ein großes Ärgernis. Wie oft durchstreifte sie die Hauptterrasse, auf der Studenten in der großen Gartenwirtschaft feierten, und suchte fast vergeblich nach Resten des alten geometrischen Gartens. Der Ärger über die Mühe ist bis in den Text der *Geschichte der Gartenkunst* hinein spürbar: »Im Jahre 1805 endlich legte man auf den Terrassen einen Garten im englischen Stile an, der, unglücklich genug, seine malerischen Baum- und Strauchgruppen dem mächtigen Terrassengerippe anzupassen suchte. Heute muß man mit Mühe einzelne zerstörte Reste der Grotten und Nischen zusammensuchen, um sich mit Hilfe solcher Angelpunkte das alte Bild aufzubauen.«

Kein Gedanke hier im Norden an die Kunst Italiens, wo sich die Gärten während ihrer Reise aus den alten Quellen in ihrer Fantasie mühelos und wie von Zauberhand zusammengesetzt hatten, wie etwa in Castello: »[…] immer deutlicher und klarer wurde mir alles, ich setzte die herrlichen Brunnen an ihre alte Stelle, das Labyrinth wuchs empor, die Wände belebten sich mit Blumen, die Statuen erstanden auf ihren Postamenten und die Grotten ertönten von künstlichem Vogelsang und Wasserorgelklang.«

Doch genau dort, in Italien, lag Marie Luises Problem mit Heidelberg: Der Hortus Palatinus war kein italienischer Terrassengarten wie die Villa d'Este. Die ebenen Flächen waren verwischt worden, als der Landschaftsgarten angelegt und für die Bürger der Stadt geöffnet worden war. Die Figur des bärtigen Vater Rhein lag in einem Teich, von Schilf fast überwachsen, genauso wie sein ursprüngliches rechteckiges Bassin. Hinter ihm überwucherten Ranken und Schlingpflanzen den Eingang zur Grotte, in denen schon lange keine Wasserorgel mehr spielte.

In ihrem Buch bemängelte Marie Luise die fehlenden Achsen, die Schloss und Garten einem Gesamtkonzept hätten unterwerfen können, die steilen Treppenanlagen jenseits der

Hauptwege. »Der Italiener […] hatte damals längst begriffen, welch eine Folie bequem und schön angelegte Treppen für jede pomphafte Entfaltung großer Geselligkeit waren.« Es scheint fast so, als hätte die Autorin der *Geschichte der Gartenkunst* nicht sehen wollen, dass die Architektur des Heidelberger Schlosses und seine umgebende Geographie keine große Verbindungstreppe in den Garten wie in italienischen Anlagen ermöglicht hatten. »Auf den Treppen jener glücklichen Gärten schafft sich die Phantasie die Gruppen lachender schöner Frauen und stolzer Edelleute, die sich dort auf und ab bewegen – auf den steilen Treppen des Heidelberger Gartens sehen wir höchstens Liselotte in wilden Sprüngen herunterhüpfen, wenn sie sich auf der obersten Terrasse beim Ball- oder Kegelspiel müde getummelt hatte.«

Welches Bild imaginierte Marie Luises Fantasie? Ein einsames Kind, das in einem weiten, verlassenen Park alleine mit dem Ball spielte und in der Abenddämmerung die steilen Stufen eines Terrassengartens hoch über dem Neckar, auf dem sich die Nebel lagerten, hinunterstolperte – eine Fantasie in Moll.

Heidelberg, 1618

Es war Liselottes Großvater gewesen, der – auf dem Höhepunkt seiner Macht und der Blüte seines kürfürstlichen Reiches – den prachtvollen Residenzgarten hatte bauen lassen. Friedrich v. war es sogar gelungen, die Tochter des englischen Königs als seine Braut nach Heidelberg zu holen. Die »Hochzeit zwischen Themse und Neckar« wurde bombastisch zuerst jenseits und dann diesseits des Ärmelkanals gefeiert und in zahllosen Lobgesängen verewigt. Es war die Allianz zwischen Friedrich v. als Anführer der Protestantischen Union in Deutschland und Elizabeth Stuart als Tochter des protestantischen Königs, die in der Vereinigung der Flüsse symbolisiert wurde.

Elizabeth hatte den Architekten ihres verstorbenen Bruders Henry, des Prinzen von Wales, für die Aufgabe verpflichtet, ihrem neu angetrauten Mann einen prachtvollen Garten zu planen und zu bauen. Dieser sollte ein Symbol für die Überlegenheit des Protestantismus unter der weisen Führung Friedrichs sein. Für die junge Kurfürstin war Salomon de Caus auch ein Vertrauter in der Fremde. Der Ingenieur war nämlich ihr und ihres Bruders Lehrer gewesen. Erst kurz vor ihrer Hochzeit mit Friedrich v. war Henry plötzlich an Typhus erkrankt und gestorben. Das Brautkleid seiner Schwester Elizabeth war schwarz gewesen.

1614 begann Salomon de Caus damit, gewaltige Holzgerüste ins Friesental zu stellen, das sich hinter dem Schloss zum Neckar hinabzog, um die Substruktionen für den Terrassengarten des Kurfürstenpaars zu bauen.

Nur vier Jahre später wurde ihm mit verzweifelter Gewissheit klar, dass er sein monumentales Werk nicht würde vollenden können. Friedrich v. hatte – trotz der Warnungen zahlreicher Gesandter und Berater – die Krone von Böhmen angenommen, die ihm die protestantischen Stände angetragen hatten. Es war offensichtlich, dass der katholische Habsburger Kaiser sich dies nicht würde bieten lassen. Jedem schien dies klar zu sein – außer dem Kurfürsten und seiner Frau.

Salomon de Caus blieb nichts anderes übrig, als Zuflucht zum Papier zu nehmen. Er zeichnete, beschrieb und ließ die Terrassen, Wasserkünste, Grotten, Skulpturen und Beetanlagen in Kupfer stechen, die er in wenigen Jahren effizienter Arbeit – und mit der Hilfe eines Heeres von Arbeitern – gebaut hatte. Er vervollständigte die Beete, Heckenlabyrinthe, das Pomeranzen- und das Gartenhaus hoch über dem Neckar, die nicht mehr fertig geworden waren. Auf dem Papier war sein Garten ganz. Alles, was er geplant hatte und was noch nicht vollendet war: Auf dem weißen Grund war es vollkommen und perfekt. Hier würde es die Zeiten überdauern. De Caus ahnte, dass seinem Garten kein Frieden bestimmt war. Und er wusste, dass die grüne Kunst im Krieg nicht gut gedieh. Ein halbes Jahr, so schätzte er in seinem Buch, hätte er noch gebraucht, um das Werk auf den neu angelegten Terrassen hinter dem Schloss zu vollenden. Aber der Krieg nahm keine Rücksicht auf seine Pläne.

Dennoch wagte er in seinem Vorwort zu hoffen. Kurz vor Beginn des Dreißigjährigen Krieges adressierte er den »gutherzigen Leser« und bat ihn und alle Untertanen inständig darum, täglich dafür zu beten, »ihrer königlichen Majestät Gnade zu verleihen«, um in Frieden leben und regieren zu können.

Doch innige Gebete, gleich ob von katholischen oder protestantischen Untertanen, halfen an diesem Vorabend der blutigsten Auseinandersetzung um den richtigen Glauben nicht mehr. Die Gnade, im Frieden zu leben, war weder dem Kurfürsten, der den Konflikt heraufbeschwor, noch Salomon de Caus, noch den Untertanen und Zeitgenossen vergönnt. Der Krieg, der im gleichen Jahr begann, in dem de Caus seinen papiernen Garten schuf, nahm keine Rücksicht auf den Hortus Palatinus hinter dem Schloss.

Friedrich v. hatte in seinem Garten ein künstlerisches Programm verwirklichen wollen, das die Überlegenheit des »richtigen« – seines protestantischen Bekenntnisses – zeigen sollte. Er war ein Loblied auf sein fruchtbares Reich, von Flüssen durchzogen, eine Allegorie auf die kosmische, gottgewollte Ordnung, in der er, Friedrich, seine ihm zugedachte Rolle ausfüllte. Und er war eine Wunderkammer der neuesten technischen Erfindungen seines Ingenieurs. Das alles setzte er aufs Spiel, als er nach der böhmischen Königskrone griff.

Der Kurfürst und König von Böhmen verlor ein Jahr nach seinem Einzug in Prag die Schlacht am Weißen Berg gegen die katholische Liga und wurde gezwungen, ins Exil zu gehen. Von Den Haag aus versuchte er vergeblich sein Kurfürstentum wiederzubekommen. Anderthalb Jahre waren er und seine Frau König und Königin von Böhmen, Friedrich wurde als der »Winterkönig« verspottet. Die Schlacht am Weißen Berg war nur die allererste von zahllosen Schlachten des Dreißigjährigen Kriegs, der Deutschland entvölkerte und verheerte.

In Heidelberg kämpfte Friedrichs Oberhofgärtner, Peter Leonhard, während dieser ganzen Zeit seinen eigenen Kampf. Er versuchte das, was de Caus schon geschaffen hatte, auch in den Kriegsjahren zu erhalten, sodass irgendwann ein Kurfürst zurückkommen und seine Residenz mit standesgemäßem Garten wieder beziehen können würde, aber er konnte nur kleine Dämme gegen die übermächtige Flut bauen. Der Erbauer des Hortus Palatinus hatte die Stadt und das Land schon lange verlassen.

Heidelberg, 1906

In der Heidelberger Universitätsbibliothek fand Marie Luise das große Stichwerk von Salomon de Caus, in dem der Grundplan seines großen Gartenwerks, alle Brunnen und Figuren, die geheimnisvollen Grotten mit ihren hydraulischen Automaten, Hecken und Knotenbeete bis ins Detail bebildert waren. Sie lieh es aus und studierte es an ihrem Schreibtisch zu Hause. Sie las über den französischen Ingenieur, sie

Hortus Palatinus von Jacques Fouquières, 1620

erfuhr, dass er vom englischen König als Erzieher seiner Kinder an seinen Hof geholt worden war, und sie erfuhr, dass er in Italien gewesen war, in Pratolino. Sie stutzte. Italien?! Pratolino?! Der Garten in der Nähe von Florenz, in den sie nur mit List und Tücke zusammen mit ihrem Freund Georg Karo, dem Archäologen, hineingekommen war?

Noch einmal nahm sie sich den Stich vor, der den Garten und das dahinter liegende Schloss von Osten zeigte. Gerahmt von einer Eiche rechts am Bildrand und dem steilen Berghang links, entfaltete sich dem Blick des Betrachters der Lauf des Neckars bis zum Pfälzer Wald am Horizont, in der Bildmitte die Türme und Mauern des Schlosses und davor die grüne, akkurat inszenierte Architektur des Hortus Palatinus.

Eins, zwei, drei, vier … acht Beete zählte sie auf der obersten Terrasse, sechsundzwanzig rechteckige Gevierte auf der Haupttterrasse, noch einmal acht Beete auf der unteren. Dazwischen hoch aufragende Treppen, die wie schroffe Felsen die ebenen Flächen verbanden.

Zum rechten Bildrand schob sich weiter und immer weiter bis hoch über den Neckar eine Terrasse hinaus mit einem sternförmigen und zwei rund angelegten großen Parterres. Wo war die Systematik? Wo war die Hauptachse? Welche Beziehung gab es zum Schloss? Sicher, sie bewunderte de Caus' Ingenieurleistung, aber seine Ästhetik erschloss sich ihr nicht. Sie schrieb: »Das Gelände war für die Anlage eines großen Terrassengartens, wie Salomon de Caus ihn plante, so ungünstig wie nur möglich; und bewunderungswert ist, was der Baumeister durch Abtragen des Berghangs und Auffüllung des Tales geleistet hat. Selbst Villa d'Este bot keine größeren Schwierigkeiten; an manchen Stellen beträgt die Aufmauerung bis zu 70, ja 80 Fuß, so daß die sichtbaren kolossalen Mauernischen der großen Terrasse nicht einmal das Bedeutendste dieses Erdbewegungswerkes sind. Und in kaum zwei Jahren war dies ganze Werk, die Schaffung von vier resp. fünf Terrassen, fertig, bereit, um darauf den vielbesprochenen Heidelberger Schloßgarten zu tragen.«

Villa d'Este! Marie Luise erinnerte sich beim Schreiben an den unwiderstehlichen Sog, den die Hauptachse auf ihre Augen ausgeübt hatte. Oben auf der obersten Terrasse ganz in der Nähe des Hauses hatte diese Achse ihren Blick in die Tiefe des tiefgrünen gurgelnden Gartens gezogen, hatte ihn aufgehoben und wieder emporgeschickt in die Ferne, in den Dunst der Campagna mit ihrer Ahnung von Rom. Welch ein Kontrast zu den düsteren Steilhängen des Friesentals! Und obwohl oben, nahe beim Schloss, die mächtigen Bäume großartige Ausblicke auf das Neckartal und die Stadt, die sich zwischen dem Ufer des Flusses und dem Berghang des Königstuhls eingenistet hatte, zuließen, so war es hier doch etwas anderes.

Marie Luise stieg mehr als einmal von der Altstadt hinauf zur Schlossruine und sicher maß sie die baufällig gewordenen

Pfeilerkonstruktionen mit Hilfe eines ihrer Söhne ab. Sie scheute sich nie, die Spuren alter Gärten aus dem Dickicht der Zeit herauszulesen oder zu -messen. Auch der andere Baumeister, Pirro Ligorio, hatte seinen Garten auf Stützen gebaut. Doch er hatte die Fläche, die darauf entstand, dafür genutzt, ein Gesamtkunstwerk aus Architektur und Natur zu schaffen. In den verwinkelten Terrassen auf dem Königstuhl und in Salomon de Caus' Papiergarten konnte Marie Luise nicht den Willen zu solch einem Geniestreich erkennen.

In ihrem Buch gab sie ein harsches Urteil: »Wenn Salomon de Caus in diesen Grundarbeiten der Terrainbewegung sich als Meister gezeigt hatte, so hatte er, trotz seiner italienischen Reisen, trotz seiner Studien in Villa d'Este und Pratolino, nicht vermocht, sich den künstlerischen Einheitsgedanken, die Proportionen, die Unterordnung des Vielen unter das Ganze, zu eigen zu machen.«

Marie Luise hielt beim Schreiben dieser Zeilen inne: »Wer vermochte dies schon? Etwas zu geben, das mehr war als Stückwerk?« Es gab nicht wenige späte Abende an ihrem Schreibtisch, an denen sie sich der großen Aufgabe nicht gewachsen fühlte und an den vielen kleinen Aufgaben, die ihr stattdessen die Zeit stahlen, verzweifelte. Sie sehnte sich nach Ablenkung.

Heidelberg, 1908

Eberhard war mit den Kindern an diesem Silvesterabend allein. Seine Frau war auf der Rigi, in den Alpen, er hatte nur ein Telegramm mit den Worten »Alles gut, Brief folgt« bekommen, aber der Brief war ausgeblieben. Sie war mit Freunden Skifahren gegangen, er hatte Zutaten für den Punsch und fürs Bleigießen besorgt und fragte sich, ob sie an diesem letzten Abend des Jahres ihre Familie vermisste, so wie er traurig darüber war, dass sie den Jahreswechsel nicht zusammen verbrachten.

In seinem Brief reflektierte er: »Ich will nicht ins vergangene Jahr zurückblicken, sondern vorwärtsschauen. Ja wer jeden Tag sich auf der Höhe des Lebens in Arbeit und Genuß und vor Allem in Empfindung seiner selbst und in dem was er den Seinen ist, halten könnte! An solchem Wendepunkt des Jahres nimmt man sich wenigstens wieder vor, so weit es möglich ist, so zu sein und zu leben. Das Beste, was man dazu thun kann, ist doch wenigstens an jedem Tag die Arbeit, die sich uns darbietet, unverzüglich und so gut wie möglich zu thun. Freilich fast in demselben Maß, wie ich mit meiner Arbeit den Menschen gefalle und wirke, gefalle ich mir immer weniger. Und auch mit dem, was ich den Meinigen bin, bin ich heute viel weniger zufrieden, als ich es früher war, sogar oder vielleicht vor Allem mit dem, was ich Dir bin. Daß unsre Ansichten in vielen Gebieten des geistigen Lebens weit mehr als früher auseinandergehen, liegt wohl freilich daran, daß wir gegenseitig unsrer individuellen Entwicklung nie Hindernisse in den Weg gelegt haben, und das will ich nicht eben schwer nehmen. – Doch genug der Silvesterstimmung.«

Der Umzug nach Heidelberg lag inzwischen vier Jahre zurück, doch die Verwerfungen, die er ausgelöst hatte, waren noch immer nicht gekittet. 1905 war sie nach Italien geflüchtet, und auch in den Jahren danach beschwichtigte Eberhard in seinen Briefen immer wieder die Sorgen seiner Frau. Doch es mischte sich auch Misstrauen in ihren Austausch: Er befürchtete, dass ihre Suche nach intellektueller Stimulation eine Grenze überschreiten würde.

Ihre Freundschaften mit Männern, von denen auch Marianne Weber berichtet hatte, stellten für die Beziehung der

Gotheins zunehmend eine Belastung dar. Ihre Gesellschaft auf Reisen nach München oder zum Skifahren behagte dem Ehemann nicht. Zweifel machten sich zwischen den Zeilen seiner Briefe breit.

Im März 1908 schrieb er: »Seit 36 Stunden haben wir jetzt Schneetreiben, die Berge sind alle weiß, die Strassen undurchdringlich und das Barometer steht so tief als es nur kann. Aber ich bin wieder fröhlich und zuversichtlich – und traue mir auch wieder zu, daß ich Manns genug bin, um Dich allein zu fesseln, und darauf sende ich Dir einen innigen Kuß.«

Im August, als Marie Luise eine kleine Wanderung im Odenwald unternahm, war er sich dessen nicht mehr so sicher. Ihre Reisebegleitung behagte ihm ganz und gar nicht und er wusste, dass sein Misstrauen berechtigt war: »Daß Du Dir Deine Ferienerholung gönnst, würde mich sehr freuen, aber Deine Begleitung freut mich nicht; und das kannst Du mir nach dem, was vorhergegangen, nicht verübeln. Die alte Wunde in meinem Herzen hat wieder stark geblutet an einem schlimmen Tag und während einer qualvollen Nacht. Aber ich muß ja darauf vertrauen, daß Du weißt, was Du Dir selber und was Du mir schuldig bist. Das will ich auch, aber es ist sehr hart für mich.«

Eberhard war eifersüchtig, vor allem darauf, dass seine Frau zwar all ihre Alltagssorgen mit ihm besprach und sie zusammen ihr Familienleben organisierten, dass sie kleine Fluchten und Ferienausflüge aber mit anderen unternahm. Es war eine Zeit, in der sie sich außerhalb ihrer etablierten Bildungsbeziehung nach Inspiration umsah. Die modernen Strömungen, die ihr Mann mit seinem gesetzten Weltbild eher ablehnend beobachtete und bewertete, waren das, was sie anzog. Sie begann, sich auch mit außereuropäischer Kultur, Ostasien, Indien, Japan, zu beschäftigen. Auch diese Kulturkreise wollte sie in ihrer Weltgeschichte der Gärten beleuchten. Wie sie diese Jahre nach ihrer italienischen Reise, nach ihrem Umzug aus Bonn verlebte und erlebte, lässt sich nicht von ihr selbst erfahren. Wer war ihre Reisebegleitung im August gewesen? In Eberhards Brief taucht der Name »Clemen« auf. Aus den Briefen des Bonner Kunsthistorikers von 1900, die in der Heidelberger Universitätsbibliothek aufbewahrt werden, lässt sich eine höfische Werbung um die verheiratete Marie Luise erkennen, er sprach sie als »Königin« an. Doch eigentlich war es damit seit seiner Heirat im Jahr 1905 vorbei. Von ihrer italienischen Reise im selben Jahr, aus Rom, hatte Marie Luise ihrem Mann geschrieben, dass er für sie eine Entschuldigung erfinden sollte, warum sie nicht zu Clemens Hochzeit nach Bonn reisen wollte, und schrieb: »Sei mir nicht böse, lieber, dass ich dir das schreibe, ich will jetzt auch hier keine weitere Antwort von dir – ich freue mich sehr, dass er glücklich ist – und werde mich immer freuen das zu hören – aber unsere frühere Freundschaft ist so wie sie war, zu Ende, bitte sei gut und verstehe mich ohne weitere Worte, was ich dir hier schreibe ist ganz mein inneres Denken.«

1907 schlug Eberhard Marie Luise eine Weltreise vor und meinte, dass sie auch mal ein halbes Jahr »nach den Tropen« gehen könnte. Er hatte nicht vor, ihre Nähe zu erzwingen, im Gegenteil. Sie sollte Anregungen haben, um ihren Forscherdrang zu befriedigen. Erst vor Kurzem hatte sie ihm ihre Erkenntnisse zu den »Buddhagärten auf Ceylon« vorgetragen. Er hatte schon lange gemerkt, dass das alte Europa ihrer Neugier nicht mehr reichte. Er wollte sie reisen und lernen und forschen lassen – liebend gerne, solange sie es alleine tat! Solange er derjenige blieb, mit dem sie ihre Reisepläne diskutierte.

Doch in diesem und auch im nächsten Jahr sollten die Gärten des alten Europa das Hauptforschungsfeld seiner Frau bleiben. Sie arbeitete an ihrem Kapitel über deutsche Renaissancegärten. Auch der Text über den alten Garten am Heidelberger Schloss harrte noch seiner Vollendung. Seine Autorin hatte von den Hängenden Gärten der Semiramis gelesen und doch nur die alten Terrassen auf der anderen Seite des Neckars vor Augen.

Manchmal hatte sie immer noch Heimweh nach der alten Heimat Bonn mit ihren klaren Verhältnissen und dem alle Gedanken klärenden Strom, dem Rhein. Hier waren sie und ihr Mann spazieren gegangen, im Frühling, im Sommer, im Herbst und auch beim Eistreiben der Schollen im Winter. Der Fluss hatte ihre Gedanken getragen, gekühlt, er hatte sie noch immer vereint.

Das große Haus war still, Percy war bei einem Kameraden zum Spielen, wo Werner war, wusste sie nicht. Das Hausmädchen hatte seinen freien Tag und erst in der nächsten Woche sollte es wieder einen Eranos-Kreis in ihrem Hause geben. Zu diesem religionswissenschaftlichen Gesprächskreis der Professoren hatte sie als Frau ohne Titel aber ohnehin keinen Zutritt. Im Jahr zuvor hatte sie sich für dieses Verbot gerächt, indem sie einen langen, entwicklungsgeschichtlichen Aufsatz über »Die sieben Todsünden« geschrieben und veröffentlicht hatte. Das hatte ihr zwar den Respekt der diskutierenden Männer eingebracht, den Zutritt zu ihrem Zirkel gestand man jedoch weiterhin nur Professoren zu.

Marie Luise war intensiv mit ihren Recherchen zu den Renaissancegärten in Deutschland beschäftigt. Zeitig im nächsten Frühjahr wollte sie eine Reise durch Deutschland und Österreich-Ungarn unternehmen, um sich vor Ort ein Bild von den alten Gartenanlagen machen zu können. Von ihrem Schreibtisch aus konnte sie jetzt schon absehen, dass sich ihr hier kein so klares Bild eröffnen würde wie vor drei Jahren in Italien. In ihrem Buchmanuskript hielt sie ihre Beobachtung fest: »Fast bei jedem Garten, oder doch Gartenkomplex, haben wir noch einen neuen Stileinfluß feststellen können. Trotz nahen Verkehrs, trotz regsten Austausches wollte sich in Deutschland selbst in dieser lebendigen Zeit keine Stileinheit bilden. Wir schreiten von Gartenindividualität zu Gartenindividualität, um wieder ein neues, ganz anderes Bild zu finden. Frankreich und Italien beginnen sich um die Herrschaft in Deutschland zu streiten.«

Sie hatte sich mit dem Stuttgarter Lustschloss befasst, an diesem Vormittag wollte sie ihre Abhandlung über den Heidelberger Hortus Palatinus noch einmal korrigieren. Sie hatte das Gefühl, zu harsch geurteilt zu haben. Den Text über den Garten hatte sie schon fertig, dafür hatte sie ja nicht reisen müssen. Sie las die ersten Worte ihrer Einleitung: »Es gibt wohl kaum ein Bauwerk in der Welt, das, wie dies Schloß im anmutigen Neckartal, so vielseitige und immer wieder wache Aufmerksamkeit erregt; ebenso einst, als es in seiner ganzen Schönheit prangte, wie jetzt, da es in Ruinen einen neuen Zauber erhalten hat.« Damit hatte sie den Ton gesetzt: Hier stand eine Ruine im Zentrum weltweiter Aufmerksamkeit, doch sie fand nach wie vor, dass der ursprüngliche Garten diesen hohen Anspruch nicht einlösen konnte.

Marie Luise zögerte. Sie musste an den seltsamen Brief denken, den sie am Morgen von Eberhard aus Kassel erhalten hatte. Darin reflektierte er ausführlich über die Selbstständigkeit der Frau. Handwerker hatten ihn früh am Morgen in seinem Hotel geweckt und er war liegen geblieben, um seinen Vortrag zu durchdenken, den er am Abend in Hildesheim über »Frauenleben im Mittelalter« halten wollte: »Mich beschäftigte nämlich das Problem, wo und wie die ganz entschiedene Individualität der Frauen einsetzt. Es ist evident, daß dies viel mehr noch als beim Manne in der Opposition gegen die Sitte, die durch Sippe und Familie repräsentiert wird, geschieht. An der Pforte der Selbständigkeit der Frau steht der Ehebruch. Wenn man das nun historisch verfolgt, kommt man zu den interessantesten Thatsachen.«

Der Ton seines Briefes war so zugewandt wie immer, er sprach sie mit »Geliebter Schatz« an und er schloss seine Überlegungen mit einer launigen Bemerkung: »Ein schönes Thema für einen reisenden Ehemann und noch dazu einen etwas eifersüchtig veranlagten! wirst Du meinen. Ich freue mich aber das Thema mit Dir zu durchsprechen, und glaube, daß Du mir aus Englands Kulturgeschichte die Parallelen reichlich wirst geben können.«

Dennoch fragte sie sich, warum er gerade jetzt so ausführlich über dieses Thema nachdachte und ihr darüber schrieb, in seinem theoretischen, weit ausholenden Stil! Sie hatte ihm schon oft zu erklären versucht, dass sie auch außerhalb ihrer Ehe geistige Anregung suchte. Sie konnte die Themen, die sie beschäftigten, nicht nur mit ihm besprechen. Manchmal kam ihr sein Weltbild starr und verknöchert vor.

Sie wandte sich wieder ihrem Manuskript zu. Sie hatte die Vorgeschichte des Schlossgartens skizziert, die Kultur der Orangenzucht diesseits der Alpen, die sich auch in der Heidelberger Pomeranzenkultur zeigte; sie hatte über Salomon de Caus' Beziehung zur englischen Prinzessin Elizabeth geschrieben und über die Erdbewegungen, die nötig waren, um aus dem Friesental einen Terrassengarten zu machen. Sie sah sich zum wiederholten Male den Stich von Fouquières an. Nein, auch dieses Mal konnte sie keinen einheitlichen künstlerischen Gedanken ausmachen. Salomon de Caus hatte einfach nicht verstanden, was er in Italien gesehen hatte, zu einem anderen Schluss kam sie auch dieses Mal nicht. Dabei hätte er es gekonnt, wenn er nur gesehen hätte! Sie las noch einmal den Abschnitt über die Anlage der beiden rechtwinklig zueinander stehenden Terrassen und seine Treppenbehandlung: »Bei dieser Unsicherheit des architektonischen Anschlusses verzichtete nun de Caus auf jede axiale Anordnung; dies entsprang aber auch aus der künstlerischen Unfähigkeit, vor allem Treppen anzulegen. Der Heidelberger Garten ist das beste negative Beispiel dafür, wie sehr ein harmonisch proportional entworfenes Treppensystem den Aufbau eines Terrassengartens unterstützt. Nur so hätte de Caus trotz der Ungunst des einschneidenden Friesentals ein harmonisches Bild erreichen können. Seinen Treppen aber mangelt jede künstlerische Konstruktion, sie sind nichts weiter als steile halsbrecherische Verbindungswege von Terrasse zu Terrasse.«

Da das große Ganze keine Harmonie aufwies, konnte logischerweise auch im Kleinen kein befriedigendes Gesamtbild herauskommen, da war sich Marie Luise leider immer noch sicher. Sie hatte geschrieben: »Jedesmal schmückte er die oberste Terrasse mit einer phantastischen, doch wirksamen Grottenbekrönung. Auf keiner Seite aber wird diese dazu benutzt, den Blick unter einem Mittelpunkt zu ordnen, beide Male sind die Grotten wie absichtlich zur Seite gerückt, während das Auge fast mit Sehnsucht nach diesem Abschluß sucht. In gleicher Weise ist das Wasser vielseitig, aber systemlos behandelt. Dem Baumeister lag die mittelalterliche Einzelbehandlung verschiedener Gartenteile noch zu sehr im Blute. Nicht einmal eine Terrasse behandelt er einheitlich.«

Sie konnte es nicht anders schreiben. Wie oft war sie schon dort oben durch die Büsche gestreift auf der Suche nach de Caus' elliptischer Treppe oder den Säulen seines Wassergartens? Es war nicht so, dass sie die großen rauschenden Bäume auf den Terrassen nicht immer wieder gerne begrüßte, wenn sie mit Percy oder Wolfgang einen Abendspaziergang auf den Schlossberg gemacht hatte. Sie schätzte auch die fein gemachten Stiche der Grotten und Figuren in de Caus' Buch. Und doch blieben ihr seine Pläne ein Rätsel. Warum war der französische Architekt, der italienische Gärten in ihrer höchsten Vollendung kennengelernt hatte, außerstande gewesen, etwas Ähnliches hier in Heidelberg umzusetzen?! Seltsam leer und still blieben ihr die akkurat und eintönig gestalteten Beete seines Kupferstichwerks. Mangelnde Harmonie und unsymmetrische Proportionen waren Marie Luise in Heidelberg ein Ärgernis – in jenen Jahren seit ihrer Rückkehr aus Italien ganz besonders. Es gab ja nicht einmal eine erkennbare Beziehung zwischen Schloss und Garten! Er musste noch zu sehr auf einer mittelalterlichen Entwicklungsstufe stehengeblieben sein. Anders konnte sie es sich nicht erklären.

Als Historikerin ihrer Zeit konnte Marie Luise nicht wissen, dass Salomon de Caus sie überhaupt nicht gewollt hatte, die axiale Ordnung.

Die Harmonie der Renaissance hat ihm fern gelegen. Er und seine Zeitgenossen hatten diese Epoche resigniert hinter sich gelassen. Sie hatten erkannt, dass ihre Vorgänger auch auf den Spuren der Antike, im Streben nach absoluter Harmonie und Symmetrie nicht zu einem paradiesischen Urzustand gelangt waren. Es gab weiterhin Kriege und Krisen, die das Ideal negierten. Aus der geometrisch klar und fest geordneten Ordnung der Formen entwickelte sich langsam, aber sicher eine neue künstlerische Ausdrucksweise. Etablierte Kunstkritiker der Zeit nannten sie manieriert: Es entstand eine Epoche, die die Stilgeschichte später den »Manierismus« nennen sollte. Die Maler dieser Kunstrichtung verwendeten schrille Farben statt der Grundfarben: auffälliges Pink, leuchtendes Hellblau, grelles Gelb. Die Körper der Madonnen auf Gemälden und in Stein streckten sich, die Säulen drehten sich, die geometrischen Grundformen der Hochrenaissance wurden zerstört.

Auch Salomon de Caus hatte als Architekt den neuen Stil, die neue »maniera« kennengelernt. Seine Treppen, die Marie

Luise halsbrecherisch und schroff fand, sollten gar nicht die Funktion erfüllen, ein geometrisches Gleichgewicht herzustellen, ganz im Gegenteil. Sie sollten den Besuchern eine Gänsehaut über den Rücken jagen, angesichts der Höhe über dem Neckartal. Sein Garten war ein in sich geschlossenes Kunstwerk aus verschiedenen Quartieren und kunstvoll gestalteten Beeten, in dem sich der Besucher ergehen, aber auch verlieren konnte. Nichts lag Salomon de Caus ferner, als einen axialen Garten zu gestalten – nicht, weil er es nicht gekonnt hätte, sondern weil er und sein Bauherr es überhaupt nicht gewollt hatten.

Marie Luise als Frau der Neo-Renaissance konnte dieses Versäumnis nicht verzeihen. Wie hätte sie es auch tun sollen! Zu ihrer Zeit wurde gerade erst – nach der Renaissance – das Zeitalter des Barock als Kunstform wiederentdeckt. Die Abstufungen der Zwischenepochen harrten noch ihrer Ausdifferenzierung.

So ließ Marie Luise nicht den Kurfürsten und böhmischen Winterkönig Friedrich v. oder seine Frau Elizabeth Stuart mit ihrem Gefolge durch den Hortus Palatinus schreiten, sondern deren Enkelin, Liselotte. Wenn überhaupt, so dachte sie, dann konnte nur jemand, der als wild und ungestüm bekannt war, sich in diesem Garten bewegen. Liselotte musste als Kind hier herumgesprungen sein! Immerhin hatte »Madame« in ihren Briefen aus Versailles selbst von sich geschrieben, dass sie als Kind gerne auf Bäume geklettert war.

Marie Luise hegte eine besondere Sympathie für die pfälzische Prinzessin, deren Briefe sie sicherlich kannte und die sie so gut verstehen konnte, wenn sie schrieb, dass sie viel lieber ein Junge hätte sein wollen.

Heidelberg, 1658

Liselotte liebte die Ausritte mit ihrem Vater durch sein Reich. Nirgendwo fühlte sie sich wohler als im Freien und hoch zu Pferde. Das kleine Mädchen interessierte sich nicht dafür, dass ihr Vater bei diesen Ausritten vor allem kontrollierte, ob seine Bemühungen um den Wiederaufbau seines geschrumpften Reichs fruchteten. Sie genoss es, mit ihm reiten zu dürfen und von den Leuten gegrüßt zu werden.

Karl I. Ludwig hatte die Kurpfalz – ohne etliche Gebiete, die seinem Vater Friedrich V. gehört hatten – zwar zurückerhalten, aber der Dreißigjährige Krieg hatte das Land ausgeblutet. Unermüdlich ritt Karl durch die Städte und Dörfer, um sich zu vergewissern, dass die Siedler, die er angeworben hatte, sich gut einlebten, dass die Schulen, Ämter und Landwirtschaften, die er gegründet hatte, gut arbeiteten und das Land wieder auf die Beine kam. Hin und wieder nahm er die kleine Liselotte mit. Der kleine Wildfang war draußen ohnehin viel besser zu haben als im Heidelberger Schloss. Es sollte der letzte Ausflug mit seiner kleinen Tochter sein, denn das Mädchen würde bald zu seiner Schwester Sophie nach Hannover ziehen.

Später würde Liselotte von der Pfalz, die vor allem wegen ihrer ausgiebigen Briefkorrespondenz berühmt ist, über ihre Kindheit in Heidelberg die ein oder andere Anekdote schreiben. Wie sie sich etwa morgens, ganz früh, aus dem Schloss schlich, um auf einen Kirschbaum zu klettern und sich den Bauch mit dessen süßen Früchten vollzustopfen. Immerhin, so schrieb sie, hatte sie ein Stück Brot dabei, damit das Frühstück satt machte.

Ihre geradlinige, ungestüme Art legte sie auch nicht völlig ab, als sie 19-jährig mit dem Herzog von Orleans verheiratet wurde. Um sich den immer mächtiger werdenden französischen König jenseits des Rheins, Ludwig XIV., zum Verbündeten zu machen, verheiratete Karl seine Tochter mit dessen Bruder. Liselotte konvertierte zum katholischen Glauben und zog nach Versailles. Zu ihrem neuen Zuhause wahrte sie lebenslang Distanz und die Beziehung zu ihrem homosexuellen Ehemann gestaltete sich schwierig, daher schrieb sie mindestens vier, bisweilen sogar zwölf Briefe pro Tag an ihre Verwandten und Freunde. Oft dachte sie darin mit Wehmut an die Orte ihrer Kindheit zurück.

Die Allianz, die ihr Vater ersonnen hatte, hielt nicht, was er sich davon versprochen hatte. Als Liselottes Bruder als Nachfolger ihres Vaters ohne Erben starb, erhob Ludwig XIV. Ansprüche auf das Erbe seiner Schwägerin – ohne dafür eine Grundlage in ihrem Heiratsvertrag gehabt zu haben, ohne dass sie dies gewollt hätte. Doch die Hegemonialansprüche des Sonnenkönigs waren grenzenlos. Von Frankreich aus konnte Liselotte nichts tun, als hilflos zusehen, wie Ludwigs General seine Politik der verbrannten Erde verfolgte und Städte, Dörfer, Bauernhöfe und Felder der Pfalz dem Erdboden gleichmachte – und schließlich auch das Schloss ihrer Vorfahren sprengte. Und dies alles geschah in ihrem Namen! Sie litt mit den Pfälzern, die ihretwegen leiden mussten. Sie konnte nur schreiben, Brief um Brief um Brief.

Wenn Marie Luise durch das Koniferenwäldchen strich und die meterhohen Buchsbäume auf beiden Seiten der Treppenabsätze sah, spürte sie den Geist der kleinen Liselotte in dieser verwilderten Natur. Eine Briefeschreiberin war sie – wie Marie Luise auch – und ebenso schicksalhaft mit Heidelberg verbunden.

Im Schatten der Sonne: Vaux-le-Vicomte

Von Kassel bis Prag, 1909

1909 war für Marie Luise ein Reisejahr. Im zeitigen Frühjahr standen deutsche, tschechische und österreichische Gärten auf dem Programm. Es war ein eiskalter April. Bei ihrer Abreise aus Heidelberg fing in der Weberstraße vor ihrem Haus gerade ein Baum zu blühen an. Da sie ihre Reise nach Norden führte, wurde es zunehmend winterlicher. Am 2. April schrieb sie ihrem Mann aus Kassel, 260 Kilometer entfernt von Heidelberg: »Da sitze ich in einem dicken Schneesturm, den ich nun erst abwarten muss, ehe ich mich zum zweiten Male hinaus nach Wilhelmshöhe wage.« Am nächsten Tag schrieb sie begeistert über den Berggarten: »Kassel hat mir doch mächtig imponiert; nachdem ich in der Elektrischen nach Wilhelmshöhe noch einmal einen Schneefall oder vielmehr Hagel hatte, wurde das Wetter herrlich und ich muss sagen, dass ich kaum jemals etwas so überwältigend schönes an Farben und Beleuchtung gesehen habe, als dort von der Höhe der Pyramide.« Auf der Spitze des Berges, Höhepunkt des barocken Bergparks, thronte die monumentale Figur des Herkules Farnese mit seinem Knüppel. Marie Luise genoss den Blick von seinem oktogonalen Riesenschloss die steilen Kaskaden hinunter ins Tal, das in seiner Weite den Blick frei gab über die Kuppen des Mittelgebirges. Ein italienischer Architekt hatte die Pyramide, auf der Herkules thronte, und die schier endlosen Wassertreppen geschaffen und dabei die großen italienischen Barockgärten vor seinem inneren Auge gesehen. So konnte Marie Luise auf dem Gipfel des Berges im kalten deutschen Frühling ein wenig italienische Farbenpracht erahnen.

Doch für ausgiebiges Genießen war keine Zeit, schon gar nicht für ein Schwelgen in der Schönheit der Kunst und der üppigen Flora, das ihre italienische Reise 1905 geprägt hatte. Dafür war es zu kalt und ihr Zeitplan zu straff.

Schon am nächsten Tag reiste sie weiter nach Hannover und besuchte die Herrenhäuser Gärten, 180 Kilometer entfernt von Kassel. Am Abend des 3. April verglich sie die beiden unterschiedlichen Anlagen: »Wilhelmshöhe wird für mich überhaupt von größter Wichtigkeit sein, da die verschiedensten Stilrichtungen ihren Einfluss ausgeübt haben und mit Hilfe des gut gesammelten Materials, ich auch die verschiedenen Perioden gut festhalten kann. Um so einheitlicher und unberührter ist hier Herrenhausen, mit seiner tadellosen Symmetrie, seiner tafeltuchebenen Fläche, es ist ein recht langweiliger französischer Garten auf dem Papier schematisch entworfen, bis auf das Naturtheater, das ich in dieser Größe noch nicht gesehen habe, und das auch hübsch und geistvoll ist.«

Schon am nächsten Tag, dem 4. April, spazierte sie dreieinhalb Stunden durch den Landschaftsgarten Dessau-Wörlitz, 240 Kilometer entfernt von Hannover – »dort sehnte sich alles nach Sommer«.

Am 5. April kam ihr Brief schon aus dem gut 100 Kilometer entfernten Berlin. Die Tour durch die deutschen Gärten war wahrlich keine Vergnügungsreise, sondern glich eher einem Abhaken der Orte, die in ihrem Buch beschrieben werden sollten. Das Quellenstudium hatte sie in der Universitätsbibliothek von Heidelberg und an ihrem Schreibtisch schon erledigt. Um die Strecken zwischen den Gärten in nur halben Tagen zu bewältigen, mussten die Züge pünktlich und die Pläne genau sein. Eberhard hatte mit ihr zusammen die dicken, mit winzigen Buchstaben und Ziffern gefüllten Kursbücher der Bahnen gewälzt, sie schrieb: »Gestern ist Dessau

Wörlitz auch wieder ganz programmässig nach deinem sehr gut ausgedachten Plan verlaufen, ich hatte nirgend eine Minute zu viel, aber wurde auch immer gerade fertig. Wörlitz wird im Sommer ganz wunderschön sein, dort habe ich es besonders entbehrt, dass Grün, Blumen und Farben fehlten und es gehört schon meine langjährig geübte Fantasie dazu, um alles zu ergänzen.«

Doch auch ihre Fantasie schien in diesem kalten Frühling ein wenig erstarrt zu sein, die warme Leidenschaft der Briefe aus Italien klang diesmal aus ihren Berichten nicht durch. Aus Berlin schrieb sie: »Hier merkt man noch nichts vom Frühling, sag wie steht's mit dem Garten, war der Gärtner da? [...] Und was machen meine Wintergartenblumen?«

Von hier aus fuhr sie nach Potsdam zu den Gärten Friedrichs des Großen und forschte im Märkischen Museum nach Quellen. Da sie in Berlin bei Verwandten wohnen konnte, blieb sie ein paar Tage. Sie berichtete ihrem Mann nichts über diesen Abstecher, nur dass er anstrengend war. Doch sollte die Reise auch noch einen Besuch bei ihrer Familie in Breslau einschließen, auch davon hatte sie ihrem Mann nichts zu erzählen, in ihrem Fokus standen die Gärten. Auf dem Weg nach Breslau machte sie nämlich einen Zwischenhalt in Muskau, 170 Kilometer südöstlich von Berlin und Ort des Landschaftsgartens von Hermann von Pückler-Muskau, den dieser in der ersten Hälfte des 19. Jahrhunderts geschaffen hatte.

»Auf dem Wege v. Muskau nach Breslau. d. 13ten 4.09«, berichtete sie: »Ich bekam umgehend ein 44 Worte langes Telegramm von der Gräfin Arnim mit der Nachricht, dass sie leider zu Bett läge, dass der Park noch im Winterschlaf läge und sie ihn mir im Frühlingsschmuck zeigen möchte und ich daher doch meine Reise aufschieben möchte. Am nächsten Morgen kam ein mit Bleistift geschriebenes Billet, falls ich doch jetzt kommen wollte, sie mir ihren Wagen und ihre

Garteninspectoren zur Verfügung stellen wollte.« Schon ein paar Jahre früher hatte sie die Besitzerin des Muskauer Parks zu einem Besuch eingeladen. Damals hatte ihr Marie Luise die Lebensdarstellung und Übersetzungen der Gedichte von John Keats aus ihrer Feder geschickt.

Obwohl noch im Wintergewand, wurde ihr der Landschaftsgarten vom Parkinspektor der Gräfin im offenen Wagen gezeigt, auch dies ein bedeutender Garten, den sie abhaken konnte. Anders als ein systematisches Erledigen ist ihr Bericht vom kurzen Besuch bei der Besitzerin des Parks, der Gräfin und ihrem Mann, »ein Aristocrat des Ostens wie er im Buche steht, vornehm und schlau«, nicht zu verstehen.

Von hier aus waren es 200 Kilometer bis Breslau. Den Landschaftspark Scheitnig, den sie gut aus ihrer Jugend kannte, schaffte sie nicht mehr zu besuchen. Stattdessen fuhr sie schon zwei Tage später 270 Kilometer zurück Richtung Westen, um die Dresdner Gartenkunst zu sehen. Sie besuchte den Zwinger, die Brühlschen Terrassen und fuhr dann nach Pillnitz, um auch dort in einem atemlosen Tempo den Garten abzuhandeln: »Nachmittag war ich in Pillnitz, der Sommerresidenz. Das Schloss ist namentlich in seinen alten Teilen das lustigste, was du dir denken kannst: ein wirkliches japanisches Palais mit japanischer Malerei, der Garten wie alle königlichen Gärten in Dresden um das Schloss regelmässig angelegt, hübsch gehalten, nicht sehr abwechslungsreich in einem ganz ausgeprägten Stil, der um seiner Gleichmässigkeit willen, mich annehmen lässt, dass ein moderner Obergärteninspector sie im einzelnen anordnet. Weiterhin englischer Park. Die Lage des Schlosses zwischen Elbe und Hügel ist das hübscheste.«

Atemlos war der Stil ihrer Briefe. Und auch hier fehlte die Jahreszeit, in der die Gärten wieder zum Leben erwachen: »Heute war auch der erste wirkliche Frühlingstag, aber an

Blühen ist noch nicht zu denken, kaum dass hier und da ein schüchternes Grün an den Sträuchern sich geltend macht. Da habt ihr es schon besser, und ich habe heute wirklich Frühlingsheimweh gehabt.«

Weiter ging es nach Prag, 150 Kilometer, sie machte sich ein wenig Sorgen wegen der Sprache, die sie nicht beherrschte: »Hoffentlich komme ich gut durch ohne Tschechisch, denn wenn die Straßenschilder in fremder Sprache sind, so ist das immer sehr peinlich.« 300 Kilometer Richtung Südsüdost endete ihre Reise vorläufig in Wien. Hier traf sie ihren Mann, der auch zu Forschungszwecken unterwegs war. Noch von Dresden aus hatte sie ihn gebeten: »Ehe ich es vergesse: bitte bringe mir doch den dicken Band über Österreich mit, er wird mir doch in Wien sehr fehlen und gerade in den Abendstunden kann ich mich daran so gut vorbereiten.« Auch der Besuch der österreichischen Hauptstadt galt dem effizienten Studium der Gärten.

Nach Marie Luises Rückkehr, nach gut 1800 Kilometern Reise durch das Deutsche Kaiserreich, Tschechien und Österreich, brach der Frühling endlich mit Macht aus. Die Bäume am Heidelberger Schloss belaubten sich, der Philosophenweg wurde schattiger, und die Blumen des Gärtners schmückten den Gotheinschen Garten in der Weberstraße.

Marie Luise arbeitete emsig weiter. Für den Sommer hatte sie eine ausgiebige Gartenreise durch Frankreich und England geplant. Doch bevor sie sich mit den klassischen Barockgär ten in Frankreich und den Renaissancegärten an der Loire und in England befassen wollte, sollten die Kapitel fertig sein, die historisch davor lagen. Am 5. Juni schrieb sie ihrem Mann, der mit seinen Studenten eine Studienfahrt nach Hamburg unternahm: »Ich bin jetzt auch wieder in meiner Arbeit drin und hoffe, recht schnell mit diesen Kapiteln fertig zu werden. Morgen will ich das über das späte Mittelalter schreiben und einmal den ganzen Tag dazu benutzen, vielleicht werde ich fertig. Sonst kann ich dir nichts rechtes berichten, du sollst nur in Hamburg gleich einen Gruss von mir haben – morgen schreib ich am Abend wieder besser.« Eberhard antwortete: »Ja wir leben ein entgegengesetztes Leben, nur dass es uns beiden in einer Art Taumel verläuft, Dir in einem enthusiastischen, mir in einem ruhelosen Wirbelwind der Thätigkeit.«

Schätzte er ihre Stimmung richtig ein? Spürte sie Enthusiasmus für die Gärten? Kühl war in diesem Frühjahr Marie Luises Umgang mit ihrem eigentlich so lebendigen Thema. Es mag daran gelegen haben, dass 1909 für sie ein Reisejahr war. Ein Jahr voller Organisation, Planungen, dem Druck, die wesentlichen Orte zu sehen, um zu wissen, worüber man schrieb. Ein unstetes Jahr. Vielleicht waren die großen Entfernungen, die sie zwischen sich und Heidelberg legte, aber eher Zeichen einer Flucht.

1909 wurde das Jahr einer großen Lebenskrise. Denn was sie Eberhard nicht berichten konnte, was sie mehr umtrieb als alle Gärten der Welt, war die Beziehung zu einem anderen Mann. Während die Gärten ihre diszipliniert organisierte Arbeit blieben mit dem klaren Ziel, eine Weltgeschichte zu schreiben, galt ihre Leidenschaft in diesem Frühling und Frühsommer der Literatur und dem Geist eines jungen Heidelberger Germanisten.

Heidelberg, Frühsommer 1909

Marie Luise spürte, als er die Tür öffnete, dass die Stimmung heute Abend anders war, dichter. Er schien ihr größer zu sein als sonst. Er begrüßte sie: kurz wie immer und nahm ihr in einer weichen Armbewegung den Mantel ab. Dann ließ er sie vorausgehen in das Klavierzimmer, wo sie – auch wie immer –

ihren Platz am Instrument einnahm. Witkop setzte sich ihr gegenüber auf den Divan. Er schaute sie fragend an, doch sie wusste nicht, welche Antwort er erwartete. Nach endlosen Sekunden, in denen sie den Blick auf die Pedale des Klaviers gesenkt hielt, erkundigte er sich schließlich nach ihrem Buch. Sie blickte erstaunt hoch. Eigentlich sprachen sie nie von ihrer Arbeit. Literatur, seine Dichtungen waren immer das leidenschaftlich diskutierte Thema ihrer Zusammentreffen. Und doch spürte sie eine Welle der Entspannung bis in ihre Fußspitzen strömen.

Sie fing an, von ihrem französischen Kapitel zu erzählen, von den Büchern, die sie gelesen hatte in Vorbereitung auf ihre Reise nach Frankreich und England, von den Schwierigkeiten, die Reise zu planen, die sie an Orte führen sollte, die wenig bekannt und besucht waren, vom Wälzen der Kursbücher, von den großen französischen Königen, den Mätressen – sie redete viel mehr, als sie es gewöhnlich tat. Er saß ruhig da, stellte zwischendurch Fragen, um geschichtliche Daten zu präzisieren oder die verwandtschaftliche Beziehung der Adeligen zu klären, und sah sie dabei unentwegt und unbeirrt an. Er schien in seiner Ruhe und Selbstsicherheit den ganzen Raum auszufüllen. Marie Luise wurde heiß.

Sie zählte abwesend, mit gesenktem Kopf, die Bedingungen auf, die zum Bau des Schlösschens aus Porzellan in Versailles geführt hatten – die Chinamode, die erste Dame des Königs, Madame de Montespan, und Ludwigs XIV. nie enden wollende Lust am Bau der neuesten Moden. Er war aufgestanden, und weil sie stockte, forderte er sie auf, weiterzuerzählen. Er stützte seine Hand auf die Tastatur hinter ihrem Rücken so sachte auf, dass es harmonisch klang. Sein Gesicht neigte sich zu ihren Haaren. Sie hatte den Kopf gesenkt, selbst wenn sie gewollt hätte, sie hätte den Nacken nicht heben können.

Sie verstummte. Ihr Blick blieb an dem dunkelroten Muster des Teppichs haften. Sie spürte seine Berührung, bevor sie geschah. Wann hatte Eberhard sie zuletzt so zart und doch bestimmt geküsst?

Als seine Fingerspitzen ihre Seite berührten, sprang Marie Luise auf wie eine Gefesselte, der man plötzlich den Knoten gelöst hatte. Sie rang nach Luft, drehte sich zu ihm um und wusste auf einmal, welche Frage sie nicht verstanden hatte. Für einen kurzen Moment schien er erstaunt. Doch bevor er seine Hände von der Tastatur des Klaviers lösen konnte, drehte sie sich um, lief in den Flur hinaus, riss ihren Mantel und den Hut vom Haken und stürzte zur Tür. Sie hörte nicht darauf, ob er ihr folgte. Heftig drückte sie die Klinke und stand kurz darauf in der dunklen Straße der Altstadt. Ein paar Burschenschaftler schauten wenig interessiert im Vorbeigehen auf die Frau, die gerade aus dem Haus getreten war und heftig zitterte im milden Frühsommerabend.

Bonn, 1909

Am 7. Juni 1909 gestand Marie Luise ihrem Ehemann in einem Brief, dass sie sich in den Privatdozenten Philipp Witkop verliebt hatte: »Lieber Eberhard! Wenn du diesen Brief erhältst, so lies ihn nicht gleich, nicht wenn du mitten in deinen Geschäften bist, du brauchst eine stille Stunde zu dem was ich dir zu sagen habe. Manchmal, früher schon, schwebte mir diese Beichte auf den Lippen, Feigheit schloss sie immer wieder und erst musste ich selbst so ganz schmählich verraten werden, ehe ich aus der Tiefe meines Unglücks heraus dir endlich sagen kann und dich fragen: Kannst du mir vergeben? Wenn dich das beruhigen kann, so sage ich dir von vorne herein, dass es sich nicht um einen gewöhnlichen Ehebruch handelt, da habe ich ihn immer noch in Zügel gehalten, mir aber hilft das wenig, denn wahnsinnig war die Leidenschaft, in die ich verstrickt war, tausend Mal sagte ich mir, Ihr, du und die Kinder, die ich verriet, sind tausend Mal mehr wert, als er, ich war nicht mehr Herr meiner selbst und habe doch gelitten so qualvoll wie nur ein Mensch leiden kann.«

Verraten hatte sie Witkop, auch das schrieb sie in ihrer Beichte, indem er sich für die Pianistin Mina Tobler entschieden hatte. Seit einem Jahr hatte er sich mit beiden Frauen privat getroffen, ohne dass die eine dies jeweils von der anderen wusste. Die intensive Zeit der Gespräche über Dichtung, Wahrheit und Welträtsel war für Marie Luise damit vorbei, und Eberhard musste sich gründlich betrogen fühlen, denn die Dimension der Beziehung seiner Frau mit dem Germanisten, der sich in Heidelberg habilitierte, hatte er nicht geahnt. Sie hatte eine geistige Verbindung außerhalb ihrer Ehe gesucht, das war der Ehebruch, den sie selbst für viel schlimmer hielt als den körperlichen, den sie Witkop verweigert hatte. Auch Eberhard erfasste die Dimension der Entfremdung. Er begriff, dass der Literaturwissenschaftler seiner Frau etwas gegeben hatte, das sie von ihm nicht bekommen konnte.

Nur in Briefen schrieben die Ehepartner über das Geschehene, denn Marie Luise floh aus Heidelberg. Im Juni und Juli 1909 verbrachte sie mehrere Wochen bei ihren Bekannten in ihrer alten Heimat Bonn, um Abstand zu gewinnen und sich zu »läutern«. In seitenlangen Briefen versuchten die Ehepartner zu verstehen, was passiert war. Für Eberhard war klar, dass seine Frau alles dafür tun müsse, um den unguten Einfluss des Germanisten aus ihrem Leben zu verbannen. Aber sie hing an den inspirierenden Gesprächen mit dem jüngeren Mann, er hatte etwas in ihr zum Klingen gebracht und sie mochte die Musik.

Doch Eberhard forderte sie auf, die ganze Beziehung als

Verführung ihrer wahren Seele zu begreifen und alle Einflüsse von Witkop »mit Stumpf und Stil auszurotten«. Dafür versprach er seiner Frau, bei der »Überwindung« ihrer Krankheit zu helfen: »Du gehörst mir mehr als je, weil ich Dich jetzt noch mit viel höherer Innigkeit und Sorge umfasse, mein armes, krankes Weib.« Was folgte, war ein Ringen um Positionen, Weltanschauungen, Lebenssinn und – versteckt zwischen den Zeilen – die Deutungshoheit über die Beziehung zu Witkop und ihrer eigenen.

Die Ehekrise weitete sich für Marie Luise zu einer Lebenskrise, zu einer Sinnkrise aus. Wo war der feste Halt, auf dem ihr Leben ruhen konnte? Von ihrem Mann wollte sie sich nicht abwenden, das schrieb sie ihm eindringlich: »Und eins noch glaube mir, dass ich keinen Augenblick vergesse, nie vergessen habe, dass ich dir meines Lebens Freiheit und den weiten Standpunkt verdanke.« Die Möglichkeit, zu lernen, zu reisen, zu forschen, die Freiheit, sich selbst gegen alle Konventionen zu entfalten, die hatte ihre Ehe ihr gegeben. Doch der weite Standpunkt war ein Widerspruch in sich. Ohne es sich klar zu machen, beschrieb Marie Luise in diesem Dank ihr Dilemma: Eberhard hatte ihr die Möglichkeit gegeben, ihren Geist zu entfalten, doch der Standpunkt war nicht auf einen einzigen Punkt – ihn – fixiert. Die Weite ihres Standpunkts schloss Anregung aus vielen Quellen ein.

Doch das konnte Marie Luise zu dieser Zeit nicht in Worte fassen. Sie kämpfte gegen ihre »Krankheit«, las Nietzsche, wollte »überwinden«, sich überwinden. Ende Juni schienen beide erschöpft zu sein von der Auseinandersetzung. Der Name Witkop fiel nicht mehr in der Korrespondenz, die Auseinandersetzung hatte sich längst auf die intellektuelle Ebene verlagert. Er schrieb: »So kommen sich wieder unsre Gedanken auf halbem Wege entgegen, denn auch ich schrieb

Dir ja gestern, dass ich es für hohe Zeit halte, die Weltanschauungsdebatte zu enden, weil wir sie jetzt doch nicht vertiefen können.«

Eberhard war in der brieflichen Auseinandersetzung klar geworden, dass er seine Frau auf keinen Fall verlieren, sie aber auch nicht teilen wollte. Kurz vor ihrer Rückkehr schrieb er ihr: »Denk immer: ich habe Dich grade so lieb, wie Du bist. Das hat mich vielleicht auch diese Zeit gelehrt; früher habe ich vielleicht zu sehr ausserdem ein Bild lieb gehabt, das ich mir zurechtmachte, und ich habe das büßen müssen. Jetzt liebe ich Dich aber eben deshalb noch viel mehr und viel echter als früher – und wenn es bei Dir auch ein wenig so wäre, dann würde ich wieder der glücklichste aller Sterblichen sein. Ich will es sein!« Im Juli holte er sie in Bonn ab, bei ihren gemeinsamen Freunden. Sie fuhren zusammen nach Hause, nach Heidelberg.

In Bonn hatte sie sich an Nietzsche, aber auch an ihrer Arbeit festgehalten. In der größten Krise ihres bisherigen Lebens blieben die Gärten ein Anker. Auch ihre Reisepläne hinterfragte sie nicht. Es war nicht mehr lang hin bis zu ihrer Abreise nach Frankreich. Sie war eine Notwendigkeit, um Orte und Räume beschreiben zu können, die sie in ihrem Buch behandeln wollte. Eigentlich war sie immer gerne auf Reisen gegangen, sie hatte sich immer gefreut: auf die Bibliotheken, in denen sie lesen würde, und auf die Kunstwerke, die sie studieren wollte. Das winterliche Frühjahr und der straffe Zeitplan hatten ihrer Gartenreise die Unbeschwertheit genommen, Treuebruch und Sinnkrise trübten im August des Jahres 1909 die Vorfreude auf die Reise nach Frankreich und England.

Witkop hatte sie seit ihrer Rückkehr aus Bonn nicht mehr gesehen. Er hatte Eberhard einen Brief geschrieben, über den dieser sich heftig aufgeregt hatte: Überheblich und unverschämt hatte der Rivale behauptet, es sei alles die Schuld seiner Frau gewesen. Sie fühlte sich schuldig und auch wieder nicht, denn sie liebte die Gespräche mit intellektuell regen Gesprächspartnern. Es waren doch meistens Männer, die sich in ihren Gedanken über das Alltags-Klein-Klein erhoben. Paul Clemen und Georg Karo seit der Bonner Zeit, Philipp Witkop und Otfried Eberz in Heidelberg. Mit ihrem Geständnis an Eberhard endete die Beziehung zu Witkop abrupt. Er erhielt 1910 einen Ruf an die Universität Freiburg und zog weg aus Heidelberg. Mit Otfried Eberz stand sie jedoch weiterhin in regem Briefkontakt.

Auch den 15 Jahre jüngeren Religionsphilosophen hatte sie in Heidelberg kennengelernt. Seine Gedanken waren verstörend anders. Sie fielen aus jedem kulturhistorischen System heraus, dem sie bisher begegnet war. Er beschäftigte sich mit Konzepten des Ur-Weiblichen und Ur-Männlichen. Sein Denken gründete auf der These, dass es am Anbeginn der Welt keine Geschlechter gegeben hatte, nur das Eine. Und er war völlig losgelöst vom akademischen System. Er arbeitete nicht, um eine Stelle zu bekommen. Er arbeitete, um zu begreifen.

Seine Überlegungen hatten auch Eberhard fasziniert, vor allem rührten sie an seine kulturwissenschaftliche Ader. Ein paar Mal schon hatten sie Eberz zu sich nach Hause eingeladen, dann hatten sie zu dritt stundenlang über die Geschlechterkulturen in Mythos und verschiedenen Religionen diskutiert. Beide Gotheins hatte die elektrisierende Energie fasziniert, mit der Eberz' Gedanken zwischen ihren Polen changierten: Marie Luises Kenntnis der altreligiösen Dogmen und Eberhards lexikalischem Wissen, das seine Ideen prüfte. Sie beide hatten bei dem jungen Mann das Gefühl gehabt, Zeugen der Geburt eines Weltbilds zu werden. Doch es war Marie Luise gewesen, die eine wesenstiefe Zuneigung zu diesem ernsthaft und streng argumentierenden Mann entwickelt und diese mit auf ihre Reise genommen hatte.

Ihr Mann war ihr immer eine Institution der Gelehrsamkeit gewesen. Seine satte, lexikongleiche Bildungsfülle brauchte sie notwendig, um ihre Gedanken zu sortieren, Kontexte herzustellen und ihre Argumente zu schärfen. Doch sein Weltbild war im Vergleich mit ihrem grundgefestigt und solide. Die Faszination an den Gesprächen mit Witkop und auch Eberz bestand für sie darin, mit einem Gegenüber, das für neueste Strömungen aufgeschlossen war, gemeinsam ein Thema zu durchdenken, einen Text zu besprechen, der erst im Entstehen war, dessen Werden sie beeinflussen konnte.

Seit ihrem Geständnis beobachtete Eberhard auch ihren Kontakt zu Eberz viel argwöhnischer als zuvor.

Paris, 1909

Anfang August 1909, nur wenige Wochen nach ihrer Heimkehr aus Bonn, reiste Marie Luise wieder ab. Bis zum 5. Oktober sollte sie unterwegs sein, rund 2000 Kilometer mit dem Zug und dem Schiff zurücklegen. Die Zweifel an ihrer Partnerschaft und ihrem Leben fuhren mit. Und doch war sie froh, dass sie wieder wegkonnte von Heidelberg, denn die Gespräche mit Eberhard hatten sie ebenso erschöpft wie die Briefe. Sie versuchten beide jetzt, das Thema ruhen zu lassen.

Gleich nach ihrer Ankunft berichtete sie ihm, wie sie untergekommen war: »Nur schnell ein Wort, lieber, dass ich gestern eine leidliche Reise hatte, zuletzt war ich freilich totmüde, denn es war doch nach unserer Uhr nahezu eins geworden, ehe ich endlich zu Bett kam und am Morgen war ich etwa um 5 Uhr wach geworden. Hier das Hotel ist so mittlerer französischer Stil, mein Zimmer ist hübsch gross und ruhig ich muss aber auch 5 fr. bezahlen, was mir natürlich reichlich teuer ist, aber man hatte jetzt kein anderes.« Die Adresse war »Hôtel du Rhône, Rue Jean Jacques Rousseau«, eine schmale Gasse in unmittelbarer Nähe des Louvre. Hatten im April Schneestürme und Hagelschauer den Besuch der Gärten erschwert, lastete jetzt die Sommerhitze schwer über der Stadt.

Wie gewohnt fing sie sofort mit ihrer Arbeit an und schrieb am nächsten Abend, am 8. August 1909, nach Hause: »Eben bin ich heiß und müde aus Versailles zurückgekommen, ich habe den Sonntag dazu benutzt und bin vom Morgen zum Abend in den Gärten umhergelaufen. Mittags allerdings habe ich es den Franzosen nachgemacht und habe mich auf eine Wiese in den Schatten eines Baumes gelegt und habe eine Stunde geschlafen. Weißt du, man lernt die Revolution hassen, wenn man durch den Versailler Park geht, eigentlich ist doch kaum noch ein Schatten von dem was einst war, da.« Sie berichtete von ihrer Fahrt in die Schlossbauten im großen Park von Versailles, nach Petit Trianon und ins Grand Trianon und beendete ihren Brief: »Grüsse die Jungen vielmals, ich will zu Bett gehen, mein Kopf ist mir schwer von Hitze und Müdigkeit.«

Versailles, 1662

Marie Luise war nicht die erste Besucherin des weitläufigen Parks, die sich über die Hitze beklagte. Schon der Herzog von Saint-Simon, ein Zeitgenosse Ludwigs XIV. und Höfling in Versailles, schrieb in seinen Memoiren über den Park: »Um in die Kühle des Schattens zu gelangen, muss man eine weite und heiße Fläche überqueren, an deren Ende man überall entweder auf- oder absteigen muss, und mit dem Hügel, der nur klein ist, hören die Gärten auf. Das Pflaster schmerzt die Füße, aber ohne dieses Pflaster würde man hier im Sande und dort im schwärzesten Morast einsinken.«

Über den weiten Flächen des »Parterre d'Eau«, direkt hinter der Mittelachse des Schlosses, flimmerte seit Anbeginn an heißen Tagen die Luft. Bevor dort ein Garten mit spiegelnden Wasserbecken und ikonischen Brunnenanlagen entstand, verbreiteten Sümpfe modrigen Geruch und Fieber.

Das erste Schloss, das der Vater des Sonnenkönigs, Ludwig XIII., hier bauen ließ, war nur ein kleines Gebäude gewesen, das er während seiner Jagden nutzte. Niemals, seit seiner ersten Erwähnung im 11. Jahrhundert, war Versailles etwas anderes gewesen als ein kleiner unbedeutender Marktflecken. Die Sümpfe, die Wälder und die stetigen Westwinde hatten es nicht zu einem idealen Siedlungsort gemacht. Doch Ludwig XIV. arbeitete unermüdlich daran, genau hier ein Gesamtkunstwerk in gleißender Pracht entstehen zu lassen, das ihn in seiner ganzen Macht repräsentieren sollte. Im alten Pariser Königspalast wäre er nur einer von vielen in einer langen Reihe von Herrschern gewesen, zudem konnte ihm dort die Stadt mit ihren Bewohnern gefährlich nahe kommen; die Stadt, die seine gigantischen Pläne begrenzte durch ihre schlichte Existenz.

Er hatte seit seiner Kindheit eine Abneigung gegen den Louvre. Die alten Mauern hatten ihn und seine Mutter nicht vor den Aufständischen der Fronde geschützt, die mehr Mitspracherecht und weniger Steuerlast forderten. Als kleiner Junge musste er aus dem Königspalast fliehen. In Versailles konnte er anknüpfen an das Erbe seines Vaters, das kleine Jagdschloss. Vor allem aber gab es genügend Platz. Sümpfe konnten trockengelegt, Wälder abgeholzt werden, und an das kleine Kartenhaus von Schloss, wegen seiner verschiedenfarbigen Bausteine so genannt, konnte der König Flügelbauten anfügen lassen. Und an die Flügelbauten konnten weitere Flügel angefügt werden. Und an diese Flügel noch mehr Flügel und zu guter Letzt eine Kirche und eine Hofoper, sodass der ursprüngliche innere Hof des Jagdschlösschens wie ein kleines, intimes Zimmer im Herzen des gigantischen, flugunfähigen Vogels wirkte, der der Palast Versailles geworden war.

Und dies war nur das Schloss. Auch auf der Rückseite seines Schlosses entfaltete Ludwig XIV. während eines halben Jahrhunderts eine nie endende, leidenschaftliche Bautätigkeit. Der kleine geometrische Garten, den es schon hinter dem Schloss seines Vaters gegeben hatte, wurde das Herzstück einer Landschaft aus Alleen, Parterres, Brunnen, Bosketts, Kanälen, Wald und kleinen Gartenschlössern. Im Zentrum, an der Grenze zwischen dem kleinen alten Garten und dem weitläufigen neuen Park des Sonnenkönigs, nahm der Sonnengott Apoll seine Fahrt über den Himmel auf. Die hochsprühenden Wasserfontänen in seinem Brunnen befeuerten seine goldenen Pferde. Sie trieb der Gott auf seinem Streitwagen energisch ausholend an, sein goldener Umhang vom aufsteigenden Fahrtwind gebläht.

Gegenüber diesem Brunnen, über dem Spiegelsaal des Palastes, stand allmorgendlich der menschliche Sonnengott, König Ludwig XIV., von seinem Bett auf, um das Konstrukt, das er Staat nannte, mit seiner absoluten Weisheit zu bescheinen. Der Blick von seinem Gemach aus reichte über die spiegelnden Flächen des Wasserparterres, entlang der Hauptachse, den Sonnengott Apoll als einen Ebenbürtigen grüßend, weiter über die unendlichen Wasser des Grand Canal bis zum Horizont und darüber hinaus.

Alle Personen, die sich dem Sonnenkönig näherten, hatten

ihre Rolle im Hofzeremoniell auszufüllen. Das »Lever«, das Aufstehen des Königs, glich einem komplizierten religiösen Zeremoniell, bei dem die Priester, Mess- und Kirchdiener von Adeligen gespielt wurden, und so setzte sich der Tagesablauf in festgefügten, einer starren Etikette folgenden Handlungen fort. Während draußen die Sonne über den Himmel wanderte, zur Mittagszeit über dem Schloss stand, ein Flirren über dem Parterre d'Eau erzeugte, am Abend hinter dem Brunnen des Sonnengottes unterging und ihn in seiner ganzen goldenen Pracht erstrahlen ließ, bewegte sich die wahre Sonne des französischen Reichs im Schlossinneren.

Völlig verbergen konnte Versailles seine Herkunft aus den Sümpfen jedoch nicht. Hin und wieder kroch das alte Fieber aus der Erde hoch. Westlich des Schlosses legten Soldaten der Schweizer Garde ein großes Wasserbecken an, das in der Verlängerung der Orangerie und des Orangerieparterres die Versailler Landschaft nach Westen verschieben sollte. Mit dem Ausheben der Erde befreiten die Männer die giftigen Gase, die jahrtausendelang in der Erde gebunden gewesen waren. Für viele von ihnen waren sie tödlich.

Ludwigs XIV. Bauleidenschaft in Versailles endete am 1. September 1715 mit einem Wundbrand in seinem Bein. Der König starb in demselben Gemach, in dem er jeden Morgen das Zeremoniell des Aufstehens abgehalten hatte. Entfacht hatte sein Begehren nach dem absoluten Kunstwerk ein Schloss in einem winzigen Ort namens Maincy, rund 60 Kilometer südöstlich von Versailles entfernt.

Paris, 1909

Marie Luise beschäftigte sich in den ersten Tagen ihrer Reise ausschließlich mit Versailles, dem großen Vorbild aller französischen Barockgärten. Dem Kunstwerk gelang es, die Freude an ihrer Arbeit wieder zu entfachen. Am 9. August schrieb sie an Eberhard: »Heute habe ich wieder noch ganz in Versailles gelebt und zwar höchst genussreiche Stunden, welch einen Reichtum hat dieser Garten erlebt!«

Dann nahm sie einen zweiten Briefbogen mit der Adresse ihres Hotels zur Hand und schrieb einen zweiten Brief an Otfried Eberz: »Jetzt reise ich zu den französischen Gärten und wundervoll fügt sich das Bild dieses Schauplatzes mit den glänzenden Menschen und Festen der grossen französischen Zeit, ich habe mich so ganz mit ihrem Schicksal verflochten, dass ich durch diese Gärten immer mit einem großen Gefolge schreite und erst jetzt durch innere und äussere Anschauung verstehe wie sich das Zeitalter Ludwig XIV aus der Renaissance entwickelt hat. – Doch was kann ich Ihnen da zeigen nichts! – und wollte doch dass Sie ein wenig daran teilnehmen sollten.«

Sein Antwortbrief musste sie darin bestätigt haben, dass er verstand, wie wichtig ihr die Gärten im Moment waren, denn in einem der nächsten Briefe schrieb sie ihm: »Wie lieb Sie mir über meine Gärten schreiben! Sie haben den Kern erfasst, warum kann ich nicht mit Ihnen zusammen auf einem Springbrunnenrande sitzen und da mit Ihnen plaudern denn nach […] Widerspruch sehnen wir uns alle beide.« Ab da schrieb sie ihm öfter von ihrer Reise und lud ihn ein, an ihren Entdeckungen teilzunehmen.

Wie immer versuchte sie, ihre Tage, so gut es ging, auszunutzen und so viele Gärten wie möglich zu sehen. Sie schrieb ihrem Mann: »Morgen will ich nach Chantilly und Compiègne gehen, ich habe mir ausgerechnet, dass ich bis zum 20sten ganz gut hier fertig werde, ich gehe dann wahrscheinlich Donnerstag nach Fontainebleau und Le Vaux, wenn ich nur irgend herauskriegen kann, ob man es sehen kann, ob der Mr Sommier noch der Besitzer ist, denn sehen möcht ich es doch zu gerne. Im Baedecker steht absolut nichts, nur mit Mühe habe ich herausbekommen, dass es in der Nähe von Melun liegt.« Schon einige Tage früher hatte sie ihrem Mann geklagt: »Merkwürdiger Weise kann ich in meinem Baedecker Vaux-le Vicomte, das Schloss Fouquets nicht finden, während es eines von den wenigen ist, das augenblicklich einen verständigen Besitzer hat, der es gut nach den alten Plänen restauriert hat.«

Den Schleier des Vergessens über Vaux-le-Vicomte zu breiten war das Ziel des Sonnenkönigs gewesen. Damit Versailles leuchten konnte, musste Vaux-le-Vicomte von der Landkarte gelöscht werden.

Versailles, 1661

Das Jahr 1661 war für Ludwig XIV. ein entscheidender Wendepunkt. Als sein Premierminister Jules Mazarin am 9. März starb, war für den jungen König klar, dass er dessen Macht selbst in die Hand nehmen musste, um zu seiner ganzen Stärke zu gelangen. Ein Sommerfest im Schloss seines Finanzministers Vaux hatte ihm außerdem in grellen Farben vor Augen geführt, dass er auch den Karrieristen Fouquet, seinen Finanzminister, stoppen musste. Nicht nur, um absolute Macht auszuüben, sondern auch, um das absolute Kunstwerk schaffen zu können.

Der König hatte den selbstbewussten Aufstieg seines Ministers schon eine ganze Weile mit Argwohn beobachtet. Fouquet war fünfundzwanzig Jahre älter als er selbst und schon von seiner Mutter und dem Premierminister seines Vaters gefördert worden. Sein Ziel war ohne Frage, selbst Premierminister und damit zweiter Mann im Staat zu werden.

Die Erfahrungen seiner Kindheit hatten Ludwig XIV. höchst misstrauisch gegenüber den Ambitionen von Adeligen gemacht. Alles an Fouquet war auf Aufstieg ausgerichtet. Er hatte seinem alten Familienwappen mit dem Eichhörnchen das provozierende »Quo non ascendet« beigefügt – Wohin wird es nicht steigen? Damit hatte er aus dem putzigen Tierchen, das im Dialekt seiner Heimat zufällig genauso hieß wie sein Nachname, in Ludwigs Augen eine ehrgeizige Ratte gemacht.

Dem König war zugetragen worden, dass es bei seinen Finanzgeschäften nicht mit rechten Dingen zuging. Nach den auszehrenden Kriegen unter seinem Vater waren die Staatskassen leer gewesen. Immerhin hatten die Aufständischen der Fronde auch die hohen Steuerlasten beklagt. Und der junge Ludwig, der allmählich anfing, seine Machtfülle auszuweiten, fragte sich, ob das Kreditwesen noch solide war. Sein Premierminister, Jules Mazarin, hatte ihn auf seinem Sterbebett vor den Ambitionen Fouquets gewarnt. Die hohe Administration war eine Schlangengrube – und das nicht nur im vorabsolutistischen Zeitalter.

So verkündete Ludwig XIV. nach Mazarins Tod als Erstes, dass er selbst das Amt des Premierministers übernehmen werde. Fouquet begrub seine Hoffnungen auf den weiteren Aufstieg. Doch der König stellte ihm auch noch einen Intendanten der Finanzen an die Seite, der seine Geschäfte überprüfen sollte. Der Finanzminister kam der Aufdeckung seiner nicht lupenreinen Geschäfte zuvor, indem er seinem König selbst gestand, dass er und seine Mitarbeiter einige Vorschriften umgangen hatten – jedoch nie ohne das Wissen und die Billigung Mazarins. Immerhin hatte Fouquet mit seinen halblegalen Finanzaktionen das Königreich vor einem Bankrott bewahrt und stets frisches Kapital aufgetrieben. Aber Ludwig hatte zu diesem Zeitpunkt schon beschlossen, das Eichhörnchen an seinem weiteren Aufstieg zu hindern. »Wohin wird es nicht steigen?« Er wusste schon im Frühjahr des Jahres 1661 die Antwort: nirgendwohin, es wird fallen.

Fouquet sah in einem prächtigen Sommerfest in Vaux-le-Vicomte, nur zu Ehren seines Königs, die letzte Möglichkeit, seinen Herrscher gnädig zu stimmen. Sein weitverzweigtes Netzwerk hatte ihm zugetragen, dass seine politische Stellung nach dem Tod von Mazarin ins Wanken geraten war. Dass der König dennoch in seinen neuen Landsitz kommen wollte, wertete er als ein gutes Zeichen. Doch es sollte anders kommen. Die Veruntreuung der Staatsfinanzen war die eine Sache, aber die Prachtentfaltung, die das Eichhörnchen in seiner Domäne an jenem Augustabend zur Schau stellte, ließ für Ludwig keinen Zweifel offen: Hier hatte jemand, der ihm untergeordnet war, mehr Schönheit, Kunst und Kultur versammelt als er, der König, selbst. Die Fronde hatte ihm seine politische Macht nehmen wollen. Dieser Nager wollte ihm die Macht über Kunst und Natur nehmen. Das konnte der König von Frankreich nicht zulassen!

Paris, 1909

An einem Dienstagabend, am 10. August 1909, saß Marie Luise auf einer Bank in den Tuileriengärten und las. Die Hitze war hier, auf den Bänken in der Nähe der Wasserbassins, gerade so erträglich, obwohl es schon weit nach 19 Uhr war. Sie kannte die alte Geschichte gut. Es war ein Geschenk für die Geschichte der Gartenkunst, dass einer der größten Herrscher einen der großartigsten Gärten der Welt angelegt hatte, um seinen ehemaligen Vertrauten und Beschützer zu übertrumpfen. Selten hatte der Lauf der Geschichte sich so unmittelbar mit dem Garten verknüpft. Sie würde dies in ihrem Vorwort erwähnen: »Alle großen geistigen Strömungen haben auch irgendwie an das Schicksal des Gartens gerührt, und die bedeutendsten Gestalten der Weltgeschichte erscheinen als seine Pfleger und Förderer oft in ganz neuer Beleuchtung.«

Jetzt las sie die Beschreibung von Fouquets Geschichte bei Anatole France. Der französische Autor hatte 1888 seine Version der Geschehnisse in Vaux-le-Vicomte veröffentlicht, und für Marie Luise war sie erhellend. Frances Bücher über die französische Geschichte hatten sie schon auf ihren Zugfahrten begleitet und mit ihren luziden Darstellungen begeistert, auch wenn Marie Luise bei ihm eine gewisse Tiefe vermisste. Besonders fasziniert war sie von seiner Beschreibung der treuen Freunde, die Fouquet während seines Aufstiegs um sich geschart hatte.

Viele Dichter hatten das Schloss und seine Künste besungen, während es noch im Entstehen war. Fouquet war ein großzügiger Patron gewesen, der die Dichter für seine Zwecke eingespannt hatte. Aber es war mehr als finanzielle Abhängigkeit, Fouquet war mit seinen Ideen und seinem Wesen selbst ein inspirierender, kunstsinniger Mensch gewesen. In ihren Werken betrauerten seine Protegés seinen Sturz und das Ende seines kulturellen Kreises.

Erst vor einigen Tagen hatte ihr Mann ihr eine Perle aus seinem unendlichen Wissensschatz geschenkt, als er ihr geschrieben hatte: »Die Episode Fouquet spiegelt sich am besten wider in La Fontaine, der sein Freund blieb auch nach dem tragischen Sturz.« Jean La Fontaine, Madeleine de Scudéry, ihr »zärtlicher« Freund Paul Pellisson, der Kunsthistoriker André Félibien: Sie alle waren von Fouquet während seines Aufstiegs für panegyrische Literatur über Vaux-le-Vicomte bezahlt worden. Doch auch nach seinem spektakulären Fall hielten sie ihm die Treue – zumindest so lange, bis die Geldmittel aufgezehrt und sie gezwungen waren, sich einen neuen Patron zu suchen.

Félibien hatte als Fazit seiner Beschreibung von Vaux gerühmt, dass es nichts in Italien gebe, auch nicht in Tivoli und Frascati – und er meinte damit die Villen d'Este und Aldobrandini –, was ähnlich schön, großartig und überwältigend sei wie Vaux: »Hier ist der Ort, an dem Tivoli und Frascati und alles, was Italien sich rühmt, Schönes, Prächtiges und Überraschendes zu besitzen, zugeben muss, dass es nichts hat, was mit Vaux vergleichbar wäre.« Er hatte auch das Fest in Vaux-le-Vicomte vom 17. August für seinen Auftraggeber beschrieben – entgegen der Wirklichkeit als glänzenden Erfolg.

Jean de La Fontaine blieb seiner Kritik am Sturz Fouquets treu, was ihm allerdings nicht weiter schadete. Der Fabeldichter wurde später sogar in die Académie française gewählt. Und auch Paul Pellisson ließ sich von Ludwig XIV. nicht einfach mundtot machen. Immerhin hatte er als Sekretär Fouquets und der Académie française seine Karriere unmittelbar dem Finanzminister zu verdanken. Daneben kämpfte Pellisson auch für die Vielfältigkeit der Kulturpatronage. Der Absolutismus des Königs, das erkannte er durch die harsche Verurteilung seines Gönners, war nicht nur ein politischer, sondern auch ein kultureller Umbruch. Seine Verteidigungsschrift für Fouquet richtete er direkt an den König und wurde dafür für fünf Jahre in der Bastille eingesperrt.

Schließlich hatte er sich dem neuen System Ludwigs zu beugen. So wie der König die Künstler von Vaux-le-Vicomte verpflichtete: den Architekten Louis Le Vau, den Maler Charles Le Brun und den Gartenkünstler André Le Nôtre, so nahm er auch den ehemaligen Sekretär von Fouquet, Paul Pellisson, für sich in Anspruch. Nach dessen Entlassung aus der Haft wurde er sein Historiograph und verfasste fortan seine Lobeshymnen auf den König.

Besonders interessierte Marie Luise das Schicksal von Madeleine de Scudéry. In ihrem Samstagssalon hatte diese Paul Pellison kennen und als ihren Freund lieben gelernt. Die »tendre amitié«, die zärtliche Freundschaft, war Scudérys Ideal der Geschlechterbeziehung – im Gegensatz zur Ehe, die den Frauen Ehre und Gleichwertigkeit raube. Ihre Romane, die im antiken Rom spielten, waren in den adeligen Kreisen von Paris heiß begehrt. Sie hatten die Auflage von Gebetbüchern. Denn nur vordergründig handelten sie von »Cléonice«, »Glacidie« oder »Sapho«. Für Eingeweihte leicht entzifferbar, war Sapho die preziöse Salonière und Dichterin Madeleine Scudéry selbst, und die anderen Hauptpersonen stellten ihre kultivierten Gäste dar. Das Lesen war ein anregender Zeitvertreib, regte zum Nachdenken über das ideale Verhältnis der Geschlechter an und war gleichzeitig eine Informationsquelle über die Hautevolee. Als Scudéry von Fouquet den Auftrag bekam, sein Schloss zu verewigen, flocht sie dessen Ruhm in den zehnten Band ihrer Abenteuerromane ein. In *Clélie* wurde Vaux-le-Vicomte zu »Valterre« und sein Besitzer »Cléonime« war Fouquet selbst. Die Beschreibung entstand parallel zum Bau. Die Dichterin musste also oft den Baumeistern, Malern und Gärtnern über die Schultern geschaut haben, wenn sie sich über ihre Baupläne und Skizzen beugten. Eine sirrende Atmosphäre des Schaffens lag in den wenigen Jahren der Entstehung von Schloss und Garten über der Domäne, und Madeleine de Scudéry beobachtete genau und setzte mit ihrem Schreiben dem Kunstwerk ein Denkmal.

Dann war das große Fest vorbei, ihr Freund und Unterstützer Pellisson wurde eingekerkert. Sie setzte sich für ihn ein, seine Haftbedingungen sollten »un peu plus douce« – etwas leichter – werden, wie sie in einem Brief inständig bat. Sie selbst musste als verfeinerte, preziöse Dichterin keine Nachstellungen fürchten. Doch der Freundeskreis der Dichter um Nicolas Fouquet war zerbrochen.

Ein Eichhörnchen sprang über den Rasen. Marie Luise zuckte kurz zusammen, weil sie in der Dämmerung nicht gleich erkennen konnte, was für ein Tier es war. Sie klappte ihr Buch zu, es war ohnehin zu dunkel zum Lesen geworden. Die Tragik von Fouquets Lebensgeschichte und dem jähen Ende seiner Kunstpatronage hatten sie melancholisch gestimmt. Sie nahm sich vor, dem Wegbereiter des grand siècle und seinen Freunden in ihrem eigenen Buch ein Denkmal zu setzen. Sie liebte die Vorstellung dieses noch nicht geschriebenen Textes, der ihr aber in seinen Grundzügen schon so klar vor Augen stand.

Zu gerne hätte sie die Idee davon mit jemandem geteilt, der den unfertigen Zustand erahnen konnte wie sie.

Maincy, 1661

Der Augustabend war immer noch heiß und die Reise vom Königsschloss Fontainebleau trotz der kurzen Distanz beschwerlich. Der König selbst hatte um eine Einladung gebeten ins noch nicht ganz fertiggestellte Schloss seines Finanzministers. Er war schon früher in Vaux gewesen, aber da war das Schloss noch mehr Rohbau als repräsentative Residenz. Inzwischen gab es immer mehr Gerüchte, doch nicht nur das. Auch in Dichtungen wurde geschrieben, dass Fouquet hier etwas Außergewöhnliches geschaffen hatte. Spione hatten dem König zugetragen, dass der Besitzer in großer Eile ein Werk erbaute, das Tausende Arbeiter und die besten Künstler Frankreichs beschäftigte.

Charles Le Brun hatte seine Werkstatt im Schloss aufgeschlagen, um großflächige Deckengemälde voller Götterreigen und Eichhörnchen zu malen. Louis Le Vau war für die Architektur zuständig und André Le Nôtre für den Garten. Ludwig kannte Le Nôtre. Er hatte bei seinem Vater in den Tuilerien gelernt, den Gärten am königlichen Schloss in Paris. Man munkelte, dass dem Gärtner in Vaux ein Geniestreich gelungen war. Wagenladungen voll Tapisserien, feinen Möbeln, Geschirr und Gemälden wurden aus Fouquets Häusern in Paris nach Vaux gekarrt, um es angemessen auszustatten.

Gegen 18 Uhr erreichte der Tross der Wagen und Sänften die Einfahrt zum Schloss. Niemand, nicht der König, nicht seine schwangere Frau Marie-Thérèse, weder seine Mutter, weder die Gräfinnen und Grafen, noch die Comtes und Comtessen, die den Hofstaat ausmachten, hatten auf der Landstraße etwas von dem sagenhaften Bau geahnt. Hinter der Allee aus jungen Bäumen, die von Wald umschlossen war, tat sich auf einmal der Blick auf, hinunter auf das cremefarbene Schloss mit der ovalen Kuppel. Die Wirtschaftsgebäude zu beiden Seiten des Hauptbaus bildeten mit den Gittern zusammen einen majestätischen Riegel. Die Sommersonne ließ die roten Steine erglühen.

Ludwig entging beim Durchfahren der Tore sicherlich nicht, dass ihr Gitter von Steingöttern gehalten wurde. Kein Zweifel: Einer davon war der bekränzte Apoll mit seiner Lyra. Und auch über dem Portal thronte Apoll, der Sonnengott und Beschützer der Künste! Noch viel mehr muss den König jedoch verärgert haben, dass über dem Sims des rechten Eckgebäudes zwei Löwen ein Wappen hielten, von Lorbeer umkränzt. In der Mitte streckte ein halb aufgerichtetes

Eichhörnchen, das Wappentier Fouquets, die Pfoten in die Luft.

Die wichtigsten Personen des Hofstaats wurden ins Schloss gebeten. Zwei ausgebreiteten Armen gleich leiteten die Gebäudeteile rechts und links die Besucher ins Herz des Schlosses. Der Eingang zum Kuppelbau trat konkav etwas zurück, sodass von ihm ein unwiderstehlicher Sog auszugehen schien. Die Gruppe der höchsten Gäste und ihrer Höflinge wurde in einen riesigen ovalen Raum gespült, die bodentiefen Glasfenster jenseits des Eingangs lockten mit ihrem Licht und ihrer Aussicht. Rechts und links der schnurgeraden Hauptachse staffelten sich kunstvoll verzierte Beete mit niedrigen Buchsbäumchen und bunten Steinchen. An den Ecken der Parterres räkelten sich cremefarbene Statuen auf ihren Postamenten. Die Landschaft fächerte sich links und rechts und bis zum Horizont auf und musste Ludwig schon in diesem Moment deutlich gemacht haben, dass er ein solch fein geschliffenes Juwel von Schloss mit seiner grünen Fassung von Garten nicht sein eigen nennen konnte.

Die Hitze des Tages lagerte noch schwer auf den Steinen, doch der Wassergraben und die filigranen Wasserstrahlen der Brunnen entlang der Hauptachse verhießen Kühle. Die Gesellschaft hatte angefangen, die noch frisch leuchtenden Deckenmalereien zu kommentieren, und man wies sich mit bewundernden Lauten gegenseitig auf besonders gelungene Figuren oder Blumengirlanden hin.

Fouquet bemühte sich darum, Ludwig den linken Teil des Schlosses, der persönlich für den König bestimmt war und vor dessen Fenstern ein Springbrunnen in Form einer Krone spritzte, schmackhaft zu machen. Ob Ludwig zum Schein auf die Schmeicheleien seines Finanzministers einging? Vielleicht hatte Fouquet gerade dem Bruder des Königs und seiner Gemahlin, der deutschen Prinzessin Liselotte von der

Pfalz, Le Bruns Maltechnik erklärt, um dann Ludwig von den Annehmlichkeiten des Königsflügels zu überzeugen. Ludwig ließ sich an jenem Abend noch nichts von seinen Plänen anmerken.

Paris, 1909

Marie Luise wählte den Weg in Richtung des Triumphbogens, wo die Lichter und der Lärm der Stadt fluteten. Ein junger Mann lief eine Weile mit ihr auf gleicher Höhe, sie bemerkte ihn nicht. Erst als er sie ansprach, wurde sie sich seiner Anwesenheit bewusst.

»Ich ging noch durch den Tuileriengarten bis zum Arc de l'Étoile spazieren. Es war ein wunderschöner Abendhimmel und Paris sah wundervoll aus, der Obelisk ragte dunkel vor mir auf und im Hintergrunde verschwomm der Arc de l'Étoile in den wunderbaren leuchtenden Abendfarben, während die Lichter der Champs Élysées seltsam feenhaft dazu stimmten. Ich ging so ganz an das Schauspiel hingegeben, ohne auf mich oder die Umwelt zu achten in dem grossen Banne hin, als mich plötzlich ein Jüngling anspricht ob er mich begleiten dürfe. Ich antworte natürlich ›merci bien, j'aime mieux rester seule‹. Worauf er: ›ah, vous êtes allemande, mademoiselle?‹ – (nicht gerade ein grosses Kompliment für die Aussprache meines Französisch) erwidert. Als er aber hinzusetzt ›Sie sprechen deutsch?‹ hätte ich ihm sein Kompliment zurückgeben können. Nun aber entschuldigte er sich sehr, er hätte nur so sehr den Wunsch sich einmal auszusprechen, aber, natürlich, wenn ich lieber allein sein wolle, dann müsste er sich höflich entfernen. Ich sagte ihm, halb lachend, ich hätte wirklich kein Bedürfnis mich auszusprechen und würde lieber allein sein, worauf er denn ganz betrübt und demütig seinen

Hut zog und fortging. – Heute fiel es mir ein, hätte ich am Ende wirklich etwas mit ihm geplaudert, denn ich hatte solch eine Sehnsucht mit irgend jemand etwas zu sagen.«

Ein »bedrückendes Gefühl der Einsamkeit« begleitete Marie Luise auf ihrer ganzen Frankreichreise. Als sie ihrem Mann davon an jenem Abend in ihrem Brief berichtete, schloss sie: »Viele liebe Grüße, ich wollte ich fände jemand mit dem ich zusammen an die Loire reisen könnte. Mit aller Herzlichkeit, deine M.« Auch an Eberz schrieb sie von ihren Erkenntnissen über Fouquet und seinen Freundeskreis, es erschien ihr sinnfällig, dem einzigen Freund, dem sie sich nahe fühlte, von dieser Runde zu schreiben: »Ich habe heute einen gar guten Arbeitstag gehabt, die Kette schliesst sich so schön Glied an Glied. Dieser Kreis des stolzen surintendant Fouquet, der dem roi soleil den Weg bereitet alles für ihn ausbildet Baumeister Maler Gartenkünstler Hofdichter ja Secretär, bis der König ihn opfert und alles an sich zieht, keine Kraft mehr neben sich kennt erkennen will und doch nicht hindern kann, dass die Herzen voll seltenem Überreichtum der Dankbarkeit immer noch dem alten versunkenen Stern nach klagen, das ist ein seltsam schönes Schauspiel. Und ich habe es gut, dass meine Gärten nicht nur ein Hintergrund für dieses Schauspiel sind, sondern eine Art Achse um die sich diese Gestirne gemeinsam drehen.« Sie wünschte sich, dass Eberz als ihr Freund sie auf ihrer Entdeckungsreise begleiten möge. Sie schrieb es ihm auch, vorsichtig, indirekt als einen »day dream«, den sie hatte.

Am späten Mittwochnachmittag machte sie einen Ausflug nach Auteuil, einem Vorort von Paris. Sie suchte dort ein romantisches Restaurant am Wasser, fand aber nur Tristesse. Während sie mit dem Zug zurück in die Stadt fuhr, dachte sie mit einer kleinen Wehmut an die Begebenheit vom Abend zuvor. Den nächsten Tag verbrachte sie in Saint-Cloud und kam mit ihrer Arbeit gut voran. Die Reste der früheren königlichen Sommerresidenz waren weniger interessant als die alte Gartenanlage – einst von Le Nôtre als französischer Garten angelegt. Die große Kaskade beeindruckte noch immer, und Marie Luise war erstaunt über den Erfindungsreichtum von Frankreichs berühmtestem Gärtner, der seine Karriere in Vaux-le-Vicomte begonnen und sein ganzes Leben lang stilprägende Gärten im ganzen Land geschaffen hatte.

Maincy, 1661

Allmählich wurde der Abend kühler, Diener waren damit beschäftigt, links und rechts neben den Wegen die aufgestellten Kerzen anzuzünden. In ihren Sänften wurden die Besucher zunächst entlang der Hauptachse geführt, dann links vom Schloss zu einem Brunnen getragen, in dem hohe Fontänen eine goldene Krone mit Diamanten und Königslilien besprühten. Ein feiner Wassernebel benetzte ihre Gesichter und Hände, von einem leichten Wind verweht.

Auf der nächsten Querachse zeigte Fouquet der Gesellschaft auf einer kleinen Anhöhe ein Gitter aus Wasserstrahlen, vor dem eine kleine Bühne für ein Theaterstück, das später aufgeführt werden sollte, aufgebaut war.

Am Ende der Hauptachse hatten sie von Ferne schon ein Bauwerk mit mehreren Bögen gesehen, Fouquet kündigte die Grotte von Vaux an. Doch als die Sänften näher kamen, bemerkten die Besucher, dass zwischen der Terrasse, auf der sie standen, und der Grotte ein breiter Graben lag. Von der Höhe der Terrasse aus sprangen gluckernd kleine Wasserkaskaden über größer werdende Steinquader in die Tiefe. In dem Graben lag ein breiter Kanal, in dem sich die tiefstehende

Wasserkaskaden von Vaux, Lithographie von Adam Pérelle, ca. 1638

Sonne spiegelte. Er erstreckte sich weit in die Wälder links und rechts der großen Hauptachse hinein.

Ludwig musste wie alle Besucher, die diesen Effekt das erste Mal sahen, verblüfft gewesen sein. Wie konnte es sein, dass dieser breite Kanal wie aus dem Nichts auftauchte? Niemand hatte ihn vom Schloss aus auch nur erahnen können. Wenn er zurückblickte, sah er das Schloss auf seiner leichten Erhöhung im Wassergraben thronen. Und doch spiegelte es sich in dem großen rechteckigen Wasserbecken in der Mitte der Terrasse. Wie konnte das sein? Vielleicht bewunderte Ludwig nicht die mysteriöse Illusion, sondern fühlte sich durch sie betrogen. Was hatte der Gärtner, Le Nôtre, mit der Landschaft angestellt? Es war verblüffend und provozierend zugleich.

Vom ovalen Kuppelsaal aus schien das Ende des Gartens, auf der Spitze des Hügels, schnell erreichbar gewesen zu sein. Und nun standen die königlichen Besucher auf ihrer Terrasse, das ferne Schloss im Wasserspiegel greifbar, der Hügel auf der anderen Seite unerreichbar. Vor dem König und seinem Gefolge taten sich breite Treppen auf, die sie zum Wasser hinunterführten. Eine filigrane Holzbrücke lud zum Überqueren des Kanals ein. Sie war eine hervorragende Gelegenheit für die Herren, ihren Damen den Arm zu reichen, und für die Damen, sich huldvoll leiten zu lassen.

Auf der anderen Seite erreichte die Gesellschaft die Grotten. Unter künstlichen Tropfsteinen konnte man zwei muskulöse bärtige Männer ausmachen: prächtige Flussgötter. Doch die Aufmerksamkeit des Königs wurde von einer Figurengruppe auf den Mauern der Grottentreppen abgelenkt. Eine steinerne Löwenfigur hielt ein Füllhorn in ihren Pranken. Und zwischen diesen labte sich ein kleines Tier an den prallen Früchten: ein Eichhörnchen. Ludwig musste empört gewesen sein über die Bedeutung der Gruppe: Der König der Tiere schützte den frechen, gierigen Nager!

Fouquet hatte die Augen seines Gefolges auf die beiden großen Flussgötter gelenkt, die sich in den Grotten räkelten. Auf der linken Seite lag ein müde und erschöpft aussehender bärtiger Tiber, der alte Fluss Roms, der den Kopf schwer auf die Hand stützte, wie Fouquet ihnen enthüllte. Auf der rechten Seite thronte triumphierend ein muskulöser, energiegeladener Anqueil, der Fluss von Vaux, der den Kanal vor den Grotten speiste.

Ludwig ließ sich an jenem Abend des Fests nichts anmerken. Er ließ sich die auserlesenen Speisen im ovalen Saal des Schlosses servieren, er lauschte sogar mit großer Freude dem Ballettstück Molières, »Les Fâcheux«, das am »Grille d'eau«, dem Wassergitter im Garten aufgeführt wurde. Die blaue Dämmerstunde war einer lauen, sternenklaren Nacht gewichen, die für das Bühnenstück von Fackeln und Kerzen erleuchtet wurde. Der Moment, als die Steinfiguren plötzlich anfingen sich zu bewegen, weil es die Schauspieler des Stückes waren, war magisch und bezauberte alle Zuschauer, auch den anspruchsvollen König. Die Wasserstrahlen des »Grille d'eau«

Löwen als Beschützer des Eichhörnchens, Vaux-le-Vicomte, ca. 1944

trillerten fröhlich und vom Wald hinter dem Brunnen wehte eine leichte Brise über das Publikum. Der junge König fing an, das Fest in Vaux zu genießen. Sein Entschluss stand jedoch fest.

Am späten Abend erleuchteten zwei Feuerwerke den Himmel über Fouquets Domäne. Das letzte wurde aus dem Dach der mächtigen Kuppel abgefeuert, versilberte sie und legte sich wie ein Bogen aus Licht über die ins Schloss zurückströmenden Gäste, wo ein Imbiss das Sommerfest beschloss.

Am 5. September wurde Nicolas Fouquet verhaftet. Knapp drei Wochen nach dem Fest in Vaux, genau am 23. Geburtstag des Königs, stellte ihn der Musketier Charles d'Artagnan in der Bretagne. Man hatte den Finanzminister dorthin bestellt, um Ludwig XIV. auf einer Mission zu begleiten. Hier war sich Ludwig sicher, dass Fouquet keine Unterstützer zu seiner Verteidigung zusammenziehen konnte. In einem vergitterten Wagen wurde er abgeführt, sein Schloss Vaux-le-Vicomte wurde umgehend versiegelt, der Maler Charles Le Brun hatte mit sofortiger Wirkung seine Werkstatt zu räumen, Familie Fouquet musste Maincy verlassen und durfte keinen Fuß mehr auf die Domäne setzen.

Dem gefeuerten Finanzminister wurde der Prozess gemacht. Er dauerte drei Jahre und endete am 22. Dezember 1664 mit einem Schuldspruch wegen Veruntreuung der Staatsfinanzen. Fouquet sollte verbannt, seine Besitztümer konfisziert werden. Seinem König reichte die Strafe nicht. Sein Misstrauen gegenüber allzu ambitionierten Adeligen ließ ihn den Schuldspruch in einem Akt absolutistischer Gewalt in lebenslange Kerkerhaft umwandeln. Der Staatsgefangene wurde am 27. Dezember in die Festung nach Pignerol in den Savoyer Alpen gebracht, 800 Kilometer entfernt von Vaux-le-Vicomte. Er starb nach 15 Jahren Festungshaft.

Mit dem Ausschalten seines Finanzministers begann der Aufstieg von Versailles. Ludwig XIV. wollte nicht etwas ähnlich Geniales schaffen wie Nicolas Fouquet: ein Gesamtkunstwerk aus Haus, Garten und Kultur. Er wollte eine ganz neue Dimension erreichen und Maßstäbe setzen. Absolut. Versailles.

Paris, 1909

Als sie zurück ins Hotel kam, lag ein Brief von Eberhard da. Die Briefe waren ihre einzige Möglichkeit, der Einsamkeit zu entfliehen. Sie riss das Kuvert auf und las über den Tod eines Bekannten, der Eberhard bewusst gemacht hatte, dass man immer bereit sein müsse. Er berichtete über seine Arbeit über französische und amerikanische Philosophen und wie er den Jungen im hinteren Garten die Märchen aus tausendundeiner Nacht erzählt hatte. Sie dachte an den Duft des Geißblatts am

Ende des Gartens, der besonders intensiv war in warmen Sommernächten, und spürte, dass sie Percy, Werner und auch deren Vater vermisste.

Dann stand noch dieser Satz am Ende des Briefs: »Du nennst so leicht alles, was Innigkeit bei mir ist, sentimental und fühlst die Opposition in Dir erwachen. Aber hast Du mich nicht lieb um der Kinder willen und zusammen mit ihnen? Und ist das nicht die reinste Liebe und echte Treue? O wenn Du das noch einmal einsähest und die falsche Leidenschaft, die Dich elend gemacht hat, als solche erkenntest – ich könnte noch wieder ganz glücklich werden.«

Sie ließ sich und den Brief auf das Hotelbett sinken. Auf einmal spürte sie die Erschöpfung von dem Tag im Vorortzug, im großen Park an der Seine in Saint-Cloud, wo sie versucht hatte, von der Kaskade aus die Anlage des alten Gartens zu rekonstruieren. In ihrem Antwortbrief erzählte sie ihrem Mann zuerst von ihrem Tag, dann bat sie ihn: »Du Lieber musst mich nur mit etwas Vertrauen meinen Weg gehen lassen, dann wird schon alles auch bei dir zur Ruhe kommen, so wühlt es bei dir immer von neuem. Du hättest mich gerne ganz wie du willst und das ist doch nun nicht der Fall. Du musst mich schon so lieb behalten, wie ich bin. Sieh, nimm's wie ich es meine: Was mich am meisten schmerzt ist, dass ich dir in egoistischer Verzweiflung so viel gesagt habe, heute empfinde ich schon ganz anders und wenn ich dir heute mit allem Wunsche dir die Wahrheit zu sagen, es tun sollte, würde es ganz anders ausfallen.«

Die Wahrheit. Marie Luise schaute aus dem Fenster. Die Illusion der Tiefenperspektive von Versailles war auch eine Wahrheit. Auf jeder Querachse des Gartens zeigte sie sich neu.

Am nächsten Tag besuchte sie eine Bekannte und las in der Bibliothek über die Renaissanceschlösser von Franz I. Am übernächsten Tag, dem 13. August, schrieb sie ihrem Mann: »Hier war es heute masslos heiss und meine Arbeitsfrische hatte doch etwas nachgelassen, hoffentlich kommt einmal ein Gewitter, freilich der Sonnenuntergang, den ich heute in den Tuilerien wieder gesehen habe, in aller seiner Herrlichkeit, sah nach langem schönem Wetter aus.«

Das ersehnte Gewitter blieb aus. Am 15. fuhr sie nach Chantilly, schaute sich nur kurz die berühmte Gemäldegalerie an, weil sie so voll von Besuchern war, dafür ausführlicher die Gärten, die sie sich wieder mit Hilfe alter Pläne und Beschreibungen vor Augen führen musste, denn: »Der Park in Chantilly ist nicht schlecht, aber öde gehalten, nur ein Schatten dessen was er gewesen ist.« Am 16. fuhr sie mit dem Vorortzug nach St. Germain-en-Laye und erzählte ihrem Mann: »Vorgestern war ich übrigens noch eine Weile im Louvre mit inniger Freude. Selbst dort sehe ich manches mit andern Augen an. Bei der Nike Samothrake baut sich mir das Tal auf, in dem sie gestanden und erinnert mich an meine Gymnasiumgärten –.« Sie hatte auch die griechischen Gärten der Antike in ihrem Gartenbuch behandelt.

Am Abend klingelte in ihrem Hotelzimmer das Telefon. Der Concièrge bat sie, in die Halle zu kommen, um ihren Besucher zu empfangen. Er stand einfach in der großen Halle, neben einer weit ausladenden Palme. Er war ihrer Einladung gefolgt und war gekommen, um mit ihr zu reisen.

Heidelberg, 1910

Im Winter 1910 war die Gluthitze von Paris nur noch eine laue Erinnerung. Das Reisejahr war vorüber, die Gärten waren in Frost erstarrt gewesen, erblüht, in der Hitze gewelkt und hatten im Herbst ihre letzte Schönheit verströmt. Als

Marie Luise mit ihrem Begleiter zu den Gärten an die Loire gefahren war, da hatten Blumen und Bäume noch einmal all ihre Farben für sie aufgeboten.

Erst jetzt, ein Jahr später, konnte Marie Luise sich den »Gärten im Zeitalter Ludwigs XIV.«, wie sie ihr Kapitel genannt hatte, widmen. Wie nach ihrer italienischen Reise, ihrer Reise durch Deutschland und damals, als sie noch so jung war, nach ihren englischen Forschungsreisen, saß Marie Luise vor ihren Bergen von Notizen, Bildern, Büchern und handschriftlichen Blättern, die ihr Buch werden sollten. Im Garten blühten die Astern. Sie arbeitete die Geschichte von der Rivalität des Königs mit seinem Finanzminister aus. Sie wollte etwas von dem Nachruhm weitergeben, den seine Freunde nach Fouquets Scheitern für ihn schufen.

Gerade suchte sie ihre Notizen über Madeleine de Scudérys Beschreibung von Vaux-le-Vicomte in einem Papierstapel. Sie wollte die Dichterin als Augenzeugin nehmen. Ganz zuunterst lag das Buch *Clélie*. An den Stellen, die Valterre, den Decknamen für Vaux-le-Vicomte, beschrieben, steckten abgerissene Papierzettel.

Marie Luise erinnerte sich beim Lesen genau daran, wie sie mit ihm auf der alten, schmalen Schmuckzugbrücke gestanden hatte, die über den Wassergraben in den Garten führte. Gemeinsam hatten sie die Hauptachse mit ihrer erstaunlichen Perspektive hinuntergeschaut. Sie hatte ihm erklärt, wie das Gelände gestaffelt war, sodass man von diesem Punkt aus die Dimension der Querachse mit dem großen Kanal des Flusses Anqueil nicht einmal erahnen konnte. Von hier aus sah der Weg zum Herkules kurz und leicht aus, doch das war er nicht. Marie Luise hatte es viel Vergnügen bereitet, seine Augen sich vor Verblüffen weiten zu sehen.

Jetzt in ihrem Heidelberger Zimmer freute sie sich an der hellsichtigen Beschreibung der französischen Autorin. Als sie fertig war mit Lesen, nahm sie ihren Füller, die Seiten, die ihr Buch werden sollten und schrieb: »Mademoiselle de Scudery, die Vaux bald nach seiner Vollendung in ihrem Roman *Clelie* schildert, findet ›das bemerkbarste ist, daß dieser große Garten zwischen zwei Bosketts liegt, die die Augen anmutig aufhalten‹. Die feine Beobachterin hat damit sofort das Eigenartige dieses Gartenbildes erfaßt. Wir stehen mit ihr auf der Schloßterrasse, von der eine Zugbrücke über den Graben in den Garten führt. Zu beiden Seiten des Schlosses liegen fontänengeschmückte Parterres, die absichtlich in einfachen Linien gehalten sind, um das Auge von dem reichen Parterre de broderie, das unter dem Hause liegt, nicht zu sehr abzuziehen; rechts und links von diesem liegen Blumenparterres, die sich durch phantasievolles Brunnenspiel auszeichnen.«

Marie Luise hielt kurz inne, um zu überlegen, was mit diesen Brunnen passiert war. Die Scudéry beschrieb hier den ursprünglichen Zustand von Vaux. Die Gartenforscherin war sich aber sicher, dass auf der Hauptachse bei ihrem Besuch nur große Blumenschalen gestanden hatten, keine Wasserspiele. Sie suchte auf einem Papierstapel nach den alten Plänen der französischen Gärten, die sie gesammelt hatte. Gerade als sie die Karte gefunden hatte, auf der die Brunnen der Hauptachse eingezeichnet waren, von denen Madeleine de Scudéry schrieb, läutete der Gong zum Abendessen. Sie entschied sich dagegen, zu erwähnen, dass das Parterre heute anders aussah. Es wäre zu kompliziert zu erklären gewesen. Ihr Ziel war es, die erste Anlage für ihre Leser zu rekonstruieren. Zudem gab es noch mehr Dinge, deren Fertigstellung der Sturz Fouquets verhindert hatte. Bei ihrem Besuch hatte sie erfahren, dass die Herkulesfigur auf dem Hügel, gegenüber dem Schloss, erst vor einigen Jahren, und zwar nach den alten Entwürfen und Plänen gefertigt und aufgestellt worden war –

ihrerseits ein Herkulesprojekt. Doch die Scudéry beschrieb sie in ihrem Buch ganz selbstverständlich, obwohl sie selbst sie nie gesehen haben konnte. Sie hatte offensichtlich die Pläne von André Le Nôtre gekannt.

Den nächsten Arbeitstag begann sie damit, noch einmal den Anfang ihres Kapitels zu lesen: »Um die Mitte des Jahrhunderts sollte sich nun an der Schwelle einer neuen Zeit noch einmal ein Mann aus allen herausheben, der kraft seiner Persönlichkeit den Geist seiner Zeit in starker Hand zu halten schien, gleichsam symbolisch den Übermut, die trotzige Selbstherrlichkeit jener Epoche darstellte: der Surintendant Fouquet, Mazarins Finanzminister. Fouquets Verblendung und die Falle für seinen Sturz war, dass er, der in aller Kunst und Wissenschaft den feinsten Nerv für das Kommende und Werdende hatte, in der Politik die werdende Monarchenknospe nicht sah und in blinder Sicherheit in sein Schicksal hineinrannte. Es war die edle Tragik seines Lebens, dass er, der die großen Aufgaben der Kultur in dem grand siècle Louis XIV. begriff und förderte, seinem Monarchen, der ihn mit unvermindertem Hasse verfolgte und verdarb, doch hierin das leuchtende Vorbild blieb, dieser sich schweigend zu seiner Schülerschaft bekennen musste.«

Sie war zufrieden. Der Text zeigte eindeutig die Tragik an der Rivalität zwischen Fouquet und Ludwig XIV.: Dem König war klar gewesen, dass sein Finanzminister ein Gesamtkunstwerk geschaffen hatte, das eines Herrschers würdig war. Um dieses imitieren und übertreffen zu können, musste er den Erfinder und sein Werk möglichst vollständig vernichten. Darum hatte Marie Luise so große Probleme gehabt, das Schloss Fouquets auf ihrer Reise zu finden, das wurde ihr nun klar.

Sie las weiter und kam zu der Stelle, wo sie am Vortag das verhängnisvolle Fest im August 1661 beschrieben hatte: »Der

König kam, mit feenhafter Pracht wurde er empfangen, die Eingeweihten und Vertrauten sahen, wie er nur schlecht seinen Zorn über den Luxus, mit dem auch entfernt nichts, was er sein nannte, sich messen konnte, und den er für gestohlen ansah, unterdrückte. Bei dem großen Umzug, der das Fest einleitete, sah er überall das Wappen seines Ministers, ein Eichhörnchen mit dem stolzen, aber unklugen Wahlspruch: ›quo non ascendet‹.«

Dann hatte sie die Tragik des gescheiterten Karrieristen gebührend ausschmücken wollen. Schon in Paris, in ihrer Einsamkeit, hatte sie gewusst, dass der Kreis von Fouquets Dichterfreunden ein wichtiges Detail werden würde. Wie sie ihrem Förderer auch nach dessen Sturz die Treue gehalten hatten, sich für ihn während seines Prozesses eingesetzt und schließlich sein Schicksal und das seines Schlosses beklagt hatten. Die Textpassage über La Fontaines Trauergedicht über das Schloss las sich jetzt – zu ihrer Zufriedenheit – flüssig und mitreißend: »Lafontaine, der glückliche Jahre in der Umgebung des Fouquetschen Künstlerkreises verlebt hatte, verfasste eine rührende Elegie an den König, um seine Güte anzuflehen. ›Erfüllet mit Klagen die Luft in eurer tiefen Grotte, weint, Nymphen von Vaux.‹«

Schließlich kam sie zu der Stelle, die sie am Abend über Scudérys Beschreibung von Valterre verfasst hatte. Auch damit war sie zufrieden und machte sich daran, den restlichen Garten über die Grotten bis hinauf zum Herkules darzustellen. Es sollte präzise und anschaulich werden.

Am Nachmittag ließ sie ihren Text über Vaux-le-Vicomte ein wenig ruhen und versuchte, sich eine Vorstellung von den verschiedenen Bauphasen des Versailler Schlossgartens zu machen. Denn dort gab es ja auch noch die kleinen Schlösser, die Ludwig XIV. für seine Mätressen bauen ließ – ein Mammutwerk, an dem jahrzehntelang gearbeitet worden war. Sie hatte schon in Frankreich den Gedanken gefasst, Ludwigs Umbauten anhand seiner Feste zu erklären. Daran hielt sie sich jetzt beim Schreiben.

Erst spät am Abend kehrte sie noch einmal zu Vaux-le-Vicomte und Fouquet zurück. Sie fragte sich kritisch, wie sie den kulturellen Geist, der die alte, so wichtige Geschichte umgab, und die Schönheit der Kunst und Freundschaft um Fouquet richtig darstellen konnte. Sie schrieb: »Die herrlich aufgeblühte Schönheit von Vaux-le-Vicomte sinkt schnell hin, um bald nichts mehr zu umschließen als Einsamkeit und Vergessenheit. Aber Fouquets Name und Wesen hat nie in seinen glänzenden Tagen so schön gestrahlt wie in diesen Zeiten des Unglücks. Mochte ihn die mächtige Gegenpartei erdrücken, mochte sein eigener Ehrgeiz ihn auf falschem Wege zu einem gefährlichen Diener des Staates gemacht haben, mochte der neue Kurs der Staatsleitung ihn notwendig herausschleudern, es wurde dem Menschen eine einzig schöne Gloriole gewoben durch die Liebe, die unermüdliche Treue und tätige Anhänglichkeit seiner Freunde, der Dichter, Künstler und Literaten.«

Sie merkte, während sie dies schrieb, dass sie eine kleine Welle des Glücks durchströmte. In diesem Moment, weit nach Mitternacht, glaubte sie, ihre Lebenskrise der Unsicherheit und Kleinheit endgültig überwunden zu haben. »Dies Arbeiten selbst ist etwas so Beglückendes!«, hatte sie ihrem Mann einmal geschrieben. Warum war ihr dieses Glück damals, vor einem Jahr, nicht bewusst gewesen? Dabei hatten ihr die Gärten tiefe Freundschaft und wahre Liebe gebracht. Und Reisen zu Orten, an denen Menschen, Natur und Kunst ein Zaubergeflecht gewebt hatten.

Es war zu spät, um eine neue Textpassage anzufangen. Aber Marie Luise war wach und euphorisch und meinte, die Mondstrahlen kühl auf ihrer Haut spüren zu können. Sie dachte an den Moment, an dem sie im Hôtel de Rhône die Treppe in die große Halle hinuntergekommen war und er plötzlich dort gestanden hatte. Die Überraschung war ihm voll und ganz gelungen und sie fühlte sich über alle Maßen von ihm wertgeschätzt. Zusammen fanden sie Maincy und suchten die Zugverbindung zum Schloss Fouquets in mühevollem Vergleichen der Kursbücher heraus. Sie war nicht mehr allein gewesen. Er war mit ihr gereist, hatte sich intensiv mit ihrer Arbeit beschäftigt, hatte seine Ansichten mit ihr geteilt. Sie erinnerte sich an ihre Verwunderung über den Gleichklang ihrer Seelen. Es war eine tiefe, wahre Freundschaft – im alten, besten Sinne – gewesen, die sie gespürt hatte, kein Altersunterschied hatte sie mehr getrennt.

Sie waren gemeinsam durch die mächtigen Torgitter geschritten, die von doppelköpfigen Hermesfiguren bewacht wurden. Die Gesichter vorne blickten den Ankommenden entgegen, die Antlitze hinten wachten ruhig über das Schloss. In einem Nebengebäude hatte sich der neue Besitzer von Vaux, Edme Sommier, eine Verwaltung aufgebaut. Marie Luise hatte darum gebeten, einen verständigen Führer zu bekommen, und so erklärte ihnen der Hauptgärtner ausführlich die Restaurierungskampagne, die seit 1908 im Gange war. Schon der Vater, Alfred Sommier, ein Zuckerfabrikant, hatte damit begonnen, Schloss und Garten zu restaurieren, und beide damit vor dem Verfall gerettet. Nach Jahrhunderten der Vernachlässigung war die Domäne endlich in gute Hände geraten. Der Gärtner zeigte Fotos, die kurz nach dem Kauf aufgenommen worden waren. Darauf war ein vollkommen überwucherter Park zu sehen, nur zwischen Brombeersträuchern und Büschen lugten Reste der Brunnenschalen und Treppen hervor. Sommier hatte den angesehenen Landschaftsarchitekten Achille Duchêne damit beauftragt, die Parterres wieder in Stand zu setzen, und Marie Luise war begeistert gewesen von den Entwürfen verschlungener Broderien und akkurat geschnittener Eibenbäume. Das Gespräch war eine angeregte Diskussion geworden über die Möglichkeiten, einen alten Garten wieder so aufzubauen, wie er gewesen war, und ihn doch den Moden der Zeit anzunähern. Er hatte die Diskussion mit geistreichen Kommentaren befeuert und ihren Argumenten mehr Tiefe gegeben. Das waren die Eigenschaften, die sie so sehr an ihm schätzte!

Als es schon Nachmittag wurde, hatte der Gärtner sie noch über das Bassin de la Couronne, dem die erste Aufmerksamkeit der Restauratoren gelten sollte, entlang der Hauptachse bis zum großen Wasserbecken vor den Kaskaden geführt, dann hatte er das Paar allein gelassen.

Sie hatte ihn an den Rand des großen Kanals geschickt und ihm geboten, hinunterzublicken. Über sein Staunen über die ungeahnte Verlängerung der Perspektive hatte sie sich gefreut wie ein kleines Kind. Als sie von ihrer Wanderung vom Herkules zurückgekommen waren, stiegen sie die Treppe an der Kaskade hinauf und hatten sich auf einer Terrasse wiedergefunden, deren Brüstung noch von Schling- und Kletterpflanzen überwachsen gewesen war. Von hier hatten sie einen weitläufigen Blick die gesamte Länge des Querkanals entlang in Richtung untergehender Sonne gehabt. Rote Wolkenstreifen hatten sich im Wasser gespiegelt und Marie Luise war langsam zur Brüstung geschlendert, um einen Blick in Richtung Schloss zu werfen, über die ragenden Äste der Bäume auf der Terrasse hinweg. Sie hatte gespürt, wie er ihr folgte und sich neben sie stellte. Dann hatte er seine linke Hand auf ihre rechte gelegt. Sanft hatte er ihren Handrücken umschlossen und ihre Handinnenfläche an sein Gesicht gehoben. Sein Kuss hatte sich zart, doch bestimmt angefühlt.

So waren sie zusammen noch zu den Schlössern an der Loire, durch mondhelle Nächte und Schlösser voller Geschichte und Geschichten gereist. In die Vergangenheit und in die Zukunft. Alles fühlte sich neu und zauberhaft an. Sie erinnerte sich noch genau daran, wie sie ihm nach seiner Abreise geschrieben hatte. Einen ganzen Bogen hatte sie gefüllt und ihm für sein Kommen gedankt, für sein Da-Sein und dafür, dass er sie einfach angenommen hatte, wie sie war. In den Tagen mit ihm hatte sie sich heil gefühlt. Tage voll Verbundenheit. Und obwohl sie auf den Felsen am Meer von Saint-Malo, wo sie den Brief geschrieben hatte, jene leichte Wehmut wieder spürte, wusste sie, dass er ihr Kraft für die weitere Reise gegeben hatte. Es waren Dinge zurechtgerückt worden, die vorher so unklar gewesen waren. Nichts hatte sie überwinden oder bekämpfen müssen. Alles war richtig.

Aber als sie vom Strand in Saint-Malo zurückgekehrt war, hatte sie bemerkt, dass sie den ersten Briefbogen verloren hatte. Genau den Bogen, in dem es um die Wahrheit, um Liebe und Vertrauen gegangen war. Sie hatte ihre Tasche noch einmal durchgestöbert und die Taschen ihrer Kleider – er war verschwunden geblieben. Jetzt, an ihrem Schreibtisch in Heidelberg sitzend, fragte sich Marie Luise, wer das Papier wohl gefunden und gelesen haben mochte oder ob der unstillbare Wind der Küste es einfach verweht und ihren Dank den Himmeln zugetragen hatte.

Sie hatte einen frischen Bogen genommen und geschrieben: »Lieber, denke, ich habe dir heute oben auf einer der Klippeninseln sitzend, neben dem Grabe Chateaubriands, einen langen Brief geschrieben. Und nun ich ihn hier in ein Couvert stecken und fortschicken will, habe ich den ersten Bogen verloren und trotzdem ich alles 10 Mal durchgesucht habe, kann ich ihn nicht finden. Das ist nun zu ärgerlich, denn nichts ist so unangenehm als einen Brief noch einmal zu schreiben – namentlich wenn man darin noch ein Paar herzliche Dankesworte für die Liebe der letzten Woche sagt – aber ohne dass ich es wiederhole, wirst du wissen, wie dankbar ich dir bin, dass du kamst.« Sie hatte den Brief in einen Umschlag gesteckt und adressiert: Prof. Eberhard Gothein, Weberstraße 11, Heidelberg.

Hinter den Gärten

Heidelberg, 1909

Marie Luise saß an ihrem Schreibtisch und schaute gedankenverloren hinaus in den Garten. Es war Dezember und der Garten hielt Winterruhe. Der Gärtner hatte die Rosen zugedeckt und die Geranien in Töpfen mitgenommen zu sich ins Gewächshaus. Doch in Marie Luises Papiergärten blühten die Rosen, wuchs wilder Wein und Geißblatt über Laubengitter und spielten die Springbrunnen.

Vor ihr lag ihr Manuskript, doch sie hatte einen Briefbogen aus der Schublade genommen, weil sie daran gedacht hatte, dass sie lange nichts mehr von Otfried Eberz gehört hatte. Hatte etwas in ihrem letzten Brief an ihn gestanden, das ihn verärgert hatte? Sie schrieb: »Ich muss Ihnen wirklich ins Gedächtnis rufen, dass ich in fast einem Monat nur einen und auch nicht langen Brief erhalten habe. Werfen Sie mir einmal wieder den Ball zurück, den ich Ihnen zugeworfen und auf dessen Wiederkehr ich lange umsonst mit weiten Augen gewartet habe.«

Auch kurz vor Weihnachten kam kein Brief von ihm, sie wusste nicht einmal, wo sich der umtriebige Freund gerade aufhielt. In der Weihnachtszeit blieb ihr wenig Zeit zum Grübeln. Die Kinder, vor allem Percy, der jüngste, der mit seinen dreizehn Jahren noch am meisten im Kinder-Weihnachtsfieber war, erwarteten von ihr, dass sie wie jedes Jahr preußisches Marzipan herstellte: Werner mit seinen einundzwanzig Jahren behauptete immer noch, dass nur der Duft der karamellisierten Marzipanbrötchen überhaupt Weihnachten bedeute.

Das Fest ging vorbei, und im Januar 1910 hatte Marie Luise

viel Zeit für die Gärten ihres Buches. Im Februar schrieb sie Otfried: »Mein deutsches Capitel ist bis auf eine kleine Lücke fertig. Nun träume ich immerfort, wenn ich das französische beendet habe, dann ziehe ich dem Frühling entgegen, ans blaue Veilchenmeer und breite der Sonne meine Arme entgegen, wie ich mich danach sehne, wie ich mich darauf freue.« Seine Briefe kamen jetzt wieder regelmäßiger, doch die Freundschaft blieb schwierig.

Otfried war ein kritischer und sprunghafter Mensch. Manchmal fragte Marie Luise sich, ob er sie absichtlich missverstand. Es sollte so sein wie bei Pellisson und der Scudéry oder bei Elizabeth und Salomon de Caus oder bei ihr und Georg Karo: ein gemeinsames Streben nach Wissen und Weisheit, ein gemeinsames Bauen von Gedankengebäuden oder Schwelgen in Poesie und Kunst. »The best way to have a friend is to be one«, an dieses Motto hielt sie sich, auch wenn es holprig wurde. Sie wollte seine tiefgründigen Gedanken nicht missen.

Am Schluss ihres Briefes grüßte sie ihn: »Ich muss jetzt lebewohl sagen denn wenn ich meine Arbeitszeit zu sehr beschneide, dann raube ich meinem Mann ein Stückchen. Ade ade, heute scheint die Sonne wieder, aber es ist Winter und an mir regt sich alles dem Frühling zu. Bleiben Sie mir gut und kommen Sie bald wieder zu mir, my dear friend, Marie Luise.«

Marie Luise blieb mit dem Religionswissenschaftler Otfried Eberz bis ins Jahr 1930 hinein brieflich in Kontakt, doch die tiefe Freundschaft, die sie ihm im Krisenjahr 1909 angeboten hatte, schien er nie ganz angenommen zu haben. Marie Luise war in der Lage, andere Freunde zu gewinnen und zu binden, besonders einer sollte sie bis zum Schluss begleiten. Eberhard war und blieb jedoch ihre feste Basis, derjenige, dem sie ihres »Lebens Freiheit und den weiten Standpunkt« verdankte.

Feldberg, Januar 1911

Die Skier glitten durch den harten Schnee, die Tannenzweige, die sie beim Hindurchfahren berührte, schüttelten ihre Schneelast auf sie hinunter, um dann befreit in die Höhe zu schnellen. Marie Luise machte das nichts aus. »Herrlich herrlich ists auf der Bergeshöhe, hier bin ich doch zu hause, denn hier ist alles kleine so wirklich klein und alles Grosse so herrlich«, schrieb sie am Abend von ihrem kurzen Urlaub aus dem Schwarzwald nach Hause. Sie war unterwegs mit einer Gruppe Heidelberger Professoren und deren Frauen und bedauerte sehr, dass Eberhard nicht dabei war.

Eberhard Gothein war in seinem 58. Lebensjahr. Die große Ehekrise zwischen ihm und seiner Frau hatte sich gelegt. Die langen brieflichen Diskussionen des Jahres 1909 lagen hinter ihnen – in der Biographie ihres Mannes ordnete Marie Luise diese Lebensphase so ein: »Und doch sind diese Jahre 1908 bis 1910 Jahre tiefster seelischer Auflockerung, geistiger Kämpfe. Zwei Menschen waren hier neben- und aneinander zu ihrer geistigen Reife gelangt. Beide fühlten wie nie zuvor und nie nachher, wie starke Gegensätze im Temperament und daraus hervorgehend auch geistige Ziele sie häufig nach verschiedenen Richtungen trieben, und beide kämpften um diese Selbständigkeit und um den eigenen geistigen Besitz, zugleich aber auch um das geistige Band, das sie im Tiefsten miteinander verknüpfte.«

Aus der Entfremdung, die auch daher rührte, dass sich die Ehefrau in einen anderen Mann verliebt hatte und nur knapp einen Ehebruch verhindert hatte, war in ihrer Biographie des Ehemannes eine geistig-intellektuelle Krise geworden. Die

Tatsache, dass sie auch danach intensive Freundschaften mit anderen Männern pflegte und damit ihre Ehe belastete, verschwieg Marie Luise ebenfalls.

In ihren Briefen versicherte sie Eberhard, dass sie ihre Freundschaften nicht missen wollte, dass sie aber ihrer Ehe keinen Schaden mehr zufügen würden: »Wenn Eberz einen Einfluss auf mich übt, so kann es nur sein, dass er Kräfte in meiner Seele die unbenutzt oder geringer beachtet in mir waren, aufregt und reizt und das tut er wie du auch und jeder bedeutende Mensch, mit dem ich in Berührung komme [...]«

Marie Luise stürzte sich in jenen Jahren noch unbedingter in ihre Arbeit, in die Auseinandersetzung mit anderen – nicht mehr so sehr in die Abgrenzung von ihrem Mann. Die Briefe der Jahre nach 1909 zeichnen ein harmonischeres Bild. Das Ehepaar Gothein blieb zusammen und blieb sich verbunden, ihr Haus wurde zu einem intellektuellen Zentrum des akademischen Heidelberg.

Jedoch verfolgten sie stärker ihre unterschiedlichen Interessen – und der Altersunterschied tat sein Übriges.

Eberhard Gothein antwortete ihr im Januar 1911 nach Feldberg mit einer langen Reflexion über seine Boethius-Studien: »Das wäre nun ein langes Selbstgespräch; vielleicht eines, das bei Dir gar keine Saite mitklingen läßt, zumal jetzt, wo Du gewiß ganz in das Schönste, was es giebt, versunken bist: ins Gefühl der Freude an eigner Kraft und Gesundheit und der Herrlichkeit der Natur, mit der man sich eins fühlt.« Sie ließ den Schnee von den Zweigen schnellen, er kehrte zurück zu dem Autor, der ihn sein ganzes Leben begleitet hatte. In verschiedenen Lebensphasen nahm er ihn hervor: Der spätantike Philosoph packte ihn, hinterfragte seine Weltanschauung, nahm ihn mit seinem Stoizismus an die Hand und wickelte ihn in seine warme Decke vertrauter Denkschulen ein, wie Boethius selbst von der Philosophie der antiken Denker getröstet worden war. Eberhard Gotheins Übersetzung seines Hauptwerkes *Trost der Philosophie* gab seine Frau nach seinem Tod mit einem ausführlichen Kommentar versehen heraus.

Sie fuhr Ski, stieg auf Berge, ging zum Turnunterricht, fühlte sich als vollwertiges Mitglied der Heidelberger akademischen Elite und der erweiterten intellektuellen Kreise, die neue Gedanken und eine dunkel-irisierende Ästhetik in die etablierte Gedankenwelt der Professoren und Privatdozenten einbrachten. Heidelberg war ein Schmelztiegel geistig reger Menschen aus ganz Europa, und Marie Luise war das Brennmaterial.

Heidelberg, Frühsommer 1914

Der späte Abend verströmte noch die Erinnerung an die Wärme des Tages. Unmerklich fließend wälzte der Neckar sich unter der alten Brücke hindurch. Eine Gruppe verkleideter Gestalten bewegte sich am Ufer der Neckarwiese hin- und herwogend vorwärts. Eine junge Frau trug altmodische, kurz unter dem Knie endende Männerhosen und ein weites Hemd, ein hochgewachsener Jüngling war in eine Toga gewandet, unter dem Lorbeerkranz wucherten wilde Locken. Der Saum seiner Toga war offensichtlich öfters ins Neckarwasser getaucht, war nass und schmutzig, aber das störte ihn nicht.

Unter die Gruppe von Studenten und einigen Studentinnen hatte sich eine ältere Frau gemischt. Sie trug ein einfaches leichtes Kleid, keine Verkleidung, ihre Haare waren hochgesteckt. Es war eine fröhliche Truppe, ausgelassen und unbesorgt, wie sie mehr haschend und fangend und laut schwatzend und lachend am Neckar entlangschlenderten und sich nicht um Uhrzeit und Wohlanständigkeit kümmerten.

»Wer kennt die Frühsommernächte in Heidelberg? Nur, wer sie einmal, nein, wieder und wieder erlebt hat, einsam im Mondschein über den Philosophenweg und Poetensteig gewandert ist, die Augen zum leuchtenden Himmel erhoben und von dem bestirnten Blau über die sanfte Berglinie in das beglänzte Tal gesenkt hat, wo wie in einen weiten, weichen Samt tausend blitzende Lichter eingewoben sind – oder wer mit vertrautem Freund in tiefem Gespräch sich in den Labyrinthen des Königstuhles verirren durfte, um dann oben auf dem Turm die Sonne aufgehen zu sehen, oder in übermütiger, fröhlicher Gesellschaft von jungen Menschen am Neckar bei einer Bowle sass.«

Es war der Sommer, in dem die Professorengattin und Mutter von vier – teils erwachsenen – Söhnen noch einmal jung war. Wie sie dies empfand, hielt sie in einem wenige Seiten umfassenden Bericht, ihren *Erinnerungen an den Sommer 1914*, fest. Unbeschwert feierte sie mit den Studentinnen und Studenten und wähnte sich selbst in diesem Lebensabschnitt. »In jener Festnacht knüpfte sich für mich das Band, das den letzten Sommer sich so reich in Gold und Blumen gewoben für mich zeigen sollte.«

»Der letzte Sommer.«

Die jungen Leute zählten alle zu einem Kreis von Anhängern des Germanisten Friedrich Gundolf. Dieser hatte sich 1911 an der Universität Heidelberg habilitiert. Marie Luise hatte ihn über Else Jaffé kennengelernt, die zwischen ihr und dem damaligen Kontrahenten vermittelte. Der Germanist hatte nämlich Shakespeare in einer neuen, eigensinnig-künstlerischen Weise übersetzt, die der alteingesessenen Übersetzerin zu frei erschien. Im *Jahrbuch der deutschen Shakespeare-Gesellschaft* hatte sie 1909 eine geharnischte Rezension über Gundolfs »Shakespeare in deutscher Sprache« geschrieben. »Ich war mit dem Grundsatz und der Forderung, die sich darin aussprach, dass der Uebersetzer das Recht habe, Sprachbildner zu sein, nicht einverstanden«, schrieb sie in ihren *Erinnerungen* über ihren ersten Eindruck. Er rechtfertigte sich gegenüber der Professorengattin, deren Mann eine wichtige Rolle auch im administrativen Leben der Universität spielte und für Berufungen und Höherstufungen sein Gewicht in die Waagschale legen konnte. Aber nicht nur aus strategischen Überlegungen heraus schrieb er ihr einen langen Brief, in dem er ihr seine Überzeugungen und Übersetzungsprinzipien darlegte. Er erläuterte, dass sein Anspruch »aus dem Erlebnis« komme, er »ist Ausdruck einer im Fluss begriffenen Sprache und wendet sich an ein werdendes Geschlecht, nicht an ein in seinen Kräften und Begriffen abgeschlossenes, am wenigsten an die heutige Allerwelts›bildung‹.« Else Jaffé lud die beiden auf neutrales Terrain zu sich nach Hause ein. Marie Luise stellte ihn zur Rede, Gundolf antwortete.

Er überzeugte sie.

Gundolf wurde einer der einflussreichsten Germanisten der Weimarer Republik. Seine Forschungen und Werke orientierten sich an der Ästhetik und Philosophie des Schriftstellers Stefan George, der in jenen Jahren immer wieder seinen Radius nach Heidelberg erweiterte und seine Gefolgschaft inspirierte. Zu Gundolf hatte er eine besonders enge – auch erotische – Beziehung. Später zerbrach diese, George entzog dem Germanisten abrupt seine Gunst, als dieser sich mit einer Frau verlobte.

Stefan George gelang es mit seiner Aura, seinen geheimmystischen Ritualen, seinen kalkulierten Gunsterweisungen und seinem übersteigerten Kult um seine eigene Person, eine ganze Generation von Wissenschaftlern und jungen Menschen für seinen heilsversprechenden Ästhetizismus, für das »Geheime Deutschland« einzunehmen – in dem vor allem

Männer als Propheten einer neuen Kunst und Kultur und damit einer neuen Gesellschaft auftraten.

Sein Wort erhob und zerstörte Mitglieder seines von ihm handverlesenen »Kreises«. Durch persönliche Gunst und homoerotische Zuwendungen gelang es ihm, das Selbstvertrauen seiner Getreuen von seinem Urteil abhängig zu machen. Doch erlagen seinem ästhetischen Reiz und seinem Charisma auch viele Frauen.

Marie Luise gehörte in jenen Heidelberger Jahren ganz eng in die Peripherie dieses Kreises. Friedrich Gundolf wurde der Freund, der sie den Rest ihres Lebens intellektuell beeinflussen sollte, der letzte in einer Reihe jüngerer Akademiker. »Ausser seiner eigenen Grazie schwebte um ihn der Nimbus einer, wie man glaubte, sehr nahen Freundschaft mit Stefan George«, schrieb Marie Luise in ihren *Erinnerungen*. Seine Werke und Überzeugungen boten ihr eine Richtschnur für ihr Leben und Denken in diesen Jahren in Heidelberg. In der Zeit bis zum Ausbruch des Ersten Weltkrieges verband sie sich mit der Jugendbewegung des Heidelberger Kreises um Stefan George und Friedrich Gundolf und wurde von dieser als Teil akzeptiert. »Mir hat's das Schicksal versagt, selbst das Leben als Studentin mitzumachen. Meine Brüder habe ich um das studentische Leben beneidet, spät durfte ich mich daran noch freuen [...]« Die Abende am Neckar gehörten zu ihren schönsten Erinnerungen des Vorkriegssommers.

Dabei wurde ihr Kontakt zum Dichter nicht nur über Gundolf vermittelt. Percy, ihr jüngster Sohn und Nachzügler der Kinderreihe, war dem »Meister« auf der Brücke in Heidelberg aufgefallen, und dieser hatte über einen Mittler Kontakt zu den Eltern, vor allem zur Mutter, gesucht. Diese Begegnung sollte Percys Leben und seinen frühen Tod prägen, seine Mutter unterstützte den Kontakt nach den Bedingungen Georges. Eberhard hingegen konnte seine »alte Abneigung gegen Sektenwesen und alle Geheimbündlerei mit ganzen oder halben Mysterien nicht unterdrücken«, wie er ihr 1911 schrieb.

Sie jedoch ließ sich vom intellektuellen Zauber des Kreises beeindrucken, ja mitreißen und gab sich der Illusion hin, Teil der Gruppe junger Leute zu sein, die sich unter dem Eindruck des Georgeschen Charismas und Werks bildete. Ihre akademische Brücke blieb Gundolf, der für sie zum Inbegriff, zum »Schmelz einer reinen Jugend« wurde.

Zur Sommersonnenwende hatte sich der »Kreis« in der Tradition alter Professorenfeste auf dem Königstuhl eingefunden. Marie Luise zählte Wolfgang Heyer, Friedrich Gundolf, Lucy Grote, Edgar Salin und Norbert von Hellingrath als Teilnehmer. Man nahm sich kurzfristig vor, Shakespeares *Sommernachtstraum* aufzuführen, und die Professorengattin stellte die Kostüme. »In jener Festnacht knüpfte sich für mich das Band, das den letzten Sommer sich so reich in Gold und Blumen gewoben für mich zeigen sollte. Es wurde spät, Eberhard wurde müde und ging heim. Ich aber blieb mit dem kleinen frohen Kreise und die ganze Nacht hindurch wurde getanzt.«

Eberhard ging, sie blieb. Es ist ein Muster, das sich in diesen Jahren wiederholte. Es war ein Weg, wie die beiden Ehepartner ihre unterschiedlichen Weltanschauungen überwinden konnten. Sie machten nicht mehr alles gemeinsam und ließen sich in ihren widerstreitenden Meinungen frei. Und doch war die Ehefrau nicht völlig Teil dieser neuen Bewegung. An den Beziehungen – auch den erotischen – ihrer beneideten jungen Freunde hatte die 51 Jahre alte Marie Luise keinen Anteil. Sie hätte es auch nicht anders gewollt.

Vor der Freizügigkeit ihrer Freunde, vielleicht auch vor der Homosexualität des Kreises und ihres jüngsten Sohnes, schloss sie die Augen und konzentrierte sich ausschließlich auf das intellektuelle Moment der Bewegung: »[…] und doppelt freute ich mich des guten Tones der Männlein und Weiblein, die sich so kameradschaftlich mit herzlicher Zärtlichkeit und dabei doch im Gefühl unverletzbarer Grenzen zusammenfanden.«

Sie hatte sich in das intellektuelle Leben, das die Universitätsstadt Heidelberg ihr bot, eingefunden. Es blieb für sie immer anders als in Bonn. Die vertrauensvollen, alltäglichen Kontakte, die sich dort zur Familie Zitelmann oder zu Paul Clemen entwickelt hatten, vermisste sie noch Jahre nach dem Umzug nach Heidelberg. Noch 1914, kurz bevor ihr Mann die Aufgabe als Rektor der Universität Heidelberg antrat, schrieb sie: »Etwas schwer wird es uns ja wohl auch deshalb werden, weil wir wirklich in Heidelberg keine nahen Freunde haben, keine Menschen, die sich so ganz freuen würden, uns zu helfen um des Helfens willen, wie damals […]« – und sie meinte die Bonner Zeit. Die Heidelberger Kreise blieben immer elitär, das Tun war ästhetisch oder politisch kodiert. Marie Luise erhöhte ihren intellektuellen Anspruch und ließ ihre unbeirrte, den eigenen Interessen nachforschende Persönlichkeit zurück.

Dafür spielte sie eine wesentliche Rolle im akademischen Heidelberg der unmittelbaren Vorkriegszeit. Zum ersten Mal wurden ihr die Menschen in ihrer Umgebung realer als die historischen Figuren ihrer Gärten.

In ihren *Erinnerungen* berichtete sie von einer Reise nach Rom in diesem Jahr, die ihr wie »ein wunderbarer Traum« erschien; »wie sich damals meine Gärten bevölkerten mit den Gestalten von einst, die sie schufen und sich an ihnen erfreuten, so hatte ich auch weit mehr mit Geschöpfen meiner Phantasie verkehrt als mit den wirklichen Menschen, von denen auch damals manche meine Wege gekreuzt haben mögen. Dieses Mal im Herbst 1913 war das etwas ganz anderes. Nicht nur Edgar Salins Anwesenheit gab Anlass zu gemeinsamen Geniessen der Kunstschätze, sondern fast jeden Abend fand sich im Café Aragna eine lebhaft bewegte Gesellschaft zusammen, ein merkwürdiger und ohne Verabredung spontan gebildeter Heidelberger Kreis.«

Ihr Buch hatte sie fast abgeschlossen. Die Prinzipien ihrer Gestaltung stammten aus dem letzten Jahrhundert, der Zeit, in der Eberhards Einfluss auf ihre Bildung am stärksten gewesen war, in der sie sich selbst ihre wissenschaftlichen Methoden anhand der etablierten Historiker und Kulturhistoriker erarbeitet hatte. Im ersten Jahrzehnt des neuen Jahrhunderts nahm sie teil an den neuen Strömungen der Zeit, blieb in ihrem Arbeiten aber konservativ. Doch das ist schließlich der Schlüssel dafür, dass ihr Buch die Zeit überdauert hat: Es steht für sich allein.

Heidelberg, Herbst 1913

Als Marie Luise im September das Vorwort zu ihrer *Geschichte der Gartenkunst* schrieb, hoffte sie, dass ihr Überblickswerk viele Architekten und Gartenkünstler anregen würde, große Gartenkunst zu schaffen: »Ihre beste Frucht aber würde diese langwierige Arbeit darin tragen, wenn es ihr vergönnt wäre, fördernd in das lebendige Leben einzugreifen. Den Laien möchte sie an der Liebe vergangener Zeiten zu den Gärten die eigene Neigung neu entzünden, und wenn die Gärten schaffenden Künstler von heute wieder anknüpfen an den architektonischen Garten, der in jahrtausendlanger Verzweigung ihnen hier vorüberziehn soll, so muß ein Verständnis seiner lebendigen Wandlung ihnen zur Förderung ihres eigenen Werkes werden. Mögen sie hier nicht sowohl ein Ideenmagazin der großen Vorbilder der Vergangenheit finden, als vielmehr reichste Befruchtung für ihre Schöpfungen der Gegenwart!«

Es waren berechtigte Hoffnungen. Denn seit dem Ende des 19. Jahrhunderts war die Gartenkunst eine blühende Kunst geworden. Sie hatte sich erneuert und war in ihrer Bedeutung gewachsen. Ausgegangen war die Bewegung von England aus. Architekten interessierten sich auf einmal für die Bezüge zwischen Haus und Garten, sie machten den etablierten Landschaftsgärtnern ihr Territorium streitig. Es galt, die Räume im Haus nach draußen zu erweitern, Zimmer im Außen zu schaffen, gestalterische Elemente weiterzuführen und Verbindungen herzustellen. Es war die Zeit der Reformgartenbewegung. Die alten Zöpfe der Landschaftsgartenschule sollten abgeschnitten werden. Gekünstelte »Brezelwege«, aufwändige Teppichbeete aus exotischen und empfindlichen Pflanzen und die unvermeidlichen Gehölzgruppen lehnten die Architekten der neuen Generation ab. Was hatten sie mit der Lebenswirklichkeit zu tun? Schon lange fraß die Industrialisierung Landschaften, Parks und sinnvolle, eigenständige Arbeit. Die Reformer stemmten sich ihr in verschiedenen Lebensbereichen entgegen: Kunsthandwerk setzte ein Zeichen gegen industriell gefertigte Produkte, Lebensreformer führten ungeschrotetes Korn gegen Nahrungsmittel aus der Fabrik ins Feld und Architekten entdeckten alte Gärten als Symbole einer heilen Welt. Sie verhalfen dem geometrischen Garten in seinen alten Formen zu einem neuen Siegeszug. Es ist der »architektonische Garten«, von dem Marie Luise in ihrem Vorwort spricht, dessen »lebendige Wandlung« sie in ihrem Werk beschreiben wollte und der die Werke der zeitgenössischen Künstler inspirieren sollte.

In diesem Sinne ist die *Geschichte der Gartenkunst* ganz und gar ein Kind ihrer Zeit: Der architektonische Garten ist das Modell, das Marie Luise Gothein als Autorin bevorzugte.

Zwar stellte sie den Landschaftsgarten dar – diesem ihrem historistischen Anspruch tat sie pflichtbewusst Genüge, aber sie wertete ihn schon dadurch ab, dass er nicht so viel Platz beanspruchen durfte wie die formalen oder geometrischen Gärten. Im letzten Satz unter ihrem Kapitel über den Landschaftsgarten fällte sie ein vernichtendes Urteil: »Noch sollte der Landschaftsgarten lange Jahrzehnte eine fast unbedingte Herrschaft ausüben, aber es war nach der Seite der Kunst hin eine Herrschaft der Unproduktivität.«

Produktiv waren im ersten Jahrzehnt des 20. Jahrhunderts die Reformgärtner. 1904 gestaltete der Düsseldorfer Professor für Kunstgewerbe, Peter Behrens, einen völlig neuartigen Garten für die dortige Gartenbauausstellung: nüchtern, geometrisch, spiegelbildlich, mit vielen Pergolen, wie es sie in Gärten seit der Antike gegeben hatte, und mit klaren architektonischen Bezügen zu dem Gebäude, das in ihm stand. Auf der gleichen Ausstellungsfläche wurde auch gewohnte Gartenkunst gezeigt: unregelmäßige Wege und malerische Gehölzgruppen. Es war das Jahr, in dem Marie Luise den Plan gefasst hatte, eine Geschichte der Gartenkunst zu schreiben. Sie war von den Landschaften ihrer Kindheit und Englands geprägt, sie hatte die romantische Naturwahrnehmung ihrer Schriftsteller als wahre Natur verinnerlicht. Auch für sie war Behrens' Garten eine Herausforderung: »Ein formal garden von Peter Behrens ist da, aber natürlich hat er auf zu kleinem Raume zu viel – Blumen, Bad etc. hineinbringen wollen ausserdem sind die unbewachsenen Stackete einstweilen so hässlich, dass alles entsetzt darüber war, ich vermute, dass vor einem Jahr auch ich es sehr hässlich gefunden haben würde, jetzt aber hat mich der Versuch doch sehr interessiert […]«

Im Laufe der Jahre sollte sie sich auf die Seite der neuen Gartenkünstler schlagen. Schon von der Gartenbauausstellung in Mannheim, die drei Jahre nach der Düsseldorfer stattfand, schrieb ihr Mann: »Sehr interessirt hat mich natürlich Dein Bericht über die Mannheimer Ausstellung; ich freue mich nun sehr darauf, sie unter Deiner Führung zu sehen.« Auch hier wiederholte sich, was sie in Düsseldorf schon beobachtet hatte. Der Künstler und Architekt Max Laeuger war für die Gärten in Mannheim verantwortlich und schuf einen streng geometrischen Garten in der Längsachse hinter dem Wasserturm, dem Wahrzeichen der Stadt. Heckengevierte und einfarbige Blumenbeete schufen Struktur, daneben wanden sich die unregelmäßigen Gärten der Landschaftsgärtner – wie sie die Menschen seit Jahrzehnten kannten.

Marie Luises Reise 1909 nach England führte sie schließlich nur noch zu den Gärten der alten Kunst, die die englischen Architekten wiederentdeckt hatten. Ihre Meinung hatte sich in diesen Jahren des Gartenstudiums gefestigt: Es war der geometrische, der formale Garten, dem sie als Kunst in ihrem Buch ein Denkmal setzen wollte. Seine Erscheinungsformen sollten »Ideenmagazin« und »Befruchtung« für die »Schöpfungen« der Gegenwart sein. Davon war die Autorin überzeugt.

Es sollte anders kommen.

Das Jahr 1913 verbrachte Marie Luise mit Korrekturlesen: »Denke heute habe ich schon den ersten Druckbogen erhalten, nun geht es wirklich los [...]« Im September, kurz nach ihrem Geburtstag, war sie damit durch und schrieb an Eberhard: »Nun das neue Jahr muss mir vieles bringen – obgleich es mir mit dem Buche seltsam geht, wenn ich wünsche, dass es Erfolg haben möchte, denke ich dabei immer an den Buchhändler – von mir hat es sich schon gelöst und ich merke sogar dass ich schon garnicht mehr gerne von andern etwas über Gärten höre – natürlich ist das Übersättigung, aber ich denke oft, wie öde es doch einem Specialisten zu Mute sein muss, der sein ganzes Leben nur ein Gebietchen behandelt – nun es muss natürlich solche Maulwürfe geben.« Ihr Buch trägt als Veröffentlichungsdatum das Jahr 1914, zeitig im Jahr erschien es. Im Sommer begann der Erste Weltkrieg. Ob sich Marie Luise in dieser Zeit an die Geschichte ihres so ungeliebten Heidelberger Gartens erinnerte, der durch zwei Kriege zerstört wurde? Dachte sie an Liselotte, die den König nicht von der Zerstörung ihrer Heimat abhalten konnte?

Sie hatte andere Sorgen.

Neu-Langenburg (Tukuyu), Ostafrika, 1914

Die Söhne der Familie Gothein waren bei Kriegsausbruch achtundzwanzig, sechsundzwanzig, vierundzwanzig und achtzehn Jahre alt. Wolfgang, der älteste, arbeitete als Tropenarzt in Ostafrika. Er hatte seit 1904 an der Universität Heidelberg studiert und sich in der Tropenmedizin spezialisiert. Jahre zuvor hatte ihn eine Forschungsreise bereits nach China geführt. Wilhelm war angehender Architekt und hatte nach einer Station in Berlin begonnen, in Köln zu arbeiten, Werner war Schüler des expressionistischen Künstlers Ernst Ludwig Kirchner in Berlin. Nur Percy war noch zu Hause.

Die Ansprüche an die intellektuelle Bildung ihrer Söhne, die sie in den Bonner und den Anfangsjahren in Heidelberg so oft an den Rand der Verzweiflung getrieben hatten, wichen der Sorge um ihre Rolle im Krieg.

Noch Ende Juli – da hatte Österreich-Ungarn bereits Serbien den Krieg erklärt – hatte sie von einem Besuch bei ihren Bonner Freunden an ihren Ehemann geschrieben: »[…] man rasselt hier schrecklich mit Säbelworten und möchte den Krieg um jeden Preis – nur gut, dass das ›nervöse Publikum‹ nicht über Krieg und Frieden zu entscheiden hat.« Die adeligen Entscheider, die sich bedingungslos an die Seite Österreich-Ungarns stellten, trafen damit allerdings keine weisere Entscheidung. Innerhalb weniger Tage eskalierte der Konflikt im August zu einem Krieg, in den alle Länder des europäischen Kontinents verwickelt wurden. Marie Luises Skepsis wich einem notgedrungenen Patriotismus.

Bei der ersten Mobilmachungswelle wurde auch Wilhelm Gothein eingezogen. An diesem Tag, dem 3. August 1914, begann seine Mutter ihrem ältesten Sohn Wolfgang Briefe nach Afrika zu schreiben. Sie berichtete ungefiltert über ihre Gefühle und Reaktionen auf die Geschehnisse in den ersten Tagen des Krieges. Sie schwankte zwischen Siegeseuphorie, Feindeshass, Unsicherheit, Kriegsmüdigkeit und reiner Hilflosigkeit angesichts ihrer neuen Lebensumstände. Doch Marie Luise war nicht der Typ für Tatenlosigkeit. Sie ließ sich umgehend zur Krankenschwester ausbilden, um Kriegsverletzte versorgen zu können. Mehr als einmal fühlte sie sich dadurch mit ihrem Arztsohn eng verbunden.

Sie schrieb ihm von da an jeden Tag einen Brief ins Ungewisse und um die eigene Ungewissheit zu verscheuchen – eine lange Serie eines halben Dialogs, eine innere Stimme, die zwischen erzwungenem Optimismus und Verzweiflung schwankte, Briefbogen um Briefbogen ein historisches Dokument:

»Mein geliebter Junge! Eben ist Willi zu seiner Garnison nach Köln abgefahren! Als ich dir das letzte Mal schrieb, da war der Krieg drohend, aber keiner von uns hat doch so ganz ernstlich daran gedacht. Heute ist nun der zweite Mobilmachungstag vorüber und schon scheint ein halbes Leben hinter einem zu liegen! Und meine schwere innere Spannung vermehrt es jetzt von dir so sehr sehr lange nichts zu wissen. Ich schreibe dir heute auch nur einen Gruss! [...] Wann wird die Nachricht von dem Weltkriege zu dir gelangt sein, gewiss wirst du es in diesem Augenblicke auch wissen und dann an uns, an die Brüder denken. Leider weiss ich von Werner noch gar nichts, er war ja in Schweden, wird aber nun wohl herübergekommen sein. Der Postverkehr ist sehr unterbrochen, kaum einmal am Tage werden Briefe ausgetragen. Percy will sich am Samstag stellen. Gute Nacht für heute, ich will versuchen, dir täglich zu schreiben.

–

d. 4ten

Percy ist heute nach Mannheim herüber, da wir hören, dass hier in Heidelberg keine Ausbildung ist und auch Mannheim schon sehr überfüllt sein soll. Das ist wieder ein neuer Schmerz ich hatte wenigstens gehofft den Jungen noch in den nächsten Wochen viel zu sehen – aber wie darf der Einzelne jetzt klagen!

–

d. 5ten

Krieg auch mit England! Das wird dich wahrscheinlich auch wieder noch näher berühren! Wir besetzen Belgien, das scheint ein Plan von langer Hand gegen Frankreich zu sein – ob man hier das Eingreifen Englands in Betracht gezogen hat? Percy ist heute nach Karlsruhe mit seinem Freunde und Conabiturient Lamey, um sich die Verhältnisse dort anzusehen. Ich habe wenigstens etwas von Krankenpflege begonnen! […] Von Werner noch keine Nachricht.

–

d. 8ten.

Gestern kam nun, mein Junge dein Brief aus Centralafrika vom 20sten Mai – zwei Tage vor Percys Geburtstag geschrieben 2 ½ Monate hat er gebraucht und wann werden wir nun von dir hören. Hoffentl. bringt morgen die Colonialzeitung Nachricht ob und wie man nach Ostafrika schreiben kann.

Willi's Adresse ist VIII Armeecorps 28 Infantrieregiment, 5 Companie er ist Unteroffizier. Percy ist heute nach Mannheim um sich untersuchen zu lassen, ehe ich den Brief absende werde ich dir wohl auch seine Adresse geben können. Von Werner ist gestern Nachricht gekommen, aber erst eine Depesche dass er in Berlin wäre und vielleicht hierherkäme, wie das zusammenhängt, weiss ich noch nicht, hoffe aber heute Nachmittag Nachricht zu erhalten. Gestern kam die Nachricht von der Einnahme von Lüttich durch Sturm, es klang ganz unglaublich anfangs, aber der Kaiser hat es selbst verkündigen lassen. Die Belgier werden sich ja nicht sehr verteidigt haben, aber Lüttich ist eine ganz starke Festung und heute eine Festung durch Sturm zu nehmen ist ganz erstaunlich, es ist schon ganz merkwürdig dass dieser Maschinenkrieg mit einer solchen fast mittelalterlichen Tat beginnt. Gut, dass diese erste Etappe so schnell überwunden ist, denn nun kann der Marsch durch Belgien schnell vorwärts gehen.

–

9ten

Da lese ich eben in der Zeitung, dass der Verkehr mit Ostafrika ganz unterbrochen ist! Wann werden wir von einander wieder hören. Armer Junge, wie wirst auch du es entbehren gar nichts von der Heimat zu wissen, wenigstens Einzelheiten nicht, der Telegraph wird euch wohl das Allgemeine melden! Ich will an dich schreiben, es ist vielleicht dann später für dich doch von Wert die Stimmung dieser ernsten Tage von mir zu hören. Die Bevölkerung ist jetzt in Heidelberg ruhig. Selbst die Spionenfurcht hat nachgelassen; anfangs grassierten die tollsten Gerüchte, fast jeden Tag kam Nachricht dass irgend jemand standrechtlich erschossen sei, der dann kurze Zeit darauf friedlich die Hauptstrasse herunterging. Mich ärgert solche blinde Torheit, aber ich glaube dein Humor würde manche Nahrung finden. Durchgehend aber ist das Vertrauen, dass alles Menschenmögliche getan wird um das Heer zum schnellsten Aufmarsch einerseits und andererseits die schnellste Hülfe zu bringen. Das rote Kreuz entfaltet auch in Heidelberg eine glänzende Tätigkeit. Es sind einstweilen fast zu viel Kräfte aber das schadet nichts, es wird allen gesagt, sie mögen sich bereit halten, um schnell einem weiteren Rufe zu folgen. Die ungeheuren Mengen an Verwundeten, die man erwartet können ja das Bild nur noch schrecklicher für die Fantasie gestalten.«

Tivoli, 1914

Am 3. April 1912 erschien ein Leserbrief in der italienischen Zeitung *La Tribuna*, der auf den ruinösen Zustand der Villa d'Este in Tivoli hinwies. Der Autor des Briefes bezeichnete sich als »Bewunderer der Schönheit Roms und seiner Umgebung« und berichtete von seinem Besuch: »Alles ist kaputt, ruiniert, zerstört. Die Wasserleitungen sind kaputt und verstopft, in den Becken und Brunnen wachsen parasitäre Pflanzen, überall gibt es Unkraut und Brennnesseln, in denen Eidechse, Kröte und vielleicht Schlangen einen sicheren Unterschlupf finden, und oft gibt es Müllhalden mit allen möglichen Hinterlassenschaften.« Er appellierte an den Herausgeber der Zeitschrift: »Schlagen Sie Alarm in Ihrer anerkannten Zeitung, die sich stets für den Schutz unseres künstlerischen Erbes einsetzt, schlagen Sie Alarm, und wer weiß, vielleicht wird diesem von den meisten ignorierten Ruin ein Ende gesetzt.«

Der Besitzer der Villa d'Este, Erzherzog Franz Ferdinand von Österreich-Este, Thronfolger von Österreich-Ungarn, kümmerte sich nicht um sein altes Erbe jenseits der Alpen. Er erging sich in seiner Jagdleidenschaft und plante den Umbau seines Reiches, sobald er als Kaiser Franz II. den Thron besteigen würde. Als »Generalinspekteur der gesamten bewaffneten Macht« besuchte er 1914 ein Manöver in Sarajewo. Am 28. Juni wurden er und seine Frau dort während einer Fahrt in einem offenen Wagen erschossen. Das Attentat löste den Ersten Weltkrieg aus.

Nach dem Friedensvertrag von St. Germain von 1919, der die Auflösung des österreichischen Teils der Donaumonarchie regelte, beschlagnahmte der italienische Staat die Besitztümer des ehemaligen österreichischen Kaiserreichs – dazu gehörte auch die Villa d'Este.

Neu-Langenburg (Tukuyu), Ostafrika, 1914

»d. 10.8.14.
[...] Wenn ich jetzt eine Sekunde lange sehen könnte wie es dir geht: ich lese jetzt als einzige Lektüre die mich aus allem herausreisst chinesische Märchen und 1001 Nacht, das ist eine solche andere Welt, dass es mir immer wenig gelingt das wirklich aufzunehmen – aber ach wie leicht ist da das Zaubern und dass auch damals Niemand daran dachte den Krieg und das Abschlachten abzuschaffen.

13.8.14.
Mein lieber Junge! Heute kam sehr erfreulich überraschend dein Brief vom 23. Juni, der deine Ankunft in Neu Langenburg anmeldete. Die gemeldete Beschiessung von Daressalam macht uns nun auch viel Gedanken, ob du als Arzt wohl dorthin reisen wirst – doch was die Engländer dort in den Kolonien im Sinne haben, wer kann das wissen [...] Seltsam wie verschieden die menschlichen Temperamente auf den Krieg reagieren. Heute morgen hatte ich zugleich einen Brief

von Clemen und Gisela. Letztere erwartet im Oktober ihr Kindchen, ihr Mann geht – allerdings nur als Stabsarzt fort – (er selbst ist ein begeisterter Verteidiger und Bewunderer des Krieges und sah schon wie ich im Juli in Köln war alles im strahlenden Siegesglanze – nun aber Gisela schreibt mir als ob dieser Krieg ein heiliges herrliches Fest wäre, das zu erleben sie überglücklich sei, ich habe ganz voll Staunen diesen Brief gelesen. Und dann Clemen er schreibt mit tiefstem Pessimismus über die Barbarei des Völkerhasses, die dieser Krieg im Gefolge haben müsse; es ist als ob diese beiden Menschen eine völlig verschiedene Sprache sprächen.

d. 15.
Werner kam gestern morgen. Er hat von Berlin bis hierher 60 Stunden gebraucht, ebensoviel von Schweden bis nach Berlin, dort hat er sich drei Tage aufgehalten und ist hierher gekommen, muss aber sofort wieder heute zurück und wird wohl kaum am Montag, wo er sich stellen muss wieder in Berlin sein. Heute allerdings soll der Aufmarsch der Truppen fertig sein, da kann ja der Verkehr wieder etwas besser werden. Wir hören seit Tagen fast gar nichts. Willi schrieb gestern dass sie am 12ten Morgen ausgerückt werden, wohin wissen sie ja selbst nicht [...]

Heidelberg, 1914

Im Casino des Heidelberger Schlossgartens tranken siegesgewisse junge Männer vor ihrem Abzug in den Krieg die letzten Biere in ihrer Heimatstadt. Sie schwangen vaterländische Reden, verbrüderten sich in den Visionen ihrer Heldentaten, die unmittelbar bevorstanden, und der Gewissheit, die Franzosen in kürzester Zeit zurückschlagen zu können. Nach der

Sperrstunde wankten sie die geschlungenen Wege des Landschaftsgartens entlang hinunter in die Stadt, um bei Tagesanbruch bereit zu sein.

Der Schlossgarten hatte seine Kriege bereits hinter sich. Der Dreißigjährige Krieg hatte aus dem Privatgarten der Kurfürstin Elizabeth wieder den alten Stückgarten gemacht, in dem die Kanonen aufgestellt wurden.

Die kunstvollen Beete auf der Hauptterrasse verschwanden zugunsten von Wällen, die die offen gelegte Ostflanke des Schlosses schützen sollten.

Dem Feuersturm der französischen Armee von Ludwig XIV. im darauffolgenden Jahrhundert hatten weder Schloss noch Garten standgehalten. Sprengungen ließen die Hälfte des Krautturms in den Schlossgraben stürzen, Feuer und Blitze fegten über alles Brennbare hinweg. Eine spätere Zeit richtete auf den alten Terrassen von Salomon de Caus einen Landschaftsgarten mit exotischen Bäumen und gewundenen Wegen ein. Die Universität nutzte ihn für ihre forstbotanischen Studien.

Wer von den Soldaten, die 1914 in den Ersten Weltkrieg zogen, wiederkehrte, sollte den Schlossgarten nicht wiedererkennen. Denn im gleichen Jahr wurde der neue botanische Garten jenseits des Neckars fertig. Der Schlossgarten hatte als forstwissenschaftlicher Studienort ausgedient. Bis 1918 wurden fast jedes Jahr rund dreißig Bäume im alten Schlossgarten gefällt. Der Garten veränderte während des Krieges sein Gesicht – bis es nicht mehr genug Gärtner gab, die ihn formen konnten. Sie waren in den Krieg gezogen.

Neu-Langenburg (Tukuyu), Ostafrika, 1914

d. 16ten
Nun ist es endgültig leer und verlassen in unserm Hause. Percy wurde gestern nach Mannheim einberufen. Ich habe ihn bis zur Bahn begleitet – Werner ist gestern um 6 Uhr nach Berlin zurück. Wie ist das alles so voll Dunkel und Trauer.

d. 17.
[…]

d. 18.8.
[…]

d. 21sten.
Bald ist die dritte Woche des Krieges vorüber, wir alle stehen in banger Erwartung der grossen Schlachten und das stille Haus ist drückend und lastet schwer. Was mich aber in tiefster Seele bekümmert, das ist der Hass gegen die Wehrlosen unter den Feinden, die Verwundeten. Es scheint ja allerdings dass noch niemals ein Krieg mit solcher Tücke begonnen hat. […] Mein Junge wenn ich nur einen Laut ein Wort von dir wüsste! Wie ferne bist du! Der Vormarsch unserer Truppen in Belgien scheint schnell voranzugehen wir müssen dicht vor Dinant und Namur stehen, aber was wir erfahren sind immer nur kleine siegreiche Scharmützel auch im Elsass und an der russischen Grenze.

Am 21sten Nachmittags
Da kommt die erste Siegesnachricht, ein jubelndes Telegramm – zwischen Metz und den Vogesen wäre unter dem Befehl des Kronprinzen von Bayern […] der Feind zurückgeschlagen. Näheres noch nicht, doch sind fast gleichzeitig mit der Kriegsnachricht auch die ersten Verwundeten vom Schlachtfeld gekommen. Der Jubel in der Stadt ist gross, nun ist die erste Staffel zum Frieden erklommen. Ich muss an dich denken, mein Junge, du sagtest mir einmal die Krankheit ist der Process der Genesung, so wollen wir es nehmen!

d. 25sten.
Ich arbeite jetzt im Lazarett, da wird es mit dem Schreiben nicht mehr so regelmässig werden aber ich will doch versuchen, es aufrecht zu halten […]«

–

Vaux-le-Vicomte, 1914

Edme Sommier war in den Krieg gezogen. Die Restaurierungsarbeiten im Schloss seiner Familie hatten zu warten. Seine junge Frau Germaine richtete im Ostflügel, den das Ehepaar Gothein als Wirtschaftsgebäude kennengelernt hatte, ein Lazarett ein. Im Saal der Orangerie wurden die Verwundeten untergebracht, im anschließenden Pavillon wurde der Operationssaal eingerichtet. Zudem gab es einen Raum für die Schwerverletzten.

Neu-Langenburg (Tukuyu), Ostafrika, 1914

d. 29.
Gestern kam nun gar schon die Nachricht, dass in Ostafrika die Deutschen auch aktiv vorgingen […] Wie mag es bei euch aussehen – […] von Willi seit 11 Tagen keine Nachricht und auch Fräulein Sonntag hat seitdem nichts gehört, das ist bitter und schwer zu tragen. […]

d. 31.8.14.
Heute geht nun der erste dieser schrecklichen Kriegsmonate zu Ende – in banger Spannung warten wir auf eine Entscheidungsschlacht zwischen Österreichern und Russen die seit vielen Tagen im Gange ist. Von Willi ist noch keine Spur einer Nachricht – manchmal ist das so hart, dass man meint es nicht ertragen zu können. Gestern war ich bei Percy, er hat nun sich aus Willis Uniformstücken eine ganz schmucke Uniform zurecht machen lassen und sah wohl und männlich aus: in vier Wochen wird auch er wohl felddienstfähig –

Wieder kam gestern eine Nachricht, dass die deutschen Truppen in den Congo vorgingen? Ist das wohl möglich – o diese Unmöglichkeit etwas zu wissen.

d. 5te September
So lange habe ich dir nicht geschrieben, mein geliebter Junge, aber ich bin nun seit dem ersten im Lazarett tätig und das nimmt einen grössten Teil der Zeit in Anspruch. Heute hatte ich Nachtwache, habe daher den Tag frei und kann ehe ich müde werde endlich wieder schreiben. Allerdings unter dem wachsenden Druck, dass von Willi absolut keine Nach-

richt kommt! Unsere Heere rücken in Frankreich mit so wahnsinniger Schnelligkeit vorwärts, dass die Post wie es scheint, besonders bei den Nordheeren absolut nicht mitkommt, das sage ich mir und sagen mir andere zum Trost welch ein geringer Trost es ist, das weiss ich nur zu genau und es gibt schon Stunden wo mich der ganze Jammer dieses furchtbaren Krieges zusammendrücken will, dagegen hilft nur Arbeit [...] Wie nur mags unsern Kolonien gehen, wie dir, mein geliebter Junge – o diese Unmöglichkeit etwas von dir zu hören. Immer schwer drückt mich Belgiens Schicksal – unser Zwang dies Unrecht zu begehen und unser Zwang das schlecht beratene Volk nun noch so grausam zu treffen [...]

d. 8ten
Ich würde öfter schreiben, wenn nicht die Sorge um Willi von dem jede Nachricht ausbleibt mir allen Mut nähme. Heute ist wieder die Nachricht von dem Fall von Maubeuge – unsere Artillerie ist erstaunlich in ihren Erfolgen, nun ist von Norden keine Festung mehr, die Paris schützt [...]

d. 13ten [September]
Gestern mein Geburtstag! Welch ein Tag, welch ein Jahr geht zu Ende, wie muss ich das neue beginnen. Von Willi nichts gar nichts, alle Wege irgend etwas zu erfahren scheitern – du kennst mich und weißt, wie schwer ich solch eine Ungewissheit, solch ein Warten trage – und doch, wenn die beiden Jungen fortgehen wird es dreifach dieser Druck und dieses Leiden. Und es wäre doch schon der Schicksalshärte genug dass ich von dir nichts hören kann [...]

16ten
Immer schwerer wird das Herz mit dem ich hier an diesem Briefe weiter schreibe, mein geliebter Junge, mehr und mehr scheint es Gewissheit, dass bei euch auch gekämpft wird, heute hiess es sogar, dass Langenburg von den Engländern beschossen und eingenommen sei, das kann doch nur Neu-Langenburg sein, aber dann denk ich mir kann die hochgelegene Stadt beschossen werden! Die Spannung in der wir jetzt leben ist auch voll Angst und Pein. Was und wie wird das alles einmal enden! O Wahnsinn furchtbarer Wahnsinn dieses entsetzlichen Krieges. Von Willi trotz aller Mühe keine Nachricht zu erlangen, Clemen hat einen Unteroffizier gesprochen, der am 25sten verwundet, und der Willi damals munter und gesund verlassen, das ist das Einzige. Meine Arbeit im Lazarett nimmt mich jetzt viel in Anspruch ich lerne vieles und denke oft an dich – aber doch ist es für mich nur Betäubung und mein ganzes Leben sucht jetzt nur Betäubung. Gute Nacht mein geliebter Junge, wo magst du sein, wie werden deine Gedanken an uns und das ferne Vaterland denken?

d. 23.9.14.
Mein Junge! Je weiter der Krieg geht um so weniger bleibt der Mut zu schreiben. Von draussen her hören wir seit Wochen fast nichts oder nur kleine wenig befriedigende Erfolge die Misserfolge das Zurückgehen unserer Truppen wird verschwiegen oder nur in wenigen versteckten Worten gesagt. Wir wissen es ja alle und halten stille und warten warten in banger bängster Unruhe. Und alles ist so doppelt dreifach schwer da von Willi keine Nachricht zu erlangen ist, wir versuchen alles aber alles umsonst Papa war in Köln um selbst nachzufragen, ohne Befriedigung. Was also soll ich schreiben? –

d. 16.10.14.
Mein geliebter armer Junge! Eben kommt vom Kolonialamt die Nachricht, dass du im Nyassaland gefangen wärst. Ach all unsere Gedanken waren die letzten Wochen dem Schicksal Willis zugeneigt. Nach unsäglicher Mühe, haben wir endlich herausbekommen, dass er schon am 22. August in einem Gefecht nordwestlich von Neufchateau verwundet sei und zwar an Fuss und Kniee, das Gefecht war siegreich, trotzdem heisst es, dass eine Gefangenschaft möglich sei – dies ist unsere letzte Hoffnung, Nachricht ist auch von dort nicht – und alle Qualen der Ungewissheit bleiben! Und nun kommt die Nachricht von dir, mein armer Junge, wann wird dieser schreckliche Krieg nur sein Ende finden [...]

d. 22.10.14
Mein geliebter Junge! Eben haben wir an dich englische Briefe geschickt, der amerikanische Consul in Mannheim glaubte, dass sie dich vielleicht erreichen werden – wann! das wagen wir nicht auszudenken, ach wenn du doch auch schreiben dürftest! ach ich glaube wohl, dass ich unter diesem Kriege schwerer und beständiger leide, als die meisten anderen Menschen, diese furchtbare Ungewissheit um Willi, die meine Fantasie mit beständigen Schrecklichem erfüllt, ist für eine Natur wie die meine kaum erträglich und doch verzweifle ich immer mehr, ob sich das Dunkle um ihn jemals lichten wird, mein armer lieber Junge. Es ist ein gutes schönes Bild, das wir von ihm haben, so heiter und kraftvoll waren die letzten Tage, die wir mit ihm verlebt haben. – [...]

d. 15 November
Ich schaue nach dem letzten Datum mein geliebter Junge, wie lange habe ich dir nicht geschrieben – aber welch eine lange weit längere Zeit als die Tage [...]

d. 10 Dezember

Mein geliebter Junge! Damals war ich noch nicht im Stande dir von Willi zu schreiben, es war ein Versuch die Hand sank mir zurück – es war unmöglich, nun ist fast ein ganzer neuer Monat ins Land gegangen, Weihnachten steht vor der Thüre und meine Sehnsucht nach dir kennt oft keine Grenzen, aber kein Laut kommt von dir, wir alle haben die Vorstellung, dass du wohl als Kämpfender und nicht als Arzt gefangen sein wirst, denn sonst wäre die Grausamkeit dich nicht schreiben zu lassen ganz unfassbar. Ich selbst habe seit dem sehr viel geschrieben, alles hinaus an Percy, der seit dem 11ten November hinter St Quentin bei Roye im Schützengraben liegt ein hartes anstrengendes Leben führt und auf den weiteren Verlauf dieses unselig schrecklichen Krieges wartet. Er schreibt sehr fleissig und da sie ihre Stellung gar nicht ändern kommt die Post, besonders wenn sie zwischendurch ins Quartier hinter die Schützenlinie kommen, ziemlich regelmässig, ich schreibe seine Briefe ab, die dir später einen Einblick in dieses Stück seines Lebens geben sollen, dieses Bruders, den du als Knaben verlassen hast und der selbst mit der Hoffnung hinausgezogen ist, dort draussen zum Manne zu reifen. Werner ist seit nahezu 3 Wochen zu Hause, er war in Wittenberg krank geworden, da hatte man ihn wohl auf Papas Ansuchen entlassen, ganz frei ist er noch nicht, aber seitdem er hier ist, ist er ganz in seine Kunst zurückgesunken; natürlich vermisst er hier im Hause eine congeniale Künstlerathmosphäre, Papa kann mit dieser Kunst gar nicht mit, er gibt sich von Zeit zu Zeit rührende Mühe dies oder jenes zu verstehen, aber der ganze Weg zur künstlerischen Abstraktion, die sich in dieser Kunst ausspricht ist ihm fremd und unsympathisch. Dass es mir unmittelbar sympathisch wäre könnte ich ja auch nicht sagen, aber ich fühle doch, dass es ein Weg ist und dass Werner selbst eine starke innere Notwendigkeit auf diesen Weg drängt. Ich glaube ja nicht, dass es irgend ein Ziel ist und warte selbst mit Spannung was daraus entstehen wird. Ich hoffe nun nur, dass sie Werner nicht doch noch einmal zu den Waffen rufen, denn für ihn wäre es jetzt doppelt und dreifach bitter, da seine kriegerische Neigung ja überhaupt nicht gross war. Ich denke oft darüber nach, wie du dich wohl zu dieser Kunst stellen würdest und wirst, ich glaube wohl ziemlich ablehnend, da deine stark klassischen Neigungen hier gar keine Befriedigung finden können. Werners bester künstlerischer Anwalt ist ihm in Willi hingegangen, wie oft hat dieser seine Sache bei uns verfochten und in der ersten Zeit besonders unser Verständnis zu erschliessen versucht. Als Papa Mitte November nachdem uns am 30sten Oktober endlich nach mehr als zwei Monaten die Nachricht erreichte dass Willi am 22 August gefallen war, sagte Werner – sein schönster Lebensplan wäre gewesen mit Willi zu schaffen, dessen Monumentalbauten einmal auszumalen und seine eigne Kunst so zu einer Monumentalkunst zu erheben. Von Werner auch stammt das Wort, dass Willis tiefste Eigenschaft der Edelmut gewesen sei, dass er alles Unedle so gehasst habe. Ach mein geliebter Junge für dich wünschte ich, ich könnte das Bild, das ich von Willi in der Seele trage lebendig wiedergeben, denn ich glaube, dass du Willis letzte erstaunliche Entwicklung der beiden letzten zwei Jahre gar nicht mitgemacht hast und von ihm auch wenig weißt. Von den näheren Umständen wie wir endlich nach der Qual der vielen vielen Wochen die gefürchtete Gewissheit erhielten will ich hier nichts schreiben, die Briefe kannst du ja später selbst lesen. Nur dass ein Medaillon, das er auf der Brust trug und das die Adresse von Marguerite Sonntag trug, uns die Nachricht gab und dass ein Herzschuss seinem Leben ein Ende gemacht hat. Ich weiss nicht einmal ob du von Marguerite Sonntag etwas weisst.«

Wilhelm Gothein, undatiert

Mit dem Namen der Freundin ihres zweitältesten Sohnes Wilhelm Gothein endete die Briefserie, die Marie Luise ihrem ältesten Sohn Wolfgang ins Ungewisse nach Ostafrika schrieb.

Das Bürgertum Deutschlands hatte den Beginn des Krieges begrüßt, auch wenn sich große Besorgnis in die Begeisterung mischte. In Marie Luises Briefen zeigte sich ihre offizielle Rolle als Bürgerin Deutschlands, der Patriotismus, dem sich die meisten zu Beginn des Krieges verpflichtet sahen. Marianne Weber schrieb über das Einheitsgefühl 1914: »In der Ahnung eines riesenhaften welthistorischen Geschehens, das für Jahrhunderte Schicksal bestimmend ist, fühlten wir uns, in nie erlebter Leibhaftigkeit zum ›Volke‹ vereint, zum lebendigen Organismus, in dem alle Glieder durch dieselbe starke Liebe zum Vaterland und, in der Stunde der Not, durch dieselben menschlichen Schicksale und Aufgaben verbunden wurden.«

Doch es gab auch die private Seite, die in Marie Luises Briefen bald jede Siegesnachricht überwog. Was war mit ihrem Sohn Wilhelm passiert? Die Verzweiflung über das Ausbleiben jeglicher Nachrichten machte sich zwischen den Zeilen ihrer Berichte breiter und breiter, bis sie von ihrer Gewissheit sprechen wollte, abbrach und nur durch eine Diskussion über die abstrakte Kunst ihres Sohnes Werner die Sprache wiederfand, um das Unabänderliche zu benennen. Es war die Kultur, die es ihr ermöglichte, über ihr eigenes individuelles Schicksal hinauszublicken.

Wörlitz, 1915

In den Briefen aus den nächsten zwei Jahren erwähnte die Mutter niemals den Namen ihres gefallenen Sohnes. Im Kriegsjahr 1917 besuchte sie die alten Freunde in Bonn und schrieb nach Hause: »Der Rhein ist gross und herrlich, aber er ergreift mich jetzt mehr durch seine mächtige Schönheit, als durch seine immer Sehnsucht erweckende Heimatstimmung. Vor jenen Verlust ist jetzt ein so weit grösserer ewig lebendiger getreten.« Sie nannte seinen Namen nicht. Erst 1920, in einem Brief aus Dahlem fragte sie sich: »Willi's Bild ist mir in diesen Tagen so besonders nah, fragend drängend, als wollte er etwas besonders von mir – könnte ich ihm noch mehr geben? ich weiss es nicht.«

Auch der jüngste Sohn, Percy, wurde 1915 verwundet, überlebte aber einen Streifschuss am Kopf. Marie Luise reiste ins Lazarett nach Dessau, um ihren Sohn zu pflegen. Nach ihrer Ankunft berichtete sie dem Vater: »Percy's Wunde ist über der Schläfe etwa ein Handbreit über dem Ohr und etwa 6–8 cm lang, es ist ein Streifschuss, aber durchaus nicht ganz oberflächlich. Geröntgt hat man ihn noch nicht, weil der Arzt die Ueberführung ins Reservelazarett scheut; ich finde das nun übertrieben, weil der Junge am 13ten verwundet, noch stundenlang im Gefecht gelegen hat – am 14ten abends erst verladen dann in einem Güterwagen bis zum 19ten früh unterwegs war, hier heraus ins Lazarett kam als Leichtverwundeter, weil auf seinem Zettel nur ›Streifschuss‹ stand. Seine Sprachhinderung besteht darin, dass er sehr langsam jede Silbe artikuliert und hin und wieder auch nach der richtigen Silbe sucht, manchmal geht es auch besser.«

Der Krieg war eine Zeit, in der ihre Qualitäten als Mutter, die sie zeit ihres Familienlebens zugunsten ihrer intellektuellen Arbeit im Hintergrund gehalten hatte, massiv in den Vordergrund traten. Neu als Krankenschwester ausgebildet, bestand ihre Rolle nun darin, ihrem Sohn bei seiner Genesung auf seinen Krankenstationen zu begleiten und zu pflegen.

Drei Wochen lebte sie in wechselnden Pensionen in der Nähe des Feldkrankenhauses, immer darum bemüht, ihren Sohn ins Lazarett nach Heidelberg zu überführen, was der Oberarzt immer wieder ablehnte. Nach zwei Wochen lieh sie sich von der Pensionswirtin ein Fahrrad und fuhr auf den langen Chausseen von Dessau nach Wörlitz, alles erschien ihr wie ein Landschaftsgarten – und das war das Gartenreich Dessau-Wörlitz auch. Der Fürst von Anhalt-Dessau hatte es im 18. Jahrhundert als Vorbild für Landwirtschaft und Gartengestaltung geschaffen – nach englischen Vorbildern, die er auf seinen Bildungsreisen gesehen und die Marie Luise als junge Frau erkundet hatte.

Es war ein heißer Tag, die grob gepflasterten endlosen Chausseen kamen für das Fahrrad nicht infrage, aber neben der Straße kam sie auf den eigens angelegten Radwegen gut voran. Ihr Ziel war der englische Park von Wörlitz, den sie nur im Winter kannte. Damals, im Frühjahr 1909, hatte sie hier Station gemacht auf ihrer Reise nach Berlin. Damals hatte sie sich den bedeutenden englischen Garten, einen der ersten in Deutschland, angesehen, um ihn in ihrem Buch beschreiben zu können. Das Buch war fertig, gedruckt, hatte schon etliche positive Rezensionen erhalten, es lag weit hinter ihr in der Vergangenheit. Nach der Drucklegung hatte sie geschrieben: »Von mir hat es sich schon ganz gelöst.«

Am Abend nach ihrer Rückkehr, bei der der heiße Wind ihr ins Gesicht geblasen hatte – »denn inzwischen hatte sich der schon am Morgen lebhafte Wind zu einem wüthenden Scirocco ausgewachsen, der mir nun samt der glühenden Mittagssonne auf meinem Rückwege entgegenwehte« –, schrieb sie erschöpft nach Hause: »Im Parke bin ich träumend meinem ich in einem andern Leben nachgegangen – denn zurück in dieses andere Leben werden wir uns niemals finden, der Frieden muss uns bei neuen Aufgaben finden und neu müssen wir sie anfangen«.

Dahlem, 1921

Am Ende ihres Aufenthaltes in Dessau war auch noch Marie Luises Bruder Arthur in Berlin gestorben. Ihn hatte sie immer beneidet um sein Studentenleben, ihm hatte sie als junges Mädchen in Mathematik nachgeeifert. Er hatte Karriere gemacht und war zuletzt Ministerialdirektor im Preußischen Ministerium für Landwirtschaft, Domänen und Forst gewesen. Er war nicht alt geworden, und als seine Schwester wenige Tage nach seinem Tod ihrem Mann schrieb, konnte sie nur von einer grenzenlosen Erschöpfung berichten: »Von mir kann ich dir leider garnichts sagen, ich habe jetzt manchmal das Gefühl als wenn in mir etwas vor Müdigkeit eingeschlafen ist, das ich mit aller Gewalt nicht wecken kann, dieses etwas aber ist wohl mein eigentliches Selbst und was hier nun weiter lebt ist nur ein unruhiges gleichgültiges Nichts –.«

Die Kriegsjahre forderten ihren Tribut bei Familie Gothein, sie war damit nicht allein. Und doch gehörte sie immer noch zu einer privilegierten Klasse der Bevölkerung. Auch in den Kriegsjahren konnte Marie Luise reisen, obwohl der Radius deutlich eingeschränkt war. Mehrmals schrieb sie ihre Briefe aus Wolfratshausen, in der Nähe des Starnberger Sees. Hier verbrachte sie einige Zeit bei Else Jaffé, in der Nähe lebte ihr Sohn Werner ein einfaches Leben in einer Künstlerkolonie. Sie half ihm, ein kleines Häuschen auszustatten, arbeitete und erholte sich in der Vorgebirgslandschaft. Heidelberger Gelehrte und Münchner Intellektuelle kamen zu Besuch. Die Mutter war erstaunt über das Bohèmeleben ihres Sohnes, doch begriff sie, dass seine Einfachheit und Reduktion auf das Wesentliche wahrscheinlich mehr der Zeit entsprach als die Werte, die sie und ihr Mann gelebt hatten. Der großbürgerliche Besitz, die gesammelten Kunst- und Kunsthandwerksgegenstände, auf die sie stolz gewesen waren, wurden mehr und mehr zu einer Last. Außerdem entbehrte sie ein neues großes Forschungsprojekt.

Vielleicht unter dem Eindruck von Stefan Georges Mystizismus hatte sie noch vor dem Krieg angefangen, sich mit William Blake, dem für seine symbolistischen Zeichen bekannten englischen Dichter und Maler, zu befassen. Doch dafür hätte sie in die Bibliothek nach England reisen müssen. So blieb die Stimmung der meisten Briefe aus den Kriegsjahren und noch danach gedrückt. Die Autorin und Forscherin wusste nicht, wohin sie ihre »geistigen Schritte« lenken sollte.

Nachdem sie sich von den Verlusten und Anstrengungen der Kriegsjahre erholt hatte, griff sie auf eine Beschäftigung zurück, mit der sie sich den Weg in die intellektuelle Selbstständigkeit gebahnt hatte: das Übersetzen. Und so fügte sie ihrer Selbstdiagnose hinzu: »Es hilft eben nichts, ich muss warten bis dieses ich ausgeschlafen hat und aufwacht –.« Aufgeben lag nicht in ihrer Natur, und so »verbiss« sie sich in ihre Arbeit, wie sie in zwei Briefen schrieb. Sie übersetzte vier von Shakespeares Dramen für den Insel Verlag. Sie erschienen in den 20er Jahren. Außerdem übersetzte sie John Keats' Oden und Sonette neu – ohne sie jemals zu veröffentlichen.

Die Nachkriegszeit bedeutete für sie eine Heimatlosigkeit auf vielen Ebenen. Erstens war das Haus in Heidelberg zu groß und zu teuer im Unterhalt geworden. Auf die Dienstmädchen, die sich selbst um Angehörige kümmern mussten, war kein Verlass mehr. Zeitweilig waren die Gotheins überhaupt nicht mehr in Heidelberg gemeldet. Zweitens suchte sie intensiv nach einem Thema, das sie »über Jahre fesseln« könnte, fand aber keins. Sie schrieb einige Aufsätze über Themen der Gartenkunst.

Das Ehepaar Gothein im Garten, 1920

Dann fand sie es. Schon einige Jahre zuvor hatte sie die englische Übersetzung des indischen Nobelpreisträgers Rabindranath Tagore ins Deutsche übertragen. Ihre Antennen waren schon länger für den indischen Kulturkreis empfangsbereit. Allmählich wurde er ihre neue geistige Lebenswelt. Ganz Literaturwissenschaftlerin und Übersetzerin, begann sie zunächst damit, Sanskrit zu lernen.

Im Januar 1921 wohnte sie bei Verwandten in Dahlem, um die Hochzeit ihres ältesten Sohnes Wolfgang vorzubereiten. Inmitten der vielen Arbeiten, die erledigt werden mussten, hatte sie dieses neue Projekt voll und ganz gefesselt: »Trotzdem ich immer erst so um ½ 1 Uhr zu Bett gehe, reicht der Tag doch nicht und ich komme immer nur verstohlen zum Sanscrit.«

Hier war ein neues Projekt, eine neue Kultur, eine neue Welt, die sie erobern konnte. Hier erfüllte sich ihre universelle Selbstbeschreibung, die sie ihrem Mann einmal geschrieben hatte: »mein ganzes Wesen ist doch nur ein Streben nach Erkenntnis, nach Vertiefen und jeder neue Standpunkt, den ich antreffe, mir immer nur dazu dienen soll den Welträtseln näher zu kommen.«

Die rätselhafte alte Kultur Indiens, sie war ein Gebiet, auf dem sich die Forscherin Neuland erschließen wollte.

Heidelberg, 1931

Es war kühl an diesem Märztag in der Alten Aula. Der hohe, holzgetäfelte Festsaal der Universität Heidelberg war immer etwas dunkel, auch wenn die Lüster erleuchtet waren. Von den goldenen Bilderrahmen und den hellen Wandbildern an der Stirnseite der Aula reflektierten matt blitzend die Lichter, aber Marie Luises Aufmerksamkeit wurde von einer weißen Büste an der rechten Seite des vorderen Sitzrunds mit Beschlag belegt: Eberhards weißer Kopf trug einen Lorbeerkranz! Sie fröstelte und zog den Talar, den sie für die Verleihung der Ehrendoktorwürde trug, etwas enger um die Schultern. Sie war vom Treppensteigen in den ersten Stock etwas aus der Puste geraten, in letzter Zeit spürte sie öfter ihr Herz klopfen, wenn sie sich anstrengte. Vielleicht war es auch die Aufregung.

Die Honoratioren der Universität hatten sich bereits versammelt. Sie saßen vorne in dem gestaffelten Sitzrund mit ihren samtbesetzten schwarzen Talaren, Rektor und Prodekane behängt mit Amtsketten. Sie sah Gundolf unter ihnen sitzen, der sie erwartungsvoll anschaute, und senkte lächelnd den Kopf. Man hatte ihr gesagt, dass er ihr die Medaille überreichen würde, obwohl er kein Prodekan mehr war, und sie hatte sich darüber gefreut, mehr als sie es sagen konnte. Gundolfs im Laufe der Zeit scharf gewordene Züge waren ihr die liebsten in diesem Rund von schwarz gewandeten Männern. Dennoch fühlte sie sich nicht eingeschüchtert, sie kannte sie alle auch in ungezwungeneren Momenten ihres Lebens, hatte mit den meisten von ihnen diskutiert und sie in ihrem Haus bewirtet. Sie mochte es nur nicht, von allen angeschaut zu werden und im Mittelpunkt zu stehen. Schnell ging sie den mittleren Gang nach vorne und setzte sich auf den ihr zugewiesenen Platz.

Die eigentliche Verleihung der Doktorwürde erlebte sie wie durch einen Schleier. Sie hatte das Gefühl, über eine Dritte sprechen zu hören, als die Begründung verlesen wurde: »Die Philosophische Fakultät hat Frau Marie Luise Gothein in Heidelberg, der in seltener Weise vielseitigen und fruchtbaren Schriftstellerin, welche die verschiedensten wissenschaftlichen Gebiete befruchtet, in ihren Übersetzungen künstlerische Interpretationen großer Dichter geboten und in der Lebensbeschreibung ihres Mannes ein Stück deutscher Kultur- und Geistesgeschichte lebendig gemacht hat, für dieses außerordentliche Gesamtwerk Titel und Würde eines Doktors der Philosophie ehrenhalber verliehen.«

Sie nahm zur Kenntnis, dass Gundolf in seiner Ansprache ihre Ehrung mit seiner Sorge um freie Bildung verband: »Die heutige Ehrenpromotion fällt in eine Zeit, da uns bange werden darf, ob solche Grüße an die Bildung überhaupt noch lange erlaubt und begreifbar bleiben, ob sie nicht verstocken und verschleißen will, verstummen und erblinden.« Er nahm ihre Arbeiten als Vorbild für ein Forschen um seiner selbst willen und fragte, ob diese Arbeit bedroht sei. Im Januar hatten nationalistische und nationalsozialistische Studenten wegen der Beförderung eines jüdischen Professors und Pazifisten die Universität besetzt, sie musste von der Polizei geräumt werden. Als Zeichen seiner Überzeugung hatte Gundolf eine Wendung erfunden, die noch in diesem Jahr über dem Eingang zur neuen Universität angebracht werden sollte: »Dem lebendigen Geist«. An diesem Märzmorgen in der alten Aula konnten er und seine intellektuelle Freundin Marie Luise noch nicht wissen, dass die nationalsozialistischen Machthaber daraus »dem deutschen Geist« machen würden.

Marie Luise nahm die weiteren Reden, von denen sich viele um Eberhards Rektorat im »Schicksalsjahr« 1914 drehten und um seine wichtige Rolle für die Universität, wie neben sich stehend wahr. Doch als sie aufgefordert wurde, sich selbst an die versammelte Zuhörerschaft zu wenden, da durchfuhr sie ein Ruck. Sie straffte sich, stand auf und ging mit festen Schritten zur Kanzel, den weiten Saum des Doktortalars um ihre Knöchel schwingend, um ihrer Universität zu danken. Klar und deutlich hallten ihre Worte auch in den letzten Winkel des gewölbten Raums: »Eure Spektabilität, verehrte Professoren! Ich danke Ihnen von Herzen, dass Sie mich zum Ehrendoktor Ihrer philosophischen Fakultät an, – ich darf wohl nicht erst heute sagen – an unserer Universität ernannt haben. An alles das, was Sie Schönes und Ehrendes über mich gesagt haben, darf ich eben gar nicht denken, es würde mich nur verwirren. Eines nur möchte ich hervorheben, meinen Anteil an der Biographie; denn ich weiss ja und sehe auch, dass Sie die Büste bekränzt haben, Sie haben mit dieser Ehrung für mich, auch Eberhard Gothein ehren wollen.«

Später würde sie dem ehemaligen Assistenten ihres Mannes schreiben, dass sie ganz froh gewesen war, dass es bei den Reden und Ehrungen gar nicht so sehr um sie selbst gegangen war, sondern auch viel um Eberhard. Sie war damit zufrieden. Etwas anderes war ihr bei der Vorbereitung ihrer Dankesrede klar geworden: Es war die Universität, die für sie ein Zuhause geworden war. Erst nach langer Zeit war ihr klar geworden, dass die absichtslosen Freundschaften, die auf Vertrauen und gegenseitiger Hilfe basierten, wie sie sie in Bonn gekannt hatte, durch etwas anderes ersetzt worden waren: ein gemeinsames und gegenseitiges Ringen um Wahrheiten. Etwas, das sie ihr ganzes Leben angestrebt hatte. Weil es sie auch erschöpfte, hatte sie in den ersten Jahren in Heidelberg nicht erkannt, dass sie in dieser geistigen Luft immer besser atmen konnte.

»Heidelberg ist mir zur dritten letzten Heimat geworden«, sagte sie von der Kanzel herunter, und sie beschrieb ihre »innere Zugehörigkeit« zur Universität, um die sie – wie Gundolf – in den letzten Wochen gebangt hatte.

Vor den schwarzgewandeten Professoren in der hohen, schummrigen Aula begann sie, von der Landschaft ihrer Kindheit in Ostpreußen, die sie geprägt hatte, zu erzählen als ihrer ersten Heimat, von dem gewaltigen Strom des Niederrheins, der ihr das Symbol für ihr Zuhause in Bonn gewesen sei, und dann: »Dann bin ich langsam, aber um so tiefer in Heidelberg unausrottbar festgewurzelt, und nicht zum wenigsten, weil ich hier die tiefsten Schmerzen erduldet. Heidelberg aber ist für mich die Universität, in sie mündet alles, auch die Landschaft, die ich sehr liebe, und wenn mir in allen Fernen und von Menschen aller Zungen Heidelberg gerühmt wurde, so war es doch für mich immer die Universität, an die ich dabei dachte.« Sie erzählte den Professoren auch davon, dass die Stadt und ihre Universität ihr ein Anker geworden waren: »Und als damals mein altes Leben zusammenbrach und ich ein paar Wanderjahre einschieben musste – da war es mir doch keinen Augenblick zweifelhaft, dass ich danach nur hierher zurückkehren durfte trotz manchem lockenden Ruf nach Aussen [...]« Heidelberg war ihr ein Versprechen und eine Wahrheit geworden, wie ihr Mann es viele Jahre zuvor gehofft hatte.

Nachdem alle Feierlichkeiten der Doktorfeier beendet waren, alle Gratulationsbriefe gelesen und jede beglückwünschende Hand geschüttelt worden war, saß Marie Luise noch mit Friedrich Gundolf in ihrem Haus zusammen. Sie sprachen nicht über die Schatten. Er erzählte von seiner Reise in die Schweiz, die er unternehmen wollte, um zu übersetzen und zu schreiben. Er berichtete über seine Vorlesungen. Am späten Abend, im Licht der Stehlampe unter dem Sessel, tat Gundolf das, was er immer an späten Abenden in ihrem Haus getan hatte: Er las vor. Sie bewunderte den Rhythmus seiner Sprache, in dem sein Oberkörper mitschwang. Sie lauschte auf den Ausdruck der Silben, die er betonte. Sie dachte an Abende, wo er so gelesen und sie zusammen mit Eberhard zugehört hatte. Er fehlte.

Acht Jahre lag sein Tod inzwischen zurück. Er hatte nicht und sie noch viel weniger damit gerechnet, dass er im November 1923 in Berlin von einer Grippe dahingerafft werden würde. Die schlechte Versorgungslage nach dem Krieg hatte seine Widerstandskräfte geschwächt. Nur wenige Tage zuvor hatten sie noch Pläne gemacht für seine Reise, die ihn endlich nach Spanien bringen sollte. Er hatte sich nach seiner Emeritierung endlich seinem geliebten Kulturland voll und ganz widmen können, so wie sie sich schon seit einigen Jahren der orientalischen Literatur. Darum sollte sie von Spanien aus weiterreisen nach Indien. Er hatte es ihr in einem seiner letzten Briefe ausführlich auseinandergesetzt: »Ich finde, das Leben ist Dir diese grosse Erfüllung noch schuldig, selbst wenn Java und die Kinder nicht wären. Mich und die Kinder auch einmal ein Jahr allein zu lassen, ist, da der geistige Verkehr ja keinen Tag unterbrochen ist, und wie mir diesmal Deine Sammelbriefe zeigen, doch eher intensiver, mindestens zusammengedrängter [...], nicht gar so schlimm.«

Kurz nach seinem siebzigsten Geburtstag war er krank geworden, und Marie Luise dachte bis zuletzt nicht daran, dass er wirklich sterben könnte. Sie hatte sich in seinen letzten Tagen geweigert, mit ihm über den Tod zu sprechen. Jetzt, als sie Gundolfs Oberkörper sich im Rhythmus seiner Worte bewegen sah, durchfuhr sie die Erinnerung daran wie ein stechender Schmerz.

Mit Eberhards plötzlichem Tod war ihr altes Leben zusammengebrochen. Sie war dorthin geflohen, wo sie so oft in der Schönheit der Kunst geschwelgt hatte, zuallererst mit ihm: nach Italien. Sie hatte begonnen, Tagebuch zu schreiben, zuerst in Ascona, am 9. März 1924: »Das ist eine neue bittere Erfahrung meines Alleinseins, dass ich Schönes sehe und es nicht mit Eberhard teilen kann. Tagebücher auf Reisen, die ich alleine machte, brauchte ich nicht zu schreiben – Tagebücher sind meine Briefe an ihn. Und was ich bisher Schönes sah, erlebte ich immer sofort doppelt, denn es freute mich schon in Gedanken, es ihm mitzuteilen, zu erzählen. – Nun kann das nie mehr sein und der neue tiefe Schmerz überschattet mich in all dieser Schönheit. So will ich doch weiter mit ihm sprechen, und vielleicht wird mir selbst oder einem anderen einmal eine Stunde schöner Erinnerung bereitet.« Sie war es Eberhard schuldig gewesen, seinen gut ausgedachten Reiseplan in die Tat umzusetzen und ihre Erfahrungen weiterhin mit dem Papier zu teilen – auch wenn er ihr als Adressat abhandengekommen war.

Der Briefwechsel, der über vierzig Jahre Auskunft über ihrer beider Interessen, ihre Auseinandersetzungen, ihre Sicht auf die Kunst, die Literatur, die Menschen in ihrem Umfeld – die Welt – gegeben hatte, dieser intensive Dialog war verstummt.

Gundolf ging weit nach Mitternacht. Marie Luise war dankbar für seine Gesellschaft an diesem für sie so besonderen Tag gewesen. Sie setzte sich in seinen Sessel, unter der Stehlampe, und ließ die Erschöpfung ihre Augen schließen.

Der Garten aus Stein

Batavia, Java, 1925

Das Ankommen nach langer Reise ist eine ganz eigene Reiseerfahrung. Die Erschöpfung vernebelt erste Eindrücke. Die Glieder lösen sich taub aus ihrer starren Haltung. Die Kleidung ist verknittert, der Mund trocken. Das Gepäck ist zu schwer, die Jacke immer am falschen Platz, Gerüche drängen das Gefühl der Fremdheit auf. Wie war diese Erfahrung im Jahr 1925 für Marie Luise, als Frau, als Europäerin in Asien, als Forschungsreisende?

Aus der alten Welt war sie per Schiff aufgebrochen. Wie sie es sich – eigentlich ihrem verstorbenen Mann – gelobt hatte, schrieb sie täglich in ihr Tagebuch. Ihre Route führte sie von der Straße von Messina durch den Suezkanal und das Rote Meer zu einem Zwischenstopp auf Sri Lanka. Aufmerksam beobachtete sie den Wechsel von Ufern und Klima: »Ganz plötzlich ist Hitze und Müdigkeit der Tropen gekommen, die Nacht war ermüdend und zu kurz, so habe ich heute den ganzen Morgen fast geschlafen. Die See ist unendlich blau und eben, ganz ohne Wellen, nur ein heißer Wind, der aber doch angenehm ist, streicht über das Deck.« Die vorletzte Station vor Java hieß Singapur, von hier aus konnte sie die Ankunft kaum mehr erwarten.

Unterhaltsam berichtete sie von den Mitreisenden, ihren Charakteren und ihren Plänen und stellte fest, dass ihre sich von deren unterschieden: Sie war losgezogen, um die ostasiatische Kultur zu studieren. Es waren »geistige Dinge«, die sie riefen, kein koloniales Wirtschaftsstreben oder Glücksrittertum. »Ich möchte sehen, Antwort auf viele Fragen haben«, schrieb sie in ihr Tagebuch. Der Weg zur anderen Kultur führte für sie bedingungslos über die Sprache: »im Holländischen mache ich einige Fortschritte, im Malaiischen noch wenig«, konstatierte sie.

In den späteren Tagebüchern schrieb sie oft nachträglich ihre Eindrücke auf, zusammengefasst von mehreren Tagen: die fremdländischen Menschen, die Kinder, ihre Kleidung, ihr Verhalten, die Kultur und Tempel, die Früchte und Farben. Die Eindrücke mischten sich in ihrer Eindringlichkeit.

Als sie endlich in Batavia, dem heutigen Jakarta, auf Java ankam, erwartete sie bereits ihr Sohn Wolfgang. Marie Luise kam in der Fremde in ein ihr ganz vertrautes Umfeld. Der Sohn, der sich früh für ein Leben weit entfernt von seiner Heimat entschieden hatte, dessen Schweigsamkeit und Verschlossenheit sie so oft zur Verzweiflung getrieben hatten, erwartete seine Mutter, lud sie in sein Haus ein und fuhr mit ihr zu allen alten Tempeln und Stätten, die sie sehen wollte.

Mit dem Zug und dann mit dem Auto reisten sie nach ihrer Ankunft zu seinem Zuhause in Zentraljava im Bezirk Banyumas. Die Landschaft, die an ihr vorüberzog, kam ihr wie ein Garten vor: »Dass gerade Reisfelder auch ein sehr schöner Anblick sein können, zeigte sich, als wir von Cheribon (Cirebon) nach Südosten das Gebirge hinauffuhren: Hier wird der Reis in sehr künstlichem Terrassenbau angepflanzt, hier war er schon wieder neu gepflanzt und dies erste Grün der Reisfelder hat eine wunderbar schön smaragdgrüne Farbe und da die einzelnen Terrassen mit ihren geschweiften Rändern meist von den dunklen Buschrändern Palmen, Bananen und eine Reihe von anderen Bäumen (die ich erst kennenlernen und mir ihre Namen behalten muss), so machte mir diese ganze Landschaft einen schönen, gartenartigen Eindruck.« Es waren die vertrauten Bilder aus Europa, mit denen sie ihre neuen Erfahrungen abglich. Den atemlosen, grammatikalisch unvollständigen Stil ihrer Beschreibungen würde sie in diesem Leben nicht mehr ablegen.

Neben den Tagebüchern füllte sie mehrere Kladden mit ihren kulturwissenschaftlichen Aufzeichnungen und Beobachtungen. Sie hielt den Aufbau der Städte, die Lebensweise, Kleidung und den Charakter der Bevölkerung, aber vor allem Details von Tempeln und Beschreibungen von Kulturtechniken fest. Ganz besonders faszinierte sie das javanische Schattenspiel, das sie in zwei Heften beschrieb. Die feingliedrigen Puppen, die an Bambusstöcken befestigt sind, von denen ihre Bewegungen ausgehen, faszinierten und bezauberten sie. Sie versuchte zu ergründen, welchen Regeln, die ihr aus ihrer lebenslangen Theaterbildung vertraut waren, das Schattenspiel unterlag, und sie bemühte sich darum, europäische Dramentheorie mit der altjavanischen Tradition abzugleichen.

Dabei bewegte sie sich als Europäerin unter Europäern. Ihr Netzwerk, das eigene und das über ihren Sohn vermittelte, verschafften ihr in Java – und in allen anderen Ländern, die sie bereiste – Kontakte zur kolonialen Elite. Die Einheimischen betrachtete sie mit Neugier, aber Befremden. Sie fragte sich, ob sie ihr vertrauter würden, wenn sie wirklich ihre Sprache spräche.

Marie Luise konzentrierte sich auf Kunst und Kultur. In ihren Tagebüchern und Kladden beschrieb sie Tempel, die sie besuchte, zeichnete kleine Skizzen und Details von Türstürzen und Fensteröffnungen und entdeckte Parallelen zur Kultur des alten Europa an den entlegensten Stellen. Das Volk der Niaser, benannt nach seiner Heimat, einer Insel vor der Küste Sumatras, hatte Treppen gebaut zur Erhöhung seiner Tempelanlagen. Diese Verbindung von Gebäude und umgebender Landschaft durch eine Treppenanlage klassifizierte sie als hohe Kulturleistung. Sie kannte diese Anlagen aus den italienischen Gärten der Renaissance und aus den französischen des Barock. Und sie hatte sie beim Hortus Palatinus in Heidelberg schmerzlich vermisst.

Für den Beginn des neuen Jahres 1926 nahm sie sich vor, die berühmte Tempelanlage Borobudur anzuschauen. Fünf Stunden mit dem Auto, dann sah sie es: »das so oft geschaute Bild, wie es da die Spitze des Hügels umkleidet – dieses eigenartige buddhistische Bauwerk – da die vorderindischen ja fast alle verloren sind.« Marie Luise war auch hier, 11 000 Kilometer entfernt von ihren kulturwissenschaftlichen Wurzeln, hervorragend vorbereitet.

Wenig erzählte sie in ihren Tagebüchern vom Zusammensein mit ihrer Familie und den Enkelkindern. Das Weihnachtsfest 1925 beschrieb sie als so vertraut wie zu Hause – mit dem einzigen Unterschied, dass ein Thuja-Baum als Weihnachtsbaum geschmückt wurde.

Ob sie sich darüber wunderte, wie verschieden Kinder aufwachsen konnten? Vielleicht dachte sie das mehr als einmal, wenn sie sich in ihr Zimmer zurückzog, um die Eindrücke des Tages zu verarbeiten. Der fast dreijährige Dietrich auf seinen kurzen Beinen war mit wehendem blonden Lockenschopf einem kleinen Äffchen nachgejagt, das sich in einem Moment der Unachtsamkeit vom geflochtenen Tisch im Garten eine Frucht gestohlen hatte. Was für ein Unterschied zu ihrer Kinderzeit in Masuren, mit seinen kalten und trockenen Wintern, in denen sie nichts Schöneres gekannt hatte, als auf den zugefrorenen Seen und Flüssen mit roten Wangen Schlittschuh zu laufen.

Ihre Tagebücher berichten wenig von zwischenmenschlichen Gefühlen oder rührenden Szenen, sie sind voll von ihren Studienobjekten und den fast atemlosen Beschreibungen ihrer Besichtigungen. Es scheint, als hätte die Forscherin sich in der ihr neu gewählten Kultur wenig Zeit zum Ausruhen gegönnt. Was sie sich in vierzig Jahren in Europa erarbeitet hatte, musste jetzt in zwei Jahre passen.

Die Fülle ihrer Interessen, die Buntheit ihrer Eindrücke

Mit ihren Enkelkindern auf Java, 1926

müssen sie überwältigt haben, denn sie hat von ihrer Reise wenig veröffentlicht.

Marie Luise hatte ihr ganzes Leben lang die Gabe besessen, gebildete Männer für sich einzunehmen und von deren Wissen zu profitieren. Bei ihrem Studium der altindischen Sprache Sanskrit half ihr der Heidelberger Indologe Heinrich Zimmer, fast dreißig Jahre jünger als sie. Er schrieb in einem maschinenschriftlichen Erinnerungsbuch, das Marie Luises Sohn Werner nach ihrem Tod, »ihren Freunden gewidmet«, herausgab, eine kurze Reflexion darüber, warum sie aus dem Material ihrer Studien in Süd- und Ostasien so wenig Publikationen hervorgebracht hatte. »Es war nicht eigentlich das weitausgreifende Interesse für die Gartenkunst aller Kulturen und ihre sinnbildende Ausdruckskraft, das sie vornehmlich trieb, noch in der zweiten Lebenshälfte sich durch den Dschungel des Sanskrit den Weg zu bahnen, wenngleich ihr Buch *Indische Gärten* als einziges über Indien und als Nachtrag zu ihrem großen Werke das zu bezeugen scheint.« 1931 veröffentlicht, schrieb sie im Vorwort des schmalen Bändchens, dass es eine Ergänzung zu ihrem Kompendium sein solle. Zwei weitere Artikel veröffentlichte sie in einer Publikumszeitschrift für Gärten. Sie berichteten von der »Chrysanthemum-Ausstellung in Tokyo« und von den »Steingärten von Sutschau«. Eine größere Abhandlung hielt ihre Beobachtungen über die philosophisch-historische Bedeutung der Stadtanlage von Peking fest. Der vertraute Maßstab, den sie an ihre Eindrücke anlegen konnte, blieb die Gartenkunst – auch wenn sie dieses Gebiet schon vor langer Zeit für sich abgeschlossen geglaubt hatte.

Marie Luise hatte sich seit 1914, seit der Übersetzung von Rabindranath Tagore, mit der indischen Kultur befasst, in den Nachkriegsjahren wurde dieses Interesse ihr neues geistiges Betätigungsfeld. Was sie faszinierte, waren das indische Drama und die alten Epen. Dass sie nicht nach Indien reiste, sondern nach Indonesien, schätzte Zimmer als Verlust ein: »Vom indischen Theater wandte sich ihr Interesse zum javanischen Schattenspiel, von den allgemeinen Grundlagen indischer Kultur zur kapriziösen und lieblichen Eigenart des

Bali-Idylls.« Genauso wie Eberhard Gothein Wissen gesammelt, Phänomene zueinander in Beziehung gesetzt und geordnet hatte, »so hielt auch bei Marie Luise Gothein das reine Gefallen an immer erneutem und vertieftem Umgang mit den östlichen Sphären [...] dem Wunsche, zu gestalten, was sie sah, schließlich die Waage«.

Vielleicht fehlte auch ihr vertrautes, ordnendes Gegenüber, mit dem sie ihre Eindrücke hätte diskutieren und systematisieren können.

Banyumas, Java, Juli 1926

Marie Luise war erfüllt von den Erlebnissen des Tages, aber sie war nicht müde. In der Dämmerung ging sie ein wenig spazieren, das tat sie fast jeden Abend. Ihr Lieblingsweg führte sie zum Fluss Serayu, der aus den Bergen nördlich der Stadt Purwokerto entsprang und dem indischen Ozean zustrebte. Mit Wolfgangs Familie zusammen hatte sie bereits die Mündung des Flusses gefunden: ein weiter Strand mit feinem Sand, von einer weiten Bucht eingeschlossen. Dietrich hatte sich über den Badenachmittag am Meer gefreut und war vom Haschen der niedrigen Wellen so müde geworden, dass er auf dem Heimweg im Auto einschlief. Erica, Wolfgangs Frau, war mit der kleinen Ursula zu Hause geblieben.

Marie Luise mochte den Fluss in der Nähe von Wolfgangs Haus jedoch lieber. Obwohl er in einer so fremden, exotischen Landschaft floss, erinnerte er sie an den Rhein und Bonn, und sie dachte oft an die Abendspaziergänge, die sie mit Eberhard dort gemacht hatte. Die steilen Ufer des Serayu erreichte sie auf einem schmalen Weg, den die Bauern aus dicken Bambusstücken gelegt hatten. Die Abendluft war angenehm. Am Nachmittag hatte es geregnet, jetzt dampfte der palmenbestandene Pfad, dem Marie Luise folgte.

Plötzlich hielt sie inne. Durch die Blätter der Bäume schimmerte ein schwaches Licht. Sie fragte sich etwas bange, ob jemand hier in der Einsamkeit auf sie zukam, und meinte, den Schein sachte hüpfen zu sehen. Doch als sie sich stärker darauf konzentrierte, sah sie, dass das Licht an einer Stelle blieb. Vorsichtig ging sie weiter. Noch spät am Abend schrieb sie in ihr Tagebuch: »An einem Baum, der seine Zweige weit über das steile Flussufer hinausstreckte hing ein Seelenmahl: ein runder Teller aus Pappe war mit einem spitzen Dach bedeckt, so ein Häuschen bildend, in diesem brannte ein Lichtlein und säuberlich auf grünen Blattschüsseln zugerichtet ein Mahl von verschiedenen Reisspeisen, Kokosnuss etc. Welcher Kult damit Ausdruck fand, ob Ahnen oder Geister, als Bitte oder Dank, ich weiß es nicht – alles entspringt ja der dem ganzen Orient gemeinsamen Vorstellung der lebendigen Seelen der Verstorbenen. Ich war gegangen, mit Gedanken an Eberhard ganz erfüllt, fühlte ihn mich geistig durchdringen – dies mir selten gewährte dann aber so tiefe Glück. Und plötzlich sah ich hier ein feines Band, das im letzten Grunde doch die Seelen umschlingt – nicht Nahrung aber Liebe brauchen die Seelen und mir fiel Hebbels tief erschütterndes Lied ein: ›Seele, gedenke der Toten‹.«

Hebbels *Requiem*, das mit den Zeilen »Seele, vergiß sie nicht/Seele, vergiß nicht die Toten!« beginnt, gemahnte Marie Luise daran, dass die Verstorbenen erst dann tot sind, wenn sie von den Lebenden vergessen werden. Es mischte sich der östliche Glaube an die Seelenwanderung mit ihrer eigenen Lebenswelt. An diesem fremden Fluss am anderen Ende der Welt fühlte sie sich noch immer mit Eberhard verbunden.

Suzhou, China, 1926

Im September 1926 reist Marie Luise von Jakarta aus weiter in Richtung Hongkong. Sie wird Wolfgang, Erica und ihre beiden Enkelkinder lange nicht wiedersehen, und dies sind unruhige Zeiten.

Fast ein Jahr nach ihrer Abfahrt aus Europa macht sie das Foto: »Einfahrt in Hongkong vom Schiff aus 19.9.26«. Wenige Hafeneinfahrten beeindrucken sie so wie diese – selbst Neapel mit seinem spektakulären Blick auf den Vesuv nicht. Erst in diesem Moment wird ihr bewusst, wie wohl sie sich auf Java gefühlt hatte. Sie spürt »Heimweh nach den Tropen [...] nach den Palmen und dem unendlichen Meer von Grün, den Stränden und den Vulkanen«. Doch die Reise geht weiter.

Von Hongkong führt die Route per Schiff weiter nach Shanghai. Hier wird sie von dem Ehepaar von Ungern-Sternberg erwartet. Leonie, geborene Keyserling, war Studentin in Heidelberg gewesen und lebt nun mit ihrem Mann in China, wo sie ihre historischen Studien fortsetzt. Leonie begleitet die Frau ihres ehemaligen Professors auch nach Suzhou, das sie selbst noch nicht kennt. Erstaunt berichtet Marie Luise von ihrer beider Versuch, die Stadtmauer zu umrunden auf der Suche nach dem Stadttor, wobei sie sich aber nur in einem Labyrinth von Vorstädten und weiteren Vororten verirrten. China stellt Marie Luises Erfahrungen von europäischem Städtebau infrage.

Am 29. September schreibt sie nach einem ereignisreichen Tag in ihr Tagebuch: »Ich bin jetzt fünf Tage hier und das neue Leben stürzt mit einer Fülle auf mich, dass ich mich noch gar nicht dazu entschließen kann es festzuhalten im Wort.« Die Eindrücke in China überwältigen sie. Es ist eine alte Vertraute, die ihr hilft, einen Ansatzpunkt im Meer der Fremdheit zu finden: die Gartenkunst.

Im zweiten Band ihres Geschichtswerks über die Gärten hatte sie sich zwölf Jahre zuvor theoretisch und noch ohne eigene Anschauung mit chinesischen und japanischen Gärten und deren Einflüssen auf europäische Gartenkunst befasst. Gut informiert auch durch ihren Mann, der sich intensiv mit Ignatius von Loyola beschäftigt hatte, konnte sie vor allem die Verbindung zwischen östlicher und westlicher Gartenkunst, die von den jesuitischen Mönchen vermittelt wurde, würdigen. Und sie hatte die Symbolik der chinesischen Landschaftsbilder und ihrer Elemente erklärt: »Wie ihrer Naturbetrachtung, so liegt auch ihrer Kunst ein tiefer, über die Erscheinung hinausgehender Sinn zugrunde; ihr eigenstes Wesen ist das Symbolische; darum deutet sie nur an, mag sie auch noch so treu im einzelnen ihrer Naturbeobachtung sein.«

Schon damals hatte sie die Bedeutung der Steine als Stellvertreter für Berge und Hügel natürlicher Landschaften hervorgehoben: »Vielleicht dürfen wir in der eigenartigen Verehrung, die die Chinesen den Bergen und Steinen entgegenbringen, eine Urform der Religion, den letzten Grund auch ihrer Gartenformation sehen.« Obwohl sie 1926 bei ihrer Ankunft in China schon lange mit der Gartenkunst abgeschlossen hat, kommt sie ihr hier, am anderen Ende der Welt, wieder näher.

Marie Luise und Leonie haben sich für ihren Tagesausflug vorgenommen, mehrere Gärten in der alten Stadt Suzhou zu sehen. Es soll das erste Mal sein, dass Marie Luise einen chinesischen Garten in der Realität sieht, und sie ist vor allem von einem Element fasziniert: den Steinen. Als sie ihren Fuß

Garten des Verweilens oder Liu Yan-Garten, 1926

in den Garten des bescheidenen Beamten setzt, überkommt sie ein Déjà-vu-Gefühl: Wie in Italien, in Frankreich und in anderen Ländern, die sie auf ihren Gartenreisen durchforscht hatte, sind auch die historischen chinesischen Gärten bedroht. In ihrem Tagebuch notiert sie am Abend: »[…] hier war der Eingang zu den kaiserlichen Gärten – heute ganz verfallen, dort aber wurde mir der erste Eindruck dieser merkwürdigen Steingärten von Suchow. Er ist ebenso verwildert wie der Confuciustempel und wahrscheinlich dies ganze kaiserliche Gebiet, aber einmal können diese seltsamen Steingärten ziemlich viel Verwilderung vertragen, dann aber sah man bald bei einigem näheren Studium wie außerordentlich fein die Ornamentik der vielen kleinen Gebäude und Theehäuser ist. Bald werden freilich auch diese ganz in Trümmern liegen […].«

Die beiden Frauen streifen durch die Reste des Kunstwerks, das ein Beamter des Kaisers in der Ming-Dynastie zu Beginn des 16. Jahrhunderts angelegt hatte. Ruhe und den Sinn eines einfachen, naturverbundenen Lebens wollte er hier finden als Gegenentwurf zu seinem höfischen Leben. An einem Pavillon fehlen die hochgebogenen Dachspitzen, im See wuchern große Seerosenblätter, dahinter bauen sich Staffeln von seltsam geformten Steinen zu einem kleinen Felsen auf, hinter einem dichten Wald von Bambus können sie einen großen runden Torbogen in einer langen Mauer gerade noch erahnen. Gedämpft klingen Tierlaute durch den grünen Pflanzenvorhang und ein gluckerndes Gewässer, dessen Ursprung sie nicht sehen. Wunderlich erscheint Marie Luise die Stille. Sie lässt sie selbst verstummen, als würde sich ein wohltuendes Schweigen aus 400 Jahren auf ihre unausgesprochenen Gedanken legen, sie beruhigen und glätten. Sie spürt ihren Atem, ruhig und gleichmäßig, und sie hört die Stille des Wassers und der Steine.

Leonie sieht sie fragend an, es ist eine ungemessene Zeit vergangen. Die beiden Reisegefährtinnen kehren zurück zum Ausgang und stehen bald darauf wieder in den geschäftigen Gassen der Stadt, deren Mauern nicht verraten, dass sich hinter ihnen Oasen der Stille verbergen.

Marie Luise fühlt sich für einen Moment lang fremder in der Fremde als jemals zuvor. Ein Kuli fährt, ohne auszuweichen, schnell an den beiden Frauen vorbei und ruft ihnen erst im Wegfahren eine Warnung zu – oder ist es eine Verwünschung? Leonie zieht Marie Luise in den Torbogen eines Hauseingangs. Sie hat noch die Adresse eines Geschäftsmannes erhalten, der gerade einen der historischen Gärten Suzhous instand setzt. Marie Luise schreibt in ihr Tagebuch: »[…] zuerst hier erhielt ich eine Vorstellung, wie solch ein Steingarten in seiner Gepflegtheit und in der ganzen Entfaltung seiner Anlage aussah. Meine Theorie, dass die ganze Gartenkunst in ihrer ersten Gestaltung eine Nachahmung heiliger Berge, Steine und Wasser ist, hat sich in allen Gärten, die ich in China gesehen, nur befestigt.«

In diesem Privatgarten in China findet Marie Luise den Schlüssel zu einer Gartenkunst, die sich völlig aus der Landschaft speist. »Das anfänglich befremdete Staunen weicht bald einer fast faszinierten Bewunderung. Man sieht auf einmal, dass ein wohldurchdachter Plan dieser fantastischen Welt zugrunde liegt [...]« Marie Luise begreift die Harmonie der Elemente, und es sind die Steine, die in dieser Komposition am klarsten zu ihr sprechen.

In ihrem kurzen Aufsatz in der *Gartenschönheit* wird sie nach ihrer Reise schreiben: »Ganz China ist von einer den meisten Europäern völlig unverständlichen Leidenschaft für Steine ergriffen: Steine verkörpern [...] tiefste Symbole, sind [...] ein Gegenstand tiefster Verehrung [...] Nirgends aber habe ich diese Vorliebe fast bis zum Übermaß erlebt wie in den Gärten Sutschaus [...] Trotz des Vorherrschens der Steine kann man nicht sagen, daß die Vegetation etwa ganz zurückträte. Wenn sich der Teich mit blühenden Lotos bedeckt, so scheinen sich Stein und Blumen zu köstlicher Farbensymphonie zu vereinen; eine Glycinenlaube, die ihre blauen Trauben im Wasser spiegelt, läßt alles ringsum aufleuchten, Baum und Stein gehören für den Chinesen überall brüderlich zusammen, das Beherrschende aber und so paradox uns das klingen mag, das lebendigste, den Chinesen am tiefsten bewegende Element des Gartens ist ihm der Stein.«

Sie schreibt dies an ihrem vertrauten, mit Papieren, Büchern und Fotos beladenen Schreibtisch in Heidelberg, wohin sie nach ihrer letzten großen Reise zurückgekehrt ist. Auf dem Tisch liegen Bücher für ihr Sanskritstudium, Bildbände über Japan und dazwischen auch ein Buch über Yoga. Sie als Turnerin fasziniert die Versenkung in einen geistigen Zustand über das Mittel des Körpers. Draußen vor dem Fenster blüht ein Kirschbaum. Ihr Zuhause ist inzwischen ein modernes Haus im Bauhausstil in Neuenheim. Aus der großen

Im Alter am Schreibtisch

historistischen Professorenvilla mit ihrem Jugendstilschmuck auf der Fassade, über die sie und Eberhard sich wochenlang den Kopf zerbrochen hatten, ist sie schon lange ausgezogen. Das alte Leben liegt hinter ihr. Sie ist sich in diesen Tagen nicht sicher, ob sie für einen neuen Abschnitt bereit ist, obwohl sich der Frühling überall breitmacht und alle Menschen, Tiere und Pflanzen in Heidelberg und am Philosophenweg von einer Leichtigkeit beseelt sind, wie sie nur diese Jahreszeit bringen kann.

Marie Luise sitzt an ihrem Schreibtisch, wie sie es immer nach der Rückkehr von ihren Reisen tut, und liest, was sie in ihren Tagebüchern und was andere in ihren Forschungsarbeiten über die Gärten Chinas geschrieben haben. Deutlich sieht sie beim Lesen ihrer Aufzeichnungen den Weg im Garten des Geschäftsmanns vor sich, der von liegenden Steinen geformt und von stehenden begrenzt ist. Alle sind unbehauen und naturbelassen, sie gleichen in ihren Formen Felsen, und doch hat sie gewusst und gesehen, dass alle Steine mit Bedacht und künstlerischem Anspruch ausgesucht worden sind. Sie erinnert sich daran, wie dort, zwischen den unbeweglichen Steinen, ihr rastloses Suchen nach den Gründen javanischer, balinesischer und chinesischer Kultur eine tiefe Pause gehabt hatte. Für einen kurzen Moment hatte sie im Garten wieder die Schönheit gefunden, in der sie am Beginn ihrer Studien so intensiv geschwelgt hatte.

Es sind die Steine, Elemente der Erde, die Marie Luise an die Urschicht ihrer Gärten erinnern. Steine in unterschiedlichen Formationen, liegend, stehend, in Gruppen zusammengestellt, von Wasser durchflossen, grau und von bunten Flüssen durchzogen: Sie sind die unveränderlichen Formationen, die Marie Luises zweiter Natur den Stempel aufdrücken. Die Steine dieses chinesischen Gartens sind ihr zum Symbol einer universellen Kunstform geworden, nach der sie viele Jahre, ein ganzes Jahrzehnt lang, immer wieder gesucht hat. Fremd und doch eindeutig erscheinen ihr die Steinformationen – eine wahre Natur.

Epilog

Nach ihrer Rückkehr aus Ostasien lebte Marie Luise Gothein bis zu ihrem Tod in Heidelberg. Sie kehrte zu den Netzwerken zurück, die sie sich im zweiten Jahrzehnt des 20. Jahrhunderts aufgebaut hatte. Vor allem Friedrich Gundolf blieb ihr ein bewunderter Freund. Als er im Juli 1931 an einem Krebsleiden starb, schrieb sie eine Erinnerungsnotiz »Mein letzter Abend mit Gundolf«, die mit den Sätzen endete: »Er ging von mir mit dem herzlichen ›Auf Wiedersehen‹, wie nur *er* es sagen konnte. Und nun erlosch die reine Flamme, und wir müssen ohne ihren Glanz im Schatten weiterleben.«

Die Schatten, von denen sie schrieb, waren die Machtergreifung der Nationalsozialisten, die greifbar bevorstand. Es waren die Zeiten, in denen sie lebte, der Umbruch des politischen Systems und das Scheitern früherer Gewissheiten. Der Tod von Gundolf ließ sie, wie ein Freund bezeugte, hoffnungslos zurück.

Marie Luise Gothein hatte die Gnade des frühen Todes. »Nach kurzer schwerer Krankheit« – so steht es in der Todesanzeige ihrer Familienangehörigen – starb sie am Vormittag des Heiligabends 1931. Sie wurde 68 Jahre alt. In den letzten Jahren ihres Lebens hatte sie die junge Demokratie der Weimarer Republik rundweg abgelehnt, eine »Kakokratie« schimpfte sie sie in einem Brief aus Dahlem.

Stefan Georges »Geistesaristokratie« lag ihr näher als die »Berührung mit den Massen«, die sie immer scheute, wie ihr Mann in mehreren Briefen analysierte. Das, wonach sie ihr Leben lang gestrebt und selbst verkörpert hatte, sah sie als Ideal auch für die Mächtigen der Welt an: Bildung, Auseinandersetzung mit den grundlegenden Fragen der Menschheit – und zwar über alle Kulturgrenzen und Geisteswissenschaften hinweg. Die Fülle der Themenfelder, die sich Marie Luise Gothein während ihres Lebens erschloss, ist nur mit Bewunderung zu konstatieren. Auch ihr polyglotter Zugriff auf ihre Forschungsobjekte kann Staunen erregen. Neben dem Altgriechischen und Lateinischen und den europäischen Sprachen Englisch, Französisch und Italienisch eignete sie sich noch in späteren Jahren die altindische Sprache an.

Ihr Bildungsideal war von Eberhard Gothein geprägt, es war ein Goethesches Beispiel des Humanismus. Damit war das Ehepaar Gothein schon zu Beginn des 20. Jahrhunderts nicht mehr zeitgemäß. Eberhard blieb ein bewunderter Universalgelehrter in der südwestdeutschen Universitätsstadt, der in seiner »Brotdisziplin«, der Nationalökonomie, solide Arbeit leistete und zwei Handelshochschulen gründete, in der Kulturgeschichte jedoch keine Schule bildete. Seine Frau wendete den historistischen Anspruch auf eine vergleichsweise kleine Disziplin an und legte damit die Grundlage für eine Geschichte der Gartenkunst. Die Fülle der Themen, die sie darüber hinaus in Angriff nahm, fügten sich nicht mehr in ihr überkommenes Wissenschaftssystem. Als Übersetzerin der englischen romantischen Dichter war sie zu ihrer Zeit sehr erfolgreich. Dieser Erfolg blieb aber aufgrund ihrer zeitgebundenen Sprache auf diesen Zeitraum beschränkt.

Ihr Bildungsideal kannte keine Antworten mehr auf drängende politische Fragen der Zeit. Mit großer Sorge sah sie den Machtzuwachs der NSDAP bei den Wahlen 1930, in ihrer Dankesrede zur Ehrenpromotion gab sie ihrer Angst um die Universität Ausdruck, die durch die »Gumbel-Krawalle« im Januar 1931 ausgelöst worden war. Diese Besetzung der Universität durch nationalistische und nationalsozialistische Studenten war eine Reaktion auf die Beförderung des jüdischen und pazifistisch eingestellten Professors Emil Julius Gumbel.

Vielleicht hätte sie sich in die innere Emigration zurückgezogen, vielleicht hätte sie mit dem Kreis der George-Jünger intellektuell weiter am »Geheimen Deutschland« gesponnen. Über ihren jüngsten Sohn Percy hatte sie immer noch Kontakt zu dieser Gruppe intellektueller Schüler Georges, die die Politik, vor allem aber die Kultur der Nationalsozialisten ablehnten. Aus diesem Kreis stammte auch der Hitler-Attentäter Claus Schenk Graf von Stauffenberg. Niemand kann mit Sicherheit sagen, wie sie sich in der Zeit des Nationalsozialismus verhalten hätte, da sie ein gutes Jahr vor der Machtübernahme Adolf Hitlers starb. Es war eine Gnade des frühen Todes. Ihr Grab ist auf dem Bergfriedhof in Heidelberg.

Wer in den Mahlstrom der Geschichte geriet, war ihr jüngster Sohn Percy. Seine Gefolgschaft zu Stefan George kostete ihn eine wissenschaftliche Karriere, da der Stil seines Arbeitens von der etablierten Akademia nicht anerkannt wurde: Seine Habilitation scheiterte. George hatte den Anspruch, durch Dichtung in das Leben einzugreifen, Percy Gothein adaptierte diese Maxime. Sein Leben verlief unstet, er reiste viel, vor allem in Italien – als Renaissanceforscher verschmolzen hier berufliches Interesse und Privatleben. Im Juli 1944 war er mit dem Motorrad in Holland unterwegs zu Freunden, die sich im Widerstand befanden. In der Nacht wurde er verhaftet. Er starb im Oktober im KZ Neuengamme. Ob er wegen seiner Verbindungen zum Widerstand umkam oder wegen seiner Homosexualität, ist nicht mehr zu klären.

Die Söhne Wolfgang und Werner Gothein überlebten Verfolgung und den Zweiten Weltkrieg. Werner Gotheins Kunst wurde von den nationalsozialistischen Machthabern als entartet zerstört. Er baute sich nach dem Krieg eine neue Existenz am Bodensee auf und lebte bis 1968. Wolfgang starb 1958.

Gotheins Rolle als Frau ihrer Zeit ist in diesem Buch schlaglichtartig beleuchtet worden. Zu ihrer Zeit spielte die Tatsache, dass sie sich wissenschaftlich betätigte, eine viel kontroversere Rolle, als dies heute vorstellbar ist. Die meisten ihrer Rezensenten bewerteten ihre Arbeit als erstaunlich »männliche« Leistung für eine Frau. In der Laudatio zu ihrer Ehrenpromotion sagte Friedrich Gundolf: »Frau Gothein hat gleich den besten Trägern solchen Strebens sich gemüht um die Erforschung des Erforschlichen, aus einer weiblichen Lust – ja Neugier – ›am schönen Überfluss der Welt‹ und mit mannhafter Helle, Tatkraft, Werkfreude.«

Eine solche Leistung wie die ihre konnte zu dieser Zeit nur männlich sein. Weibliche Tugenden wurden zwar geschätzt, waren aber in der Wahrnehmung der Zeit klar den männlichen Gaben unterlegen. Da sie in diesem Spannungsfeld aufgewachsen war und sich von klein auf gewünscht hatte, ein Junge zu sein, nahm sie die Bedingungen dieser Geschlechterstereotype für sich an und wählte eine, in der Diktion ihrer Zeit, »männliche Arbeits- und Schreibweise«.

Gegen Ende ihres Lebens bedauerte sie es hin und wieder, nicht mehr in der »weiblichen Sphäre« verblieben zu sein. Sie bewunderte Frauen, die sich den traditionell weiblichen Tätigkeiten und Eigenschaften hingaben, anstatt sie abzulehnen. Nicht wenige Zeugnisse – bisweilen auch die Briefe ihres Mannes – sprechen ihr einen unverbindlichen, fast schroffen Charakter zu. In seinen Lebenserinnerungen schrieb der Archäologe Ludwig Curtius: »In ihrem etwas spröden westpreußischen Naturell schien das eigentlich Weibliche ganz von einem forschenden Intellekt zum Schweigen gebracht.« Die latente Abwertung in Curtius' Charakterisierung und auch in den Zeugnissen anderer Zeitgenossen mag sich auch darauf zurückführen lassen, dass man(n) ihr ihre emanzipatorische Haltung in Sachen Bildung übelnahm und sie auf ihren Platz verweisen wollte. Solche Charakterisierungen sind allerdings erstaunlich langlebig. Einige Zitate finden sich immer wieder in den Abhandlungen über die Gartenforscherin und prägen ihr Bild. In ihren Briefen zeigt sich jedoch ein facettenreicheres Porträt. Marie Luise haderte durchaus mit der von ihr gewählten Rolle. Die Selbstzweifel wurden jedoch nie so stark, dass davon ihre Lebensleistung beeinträchtigt worden wäre.

Hinweis

Alle Zitate von Eberhard und Marie Luise sind dem Briefwechsel des Ehepaars Gothein entnommen. Dieser wurde von Michael Maurer im Jahr 2006 unter dem Titel *Im Schaffen genießen* in Auswahl veröffentlicht. Viele Briefe sind als Digitalisate auf der Seite der Universitätsbibliothek Heidelberg einsehbar (Briefe von Marie Luise an Eberhard: https://doi.org/10.11588/diglit.20074, Briefe von Eberhard an Marie Luise: https://doi.org/10.11588/diglit.20299). Die Zitate wurden – wo zum Verständnis nötig – in Rechtschreibung und Syntax leicht dem heutigen Deutsch angepasst. Kürzungen sind mit Auslassungszeichen markiert, vor allem bei dem Abschnitt der Kriegsbriefe ermöglichten großzügige Streichungen, die Serie unkommentiert wiederzugeben.

Die szenisch-historischen Passagen basieren auf Quellen und Fakten, unterliegen in ihrer Ausgestaltung aber künstlerischer Freiheit. Im Kapitel über Vaux-le-Vicomte wurden Marie Luise Gotheins Briefe an Otfried Eberz vordatiert, sie stammen eigentlich von späteren Stationen ihrer Reise von 1909. In allen anderen Teilen des Buches entsprechen jedoch die Briefdaten und die Geschehnisse, die darin geschildert werden, den im Buch erzählten Handlungen.

Abbildungsnachweis

Die Abbildungen auf den Seiten 120 und 233 stammen aus dem Archiv der Universität Heidelberg (Signaturen BA Pos I 01075 und BA Pos I 01076). Die Abbildungen auf den Seiten 6, 27, 29, 51, 61, 63, 70, 115, 123, 227, 247 und 256 befinden sich im Privatbesitz der Familie Gothein und wurden für dieses Buch freundlicherweise zur Verfügung gestellt. Die Digitalisate dieser Privatfotos hat die Universitätsbibliothek Heidelberg angefertigt. Auch die Abbildung auf S. 99 (aus: Charles Latham: *The Gardens of Italy 1. With Descriptions* by *Evelyn March Phillipps (Country Life)*, London: Newnes, 1905 [https://doi.org/10.11588/diglit.19775#0129]) und die Abbildung auf S. 253 (aus: *Zeitschrift Gartenschönheit*/8.1927 – Aachen (1927); S. 156) wurden von der Universität Heidelberg digitalisiert.

Bei der Abbildung auf S. 72 handelt es sich um eine private Aufnahme.

Die Abbildung auf S. 126 stammt aus dem Generallandesarchiv Karlsruhe (Signatur 498–1 Nr. 6651), die Abbildung auf S. 179 aus dem Musée Carnavalet, Histoire de Paris (Signatur G.487), die Abbildung auf S. 181 aus dem Bildarchiv Foto Marburg.

Inhaltsverzeichnis

Vita Sackville-West
Sissinghurst
Portrait eines Gartens
Aus dem Englischen von Susanne Lange
160 Seiten. Gebunden
ISBN: 978-3-89561-709-6

1930 kauften die Schriftstellerin Vita Sackville-West und ihr Ehemann Harold Nicolson die Ruine von Schloss Sissinghurst in Kent. Über die Anlage ihres legendären Gartens, den heute jährlich 160 000 Menschen besuchen, schrieben die beiden in Briefen und Tagebüchern, in Kolumnen und Rundfunkbeiträgen. Julia Bachstein hat daraus ein Portrait zusammengestellt, das gleichermaßen zum Portrait einer Ehe wird.

»Vitas künstlerischer Geist lebt in ihrem Garten fort: in den Eiben- und Lindengängen, den majestätischen Nussbäumen, dem überbordenden Bauern- und dem betörenden Rosengarten, den magischen Durchblicken zwischen hohen Buchsbaumhecken und in den Türmen von Sissinghurst mit dem weiten Blick über die sanften Hügel der Grafschaft Kent.«
Barbara von Becker / Deutschlandfunk

»Ein luftiger Durchgang durch Garten- und Beziehungsgeschichte.«
Hannes Hintermeier / Frankfurter Allgemeine Zeitung

»Ein prächtiges Kleinod großer Gartenkunst!«
Bücher-Magazin

Schöffling & Co.

Elizabeth von Arnim

Elizabeth und ihr Garten

Aus dem Englischen von Sofia Blind

224 Seiten. Gebunden

ISBN: 978-3-89561-816-1

Westpommern, Ende des 19. Jahrhunderts: Die junge Australierin Elizabeth zieht mit ihrem deutschen Ehemann und den drei Kindern auf das ererbte Rittergut Nassenheide. Dort stürzt sie sich in die Gestaltung des vernachlässigten Gartens, um der Enge des Hauses und den Erwartungen an sie als Frau zu entfliehen. Intelligent und mit Augenzwinkern portraitiert die Autorin die gesellschaftlichen Verhältnisse ihrer Zeit.

Elizabeth von Arnim (1866–1941) war eine weltweit bekannte britisch-australische Schriftstellerin. Ihr Debüt *Elizabeth im Garten* entstand während ihres Aufenthalts in Deutschland und wurde ein unmittelbarer Erfolg, der bis heute anhält und begeistert. Der Klassiker der Gartenliteratur erscheint nun erstmals als vollständige deutsche Übersetzung, einschließlich eines Kapitels aus der erweiterten Ausgabe von 1900 – neu übersetzt und mit einer Nachbemerkung von Gartenautorin Sofia Blind.

»Wo Virginia Woolf sagt, jede Frau brauche ein eigenes Zimmer, hätte von Arnim gesagt, jede Frau brauche einen Garten.«
The Independent

»Liest sich nicht nur zu Beginn der Pflanzsaison ermunternd; von Arnim legt nach wie vor wunderbar Zeugnis davon ab, wie subversiv weiblicher Humor sein kann.«
Ulrike Frenkel / Literaturblatt Baden-Württemberg

»Für mich war Elizabeth von Arnim eine Entdeckung.«
Barbara Obermüller / Mathilde

Schöffling & Co.